U0580092

新 史 学

观 古 今 中 西 之 变

时间与他者

人类学如何制作其对象

Time & the Other
How Anthropology Makes Its Object

[德] 约翰尼斯·费边　著

马健雄　林珠云　译

北京师范大学出版集团
BEIJING NORMAL UNIVERSITY PUBLISHING GROUP
北京师范大学出版社

序言：批判人类学之综合

约翰尼斯·费边所著的《时间与他者》(*Time and the Other*)初版于1983年，但是在过去二十年间，这本书已经成为批判人类学著作中被引用得最多的文献之一，并逐渐成为人类学的核心文献。不过就像其他遵循这一传统的经典文献(参见克利福德和马库斯，1986；马库斯和费彻尔，1986；克利福德，1988；罗萨多，1989)一样，《时间与他者》保持着理论上的关联性，延续了紧凑而激烈的论辩风格。很多赞誉都集中于指出它在人类学批评领域中的划时代意义，同时也有人理解为，按照它不容妥协的认识论态度，它已经成为当代人类学理论景观中一个固定的地标。本文从介绍本书的论点出发，引导我们置身于20世纪70至80年代批判人类学的文本情境，分析本书与费边早期作品的关系，最后简单回顾《时间与他者》的出版所激发的人类学的发展，以此作为本文的总结。

论　点

《时间与他者》是对英国、美国和法国人类学中时间的构成性功能的历史性解说。相较于由文化所决定的现时性时间体系(参见埃文斯·普理查德，1940；布尔迪厄，1977)，费边着眼于概念层面的批判，追问的是时间的安排部署与使用之类的问题。这样，《时间与他者》既是从大尺度的人类学研究入手的元分析，也是对其时间构成的实现方式的一种解构。

费边论点的发展受到了人类学学科内在矛盾的触动：一方面，人类学知识是在田野调查的过程中，由人类学家与其交流对象通过相互之间的主体性沟通而生产出来的；另一方面，在传统的民族志表述中，它又制度性地压制人类学观察中最初的对话性现实。在一种科学人类学的客观性话语中，"他者"从未成为文化交流的伙伴，而是成为空间上，更重要的是在时间有距离的群体。这样，对于田野工作中互为主体性之范畴与人类学对他者的历时性降级，费边将两者之间的矛盾定义为人类学文本中的"生殖分裂性时间方式"。他阐述说：

> 我相信在田野中的人类学家常常使用的时间概念，与他们写在有关其发现的报告上的不同。而且，我认为，对时间角色的关键性分析成为田野实践中民族志知识产生的一个条件，并可能成为批评性人类学话语总体上的出发点。

在《时间与他者》中，对分裂性时间用法的质疑，意味着整体上对人类学研究批判的开端。田野工作的互为主体性与民族志话语的修辞手法两者之间的矛盾，促使费边将人类学理解为先天的政治性学科——这一学科通过将研究对象的时间降级，同时也完成了对研究对象的降级性建构。费边将这一建构现象定义为"对同生性的抵赖"①。这个术语成为一种注释，解释了一种处境，即对他者实行距离化定位的等级体系压制了民族志学所面对的当代性和共时性。以此建立的时间性结构将人类学家与读者置于特权性时间框架之下，将他者驱逐到次要发展阶段上。这一处境最终以典型化的方式，通过本质化的时间性分类，诸如"原始"，来建立和区分人类学传统的研究对象。

费边以同生性抵赖的术语来界定人类学的"异时论"。于是，一种根深蒂固的民族中心主义和有关他者的传统话语的意识形态，很快便产生出来，人类学的异时性取向出现，并成为学科的中心性问题。费边的《时间与他者》从这一前提出发，提炼出一份人类学异时性话语的批判性谱系，经过反思，又对它的衍生理论进行了辨析。

费边就西方科学话语中时间系统的功能展开综合性分析，在这样的语境中铺陈他对异时主义的批判。在《时间与他者》的第一章中，他回顾了自文艺复兴以来至 19 世纪，具有革命性意义的犹太—基督教的时间概念世俗化的产生与转变的过程，而且，人类学作为一个自主性的学科在 19 世纪后半叶建立起来，就是对这一变化的说明。学科理论的演变——科学主义、信仰进步的启蒙思想以及隐藏的殖民者民族中心主义的交汇——依次成为人类学异时论的发展导向。这样，当代"科学"的分类，像"未开化的""野蛮的"和"文明的"表示历史发展的阶段。

---

① 费边使用"同生性"一词，旨在将一个德语概念"Gleichzeitigkeit"英语化，这是一个现象学的范畴，兼指同时代和同步/同时性。

设想一下全球性有关普遍进步的历史，这一异时性逻辑识别并建构了19 世纪晚期"野蛮人"中的"幸存者"——那些文化发展处于古代状态中的居民。同时，人类学的异时主义建立了"文明的"西方作为总体上人类进步的顶点的论述，并以这样的论点来合法化各种各样的帝国主义活动。

费边将人类学根本性的异时论视为一个持续性的问题。即便在 20 世纪的人类学中，反进化论理论范式已经逐步兴起，他仍将民族志对象被降格至另外的时间视为人类学研究中总体上的构成要素。在《时间与他者》的第二章中，费边通过对英美文化相对主义与列维-施特劳斯的结构主义这两种理论取向的具体分析，详述了这一主题。在这些批评性评介中（紧接着第四章中也有类似对符号人类的讨论），费边认为，对同生性的抵赖及民族志中的互为主体性，是人类学的构成性要素，人类学就是这样以创造全球性时间等级的方式获得了权威性。

费边主要在第三章和第四章中铺陈开这样的解构性解读和论证，他对表述方式的策略性和异时性话语的认识论基础进行了敏锐的分析。对于他者的表述方式，费边认为"民族志的呈现（'以一般现在时来描述说明其他的社会和文化'的实践）"，以及文本化地强制性排除人类学家自传性言语成为异时论的核心修辞形式。正如费边所示，民族志表述标引了一种对话的真实性。这种真实性仅仅在人类学家与读者的交流互动中才能够被认知。在这样的对话中，人类学的对象依然被排除了，而这样的对话是在田野工作的互为主体性的时间里建构起来的。在这样的脉络下，费边认识到，作为一种修辞载体，民族志将他者具体化为人类学家观察中的天生的、非个性化的对象。

就像民族志被其中所隐藏的政治目的所利用，科学文本对人类学家自传性声音的压制也成为建构异时性的一个部分。根据这样的关联，费边指出，人类学家出现在田野工作的现场中，无疑影响了民族志知识的生产本身，但这种在场却不被人类学文本认可。透过对看似未受影响的他者保持有距离的以及客体化的描述，人类学家放弃了批判性的自省，尽管这样的自省能够向他们传达现象学（因此是同时性的）对话的前提。

费边对异时性话语认识论基础的质疑，回归到对西方知识传统的梳理与分析。通过对拉米主义教育和黑格尔美学的精心阐释，他指出"视觉的修辞"享有一种科学主义人类学的特权，即它认可"听"与"说"的视觉化，不过却面临异时性的困境。他指出：

> 只要人类学呈现它的对象主要地如我们所见，只要民族志知识主要认知为观察和/或表征（就模型、象征体系之类而言），它可能就是执意要抵赖它的他者的同生性。

这样的语句最终表达了费边在《时间与他者》中的政治取态。基于这一批判性的前提，他认为，与帝国主义统治之间的瓜葛让我们认识到人类学是具有先天妥协性的学科。① 费边认为，异时性话语是西方

---

① 费边是这样说的："从存在性经验及政治性出发，对人类学的批评始于人类的一部分被另外一部分统治和剥削的耻辱。"（费边，1983：x）

统治的手段，它再生产了全球性的不平等并使之合法化。在这样的前提下，费边对人类学异时论的批判亦随之表现为一种公开的调停。他非常有效地将时间距离化中的各种因素加以区别——诸如将他者描述为"原始的"或者"传统的"，并使其成为(新)殖民工程系列计划中的一部分。

《时间与他者》抵制人类学研究中像这样暗藏政治风险的导向，费边正是以这样的方式倡导与异时论断绝关系，也正是他发现了这一传统人类学话语中的构成要素。这是一种对学术活动的政治性调整。通过与认识论基础和文本方法的决裂，这样的调整能够让人类学与它的对象建立起真正的同时间性和真实的对话性关系。

在第五章所勾画的辩证人类学纲要中，费边聚焦于社会实践的一面。他一边强调实践作为一种针对视觉异时性修辞(因此将之前所观察到的对象重新描述为人类学力图呈现的积极性伙伴)的认识论选择；同时，他还要求将实践的概念扩展到田野工作本身的民族志时刻。这样一来，他不仅阐述了对视田野工作为活跃的、互为主体性的批判性文本的反思(并且因此成为天然对话性的)，也为人类学自我与民族志他者之间概念的重塑扫清了障碍。

历史背景

在 1983 年出版之后，《时间与他者》即被视为一部人类学研究中重要的具有原创性并备受赞誉的著作(参见马库斯，1984：1023-1025；

汉森，1984：597；克利福德，1986：101-102；罗什，1988：119-124）。的确，费边的分析针对的是人类学的现时性、人类学家自传性声音受到的压制以及视觉的修辞，为批判人类学开启了新前景。但是将费边的批判性研究追溯到《时间与他者》出版那一年可能是错误的。经过了十多年的努力，到1983年，费边已经大致解决了人类学知识中的时间向度与对话实效的问题。实际上，《时间与他者》中的许多核心议题在70年代费边完成的理论性文章中已经初见轮廓。从这些材料看，这本书的思想谱系在那时已经成型。

具体而言，对民族学异时论的初步分析首见于一篇于1972年发表的文章《他者如何死去——反思人类学中的死亡》("How Others Die—Reflections of the Anthropology of Death"，费边，1972；参见费边，1991：xiii)。通过检讨有关死亡的人类学文献的机会，费边首先批判了这样一种倾向，即在对人类学对象的建构并将其工具化的过程中，总是未加反省地以过去时间的形式来呈现它。后来在《时间与他者》的分析中，费边更进一步地将这一倾向视为人类学中的进化论遗产。尽管在20世纪的人类学中，反对进化论的潮流占据主导地位，有关死亡的民族志却仍然将它的对象当作理解人类古代遗存的窗口：

> 对于死亡的"原始"反应，因而能够为说明人类早期历史上的平行性个别发展提供参考依据。不过更常见的是，我们会看到，经过努力寻找之后发现，对死亡的当代反应，尤其是那些非理性、

过度仪式化和视觉化的的表现方式，就被当作"古老"的遗存形式。
（费边，1972：179）

最初，这是对现存人类学文献的批评，文章将人类学死亡研究的概念性进展整理成提纲，并作为结尾。在这些简洁的命题中，费边指出了建立基于沟通与实践的民族志真实性的研究路径与方法之必要。（费边，1972：186-188）

反之，提出的问题也回应了他对田野工作的批评反省以及对概念与方法的思考。1966年至1967年，费边在当时属于扎伊尔（今刚果）的沙巴地区从事有关"加玛家庭运动"的民族志研究，为写博士论文做准备。[①]当时帕森斯系统理论在他接受研究生训练的芝加哥大学影响非常大，费边觉得自己受到限制，对占统治地位的人类学教条持排斥态度，并竭力寻找新的批判性认识论。这样，在具有开创性的《语言、历史与人类学》（"Language, History and Anthropology", 1971b）一文中，费边发展了第一个构想作为替代性模型，这一文本后来成为《时间与他者》中居于中心位置的基本立场（参见本书第五章结语）。

费边在《语言、历史与人类学》中的辩析直接针对"实证主义—实用主义"的人类科学哲学（1971b：3）。费边明言，这样的趋向也标志着无批叛性和无反省的态度。一方面，从中衍生了可测试的假设，因之生成了抽象性的理论模型，从而产生了社会学和人类学的见解；另一方

---

① 费边于1969年以博士论文《魅力型领袖与文化变迁》（*Charisma and Cultural Change*）获得芝加哥大学的博士学位，两年后，论文修订出版（参见费边，1969；1971a）。

面，这样的知识同样与它的解释性价值和有分歧的数据整体相关联。①
对费边而言，这样的方法基于某种天真的、前康德的形而上学，预言
可以利用公式化、标准化的方法来发现客观真理（第3—4页）。特别在
民族志田野工作的语境下，这样的科学操作模式隐含着深刻的问题，
即它需要否定构成性的主观因素：

> 实证主义—实用主义精神在召唤一种有意识的禁欲主义隐忍，
> 这是一种结果，即科学主义者不应该受到任何"主观性"牵连的制
> 约，也不应受到常识性迫在眉睫的现象的影响。研究的客观性方
> 法需要服从于某种"理论"，需要依据一套超越个别性逻辑规则进
> 行选择的相关命题，在这样的理论中对有关外在世界的数据进行
> 归纳。这样，研究者才能借助已经建立起来的技术手段达到其进
> 取之目的。（第7页）

不过，这样的实证主义的前提，就是要持续地压制批判性认识论，
而这种认识论承认民族志知识的生产是一种内在的交互过程，因而是
一种完全依赖于文本脉络的活动。

这一问题以极其尖锐的形式呈现出来，此时费边正在"加玛家庭运
动"的参加者中做田野调查。实证主义方法需要一种能把观察到的现象

---

① 这几年间，费边的态度从反对科学的实证主义—实用主义哲学转变为对实证主
义的批评——费边对特定的实用主义导向转而持欣赏态度，这是他在这样的转变之后进
行的反思。（费边，1991：xii）

组织起来的理论，尽管费边能够借用马克斯·韦伯的魅力型领导理论，不过他早注意到了在"加玛家庭运动"中实证主义民族志的内在困难。①要解决这些问题，一方面要从信徒的族群与社会多样性入手（这样依据其特性来清晰界定群体才有可能），另一方面要从无预感的、不引人注意的宗教活动入手。可是，传统的集体性对象、确定的仪式、符号、政治和经济元素在这里都见不到，费边只能借助唯一的工具来获取民族志信息，即互为主体性的语言学沟通方法。（第22—26页）

完成毕业论文两年之后，费边在《语言、历史与人类学》中阐述了他创建有意识的认识论的努力，这是非实证主义的、沟通人类学的基础。在这个过程中，费边受到德国实证主义特别是尤尔根·哈贝马斯的影响，他后来更以威廉·冯·洪堡的诠释学语言哲学为模型建立以语言学为基础的交互主体性认识论。这样，语言人类学的共时性趋势再度启发了费边，特别是戴尔·海姆斯（Dell Hymes）研究"沟通民族志"的文章（参见海姆斯，1964）。费边从中找到了一种交互主体性民族志的模式，这一模式说明了交互主体性的过程，而非提出一些规则或标准，并将其视为某一文化成员社会行为的关键。（费边，1971b：17）

在海姆斯的基础上，费边将自己的分析与认识论问题从交互主体

---

① "加玛家庭运动"由比利时传教士普拉西德·坦普斯（Placide Tempels）创立。坦普斯是《班图哲学》（*La philosophic bantou*，1945）的作者，该书对非洲独立运动起到过重要作用。19世纪50年代，坦普斯开始以"班图哲学"（Bantu Philosophy）的名义为基督教传道，他的宣道在扎伊尔沙巴地区各大铜矿的产业工人当中被广泛接受。尽管他们并没有完全与天主教教堂决裂，但坦普斯的信众们认为他们是一个独立的群体，名为"加玛"。"加玛"在斯瓦西里语中意为"家庭"（参见费边，1971b）。

性的客观性，延伸到以"民族志学者与他的对象"为中心的问题。他提出，人类学田野调查应该理解为总是以语言为基础的沟通性行动。相应地，就理解"彼时—此时"之间的彻底隔断而言，民族志知识仅仅建立在互为主体的真实性基础之上。费边将这一认识论公式化地阐述为两大主题：

1. 在人类学调查中，客观性既不依赖于某种理论在逻辑上的一致性，也不依赖于特定的数据，而是基于人类"互为主体性"的基础。（第9页，对起源的强调）

2. "客观性"在人类学调查中是通过进入某种沟通互动的脉络中获得的，这就需要一种媒介来表现并建立其脉络：语言。（第12页，对起源的强调）

在《语言、历史与人类学》中，费边已经着手详述这种交互主体性人类学认识论的广泛影响（这成为《时间与他者》中批判的基础）。田野调查作为持续的、互为主体的沟通形式的概念，其中不仅包含一种真正的人类学对话模式，而且也包含自我反思的民族志实践理论之中的辩证因素：

以辩证的认识论来理解永远是问题的关键，因为很简单，知识建构首先意味着它是对学者涉入的沟通语境的基础性反应，调查中的现象从属于这样的沟通性语境。（第20页）

因而，一种辩证的人类学从不会自称其实证主义认识论在政治上如何地天真无邪。在"后"及"新殖民"的世界成为背景之前，人类学在政治行动上的表现相当成问题。这样的环境只能强化对辩证性概念的需求，亦即民族志应被视为交互主体性的实践。（第27—28页）

从《语言、历史与人类学》通往《时间与他者》的路径就是这样描绘出来的。在两者之间，还有一系列其他的理论贡献，费边也对民族志的看法进行了分析，这些都成为《时间与他者》的主题（费边，1974；1975；1979）。自出版以来，这本书不时受到批评，人们认为它过于抽象而"非民族志"；不过，就它自身的历史脉络而言，它也是费边研究"加玛家庭运动"的成果的一个组成部分（参见费边，1990a）。在最后的分析中，《时间与他者》作为辩证研究的一部分，其实始于《语言、历史与人类学》提出的理论。它不仅是人类学理论和民族志实践的需要，同时也示范了这两者之间的直接关联。

知识脉络

《时间与他者》并不仅仅是费边个人知识发展的结果。它也是人类学批判的产物及其中的一个部分，它标志着20世纪70年代末、80年代初学科的改变与重塑。反之，这样一种批判人类学植根于60年代末以来它与政治和社会现实之间的相互影响。"第三世界"的后殖民独立运动、在越南爆发的新帝国主义战争，以及美国国内的民权运动和学生运动，都不免影响到这个具有科学性的学科。表面上看，它不证自明的对象是相对于西方自我的那个他者。在60年代末美国人类学学会的会议上，有关人类学的政治责任与伦理的争议不断升温，尤其针对这一学科赖以产生的殖民政权结构以及继续支撑着它的新殖民关系的历史脉络（参见高夫，1968；勒克莱尔，1972；阿萨德，1973；韦弗，1973）。这些讨论后来成为发表在《当代人类学》(*Current Anthropology*)和《美国人类学学会通讯》(*Newsletter of the American Anthropological Association*)上的系列文章。随后若干年，它们不仅见证了对"重新塑造"人类学的强烈呼吁（海姆斯，1972a），而且沿着这样的路径，一批激进的期刊创刊了，如《批判人类学》(*Critical Anthropology*，1970-1972)、《辩证人类学》(*Dialectical Anthropology*，1975ff.)和《人类学批评》(*Critique of Anthropology*，1980ff.)。

　　然而，置身于这样的情景中，尽管是就其实际各持己见，但它们也有共同的敌人：一种霸权人类学的研究假定和实践。这种研究自称从属于自由人文主义，立足于对非政治、无偏见的科学实证主义的信仰，其客观性是由保持距离的中立来保证的。在这种人类学中，构成性的分析工具是基本的相对主义概念，它宣称所有的文化表现就质而言是一样的。

　　这一立场支配了美国人类学的文化取向、英国社会人类学的结构功能主义方法，虽有例外，但法国的各类结构主义同样如此。人们对这一立场的批评多是从科学性和政治性的视角出发的。近期值得关注的有关科学史与哲学的讨论，特别是托马斯·库恩（Thomas Kuhn）关于科学范式的议题（库恩，1962）、鲍勃·斯科尔特（Bob Scholte）的批评对人类学的中性立场与价值中立持反对意见。作为一个根植于稳固的社会与文化权力结构之中的学科，人类学并不比其他任何学科更有能力声言能够在调查中多大程度地避免政治的影响。不过，就人类学来说，其所处政治条件及形势更加令人不安，即它的学科规范产生于西方帝国主义扩张的语境中——现实是，其结构性后果促成了后殖民与新殖民这两种条件下的人类学知识生产（斯科尔特，1970；1971；1972）。这样看来，对人类学传统的"对象"的持续性压制、学科的距离性的客观化，并没有让它成为非政治的科学性行动，反而让它的角色变得更加清晰可见，即作为侵略性殖民工程的一个部分，它以其自身的他者作为代价来守护西方的特权。因此，文化相对主义的口号还伴随着大量价值中立的专业队伍，这比披着伪善的外衣来主张其霸权的影响更大一些。我们能看到人们为什么失策：因为承认了西方权力的征服，或者将它作为话语主题，因而善良地屈从了（斯科尔特，1971；戴蒙德，1972；韦弗，1973）。

随着社会文化人类学的政治取向批评的发展，对人类学知识生产中占统治地位的认识论的反对意见不断涌现。费边的《语言、历史与人类学》（该文最初醒目的标题为"语言、历史与一种新的人类学"）就是这类反对意见中的一个代表性文本。就像斯科尔特，费边批评了人类学方法论中的实证主义核心，并指出学术实践中反思的缺失（费边，1971a）。就这两点批评而言，直观上他者的客观化并没什么问题（例如，作为人类学逻辑假设的经验性对象，或者具象化的文化类型），不过他指出这是一种非常有问题的科学帝国主义表现方式，因为它支持人类学家对他们在民族志田野工作中基于文化互动的真实性获取的数据进行无限的、抽离具体脉络的操控。这样的实证主义方法不仅回避对相关文化与社会语境进行反思，而且否定了他者在与民族志工作者一起行动及互动中的主体性地位。[①]

接着，这些针对民族志实证主义的批评成为建设新型批判人类学构想的基础。这样的新人类学，其中心是回应对政治相关性、道德责任和社会解放的取向的诉求。以互为主体性经验、团结帝国主义的受害者为基础，这是建立新形式的人类学内涵的基石，并让它来取代新殖民主义再生产对西方之他者的压制。这种压制是借助通过距离实现的客观化来实施的（海姆斯，1972b；贝里曼，1972；斯科尔特，1971、1972；韦弗，1973）。

这样一种批判人类学的认识论基础，建立在对民族志实践全方位的自我反思的前提之上。于是，斯科尔特提出，不仅应该对隐藏着政治行动的人类学学科历史重新进行批评性的评价，而且应该重新评价人类学知识生产中自觉的反实证主义和反思性问题（斯科尔特，1971、1972）。就像费边在《语言、历史与人类学》中指出的，这一问题的核心是将民族志田野工作视为互为主体的实践性的立场，因此它属于天然的诠释学实践。这样的实践突破了西方主体的分析性霸权，利用置身

---

① 就人类学研究中激进被重新定义的角度看来，根基稳固的人类学有这样极端的反应并不奇怪。前述种种，《重新塑造人类学》（*Reinventing Anthropology*）的出版，引起了极大的争议（斯科尔特，1978）。1975 年，费边自己成为人类学专业核心机构卷入争论的主要对象（贾维，1975；参见费边，1976）。

于沟通理解中的具体的生产性对话情景，将其视为人类学知识的概念来取代前述西方主体性分析霸权。作为一种辩证的事业，它是互为主体性的整体中的一部分，不仅因此搁置了研究中的自我与被研究的他者之间的区隔，也在寻找永久性的自我超越。放下客观化的相对主义，人类学就能够追求一种理解和反思民族志的解放的理想，视民族志的洞察为前进的、政治的工具(斯科尔特，1972；费边，1971b)。

在 70 年代初期的理论宣言的激励下，一些学者开始努力为推进批判人类学的研究设立基本条件。例如，保罗·拉比诺(Paul Rabinow)根据他对摩洛哥田野调查的系统性反思所设计的方案，或者凯文·德怀尔(Kevin Dwyer)和文森特·克拉潘扎诺(Vincent Crapanzano)的努力也都基于他们在摩洛哥的材料来共同发展一种那个时期的对话性人类学(拉比诺，1977；德怀尔，1979、1982；克拉潘扎诺，1980；参见泰德洛克，1979)。费边的《时间与他者》写于 1978 年，也出现于同一时期。它延续了同样的发展趋势，甚至对这一新兴的传统作出了关键的贡献。这本书对异时论作为人类学话语的构成性要素所做的全方位批判，一方面是根据批判人类学原则展开的元分析，另一方面也是通过对民族志实践的反思所做的"扬弃"的辩证努力。

同时，费边将他对异时论的考察与修辞性图式的有力分析联系起来，将这一开创性的话语建构批评与人类学对象、批判人类学的解放理想相提并论，强调后结构主义对他者的表现方式的研究。对于费边而言，米歇尔·福柯(Michel Foucault)的介入起到了一种重要的鼓舞人心的作用。这是一种清晰的与爱德华·萨义德(Edward Said)同时对

"东方学"进行的平行的、针对话语构成的分析,他们都不约而同地聚焦于西方文本中想象的、成套的、固化的、以东方为标志的他者(萨义德,1978)。费边自己也注意到这两本书"在意图与方法上的相似性"。和《东方学》(*Orientalism*)一样,《时间与他者》阐述了针对政治性进步和积极反思性的认识论的综合分析,并借助文本生产中的修辞性元素进行了批判性辨析。以民族志为焦点,它是建设迈向《写文化》(*Writing Cluture*)道路的关键性的一步。有理由说,《写文化》是一部美国人类学处于世纪的转折点上最有影响的著作(克利福德与马库斯,1986;参见马库斯与库什曼,1982;克利福德,1983)。

影　响

《时间与他者》在理论和实践上的影响可以追溯到费边的其他著作,如两本 90 年代出版的书《权力与表演》(*Power and Performance*,1990b)和《牢记现在》(*Remembering the Present*,1996)。这两本书的共同点是力求超越人类学的异时性导向。在《权力与表演》中,费边借助表演性的辩证法的发展来凸显民族志的同生性:人类学的知识并不仅仅是对文化事实的话语性表述;更重要的,它也是在田野工作的条件下建构出来的。具体而言,费边考察了 1986 年建造各种剧场的不同方面,他对自我反思分析得非常清楚,一种生产只能在它自己在场的情况下才会发生。就这一实际情形,民族志与分析性的结果所强调的人类学同生性,其核心功能就是将观察到的真实性本身置于田野工作的时刻来描绘。

在《牢记现在》中，费边追求一种开创性的人类学知识生产的本体论。就像《权力与表演》一样，在这里，超越异时论仍然是中心和焦点，一致的同生性是以民族志对话来动员和表述的后果，并成为文化生产中的构成性要素。不过，书中与人类学家对谈的人既不是表演者也不是人类学家的读者，而是一位艺术家——钦布巴·坎达·马图鲁（Tshibumba Kanda Matulu）。70年代，费边鼓励他描画扎伊尔的历史，于是对他所创作的101幅画的再生产的表现，加上艺术家对它们的描述，构成了这本书最主要的内容。借助人类学权威性的积极扩展，《牢记现在》的范例成为一种具体的尝试。它不仅解构了人类学表述中的异时性方法，而且重新以建构性的其他选项替换了这样的方法。①

作为概念化的路标，实际上费边后来的工作远超出他在《时间与他者》中的预期。要检验这本书对人类学总体趋势的具体影响是相当困难的。不仅个别观念非常难以进行确切的定义，而且它们碎片化的历史也难以被持续地描述（参见斯托金，1968：94）。这一类研究计划也可能与《时间与他者》所发展的显著论点相矛盾，即人类学是一种不仅是集体性的，而且受制于环境约束的研究。在这种情况下，《时间与他

---

① 在近期出版的《自由的瞬间：人类学与流行文化》(*Moments of Freedom：Anthropology and Popular Culture*，1998)一书中，费边将他的研究扩展到更为普遍的对文化形成的考察，展示了异时性概念如何模糊了非洲流行文化的同时代性。在另一本新近的著作《我们头脑之外：中非探险的理智和疯狂》(*Out of Our Minds：Reason and Madness in the Exploration of Central Africa*，2000)中，费边转到"非洲是如何在西方想象被建构的"，并考察其谱系，发现了令人惊奇的线索，联系到在20世纪转折时期文本中的互为主体性的问题。

者》的核心概念——作为实践的人类学——提供了实质的帮助，因为它直接关注民族志知识的有效生产，"其实践者到底做了什么"（格尔茨，1973：5）。就此而论，《时间与他者》的影响可能更加深远：人类学话语中的异时主义是否已经被超越？

即便一瞥过去十五年来出版的一些有影响的民族志，也足以说明问题。毫无疑问，当代人类学著述正沿着《时间与他者》指出的方向发展，并且在相关的方法论和修辞学上取得了共识。例如，大家一致拒绝传统、客观的人类学的现在式。这就具有冲击性，因为在民族志材料的叙述性表述中，未完成时态已经作为优选时态成为它的替代者。此外，过去时的使用出现在直接反对异时性表述的情况之下，这标志着当代人类学家的普遍愿望，即将他们的民族志遭遇历史化，并使之成为特定的命题。其结果是，如今人类学知识的呈现成为特定情境下人类学家与报告人之间对话性互动的产品。进而，更广泛的表达形式是作为作者的"我"更加显著。民族志的互为主体性成为构成性的有机组成部分，并以典型的现在式呈现出来。它具有作为人类学的同生性和反思性实践基本载体的作用。

青安娜（Anna Tsing）所著的《在钻石女王的国度》（*In the Realm of the Diamond Queen*，1993）是 90 年代获得最多称赞也最值得仿效的民族志之一。这本书描绘了这些学术范式的规则，从很多方面看来，它都是一部"经典的"有关一个小规模的土著群体——居住在默拉图山区的达雅克人——的著作。他们以近乎与世隔绝的状态，居住在印度尼西亚婆罗洲的东南部。与惯常的描述不同，青安娜并没有把相对的隔离当作必然的事实，而是分析了这个社群的构成，其结论是对印度尼西亚的国家脉络之下产生的边缘化的一种复杂诠释。这样看来，默拉图的达雅克人的生存状态并非因为这是一种"原始"遗存，而是国家的和跨国的权力结构的作用方式使然。实际上，青安娜旗帜鲜明地反对那种对于默拉图达雅克人的异时论假设，即视之为"任何人的当代祖先"(青，1993：x)。此外，她的修辞手法也力求传达同生性的一致。借助创造性的叙述方法(一种具有创造性的共栖式分析和反思要素的运用)，具体的对话性指向使得她的田野工作变得开放和易于切入。报告人因而成为复杂、综合、稳定的对象，并且为了确保这一表述模式，文法上的时间方式成为问题的核心：

民族志应该怎么写？这一文法上的细节问题兼具学术和政治上的重要性。对"民族志现在时"的应用紧扣连贯性及稳定的对文化整体的概念化，它创造了行动上的无时间感(参见斯特拉森，1990；海斯翠普，1990)。这样一种将民族志时间从历史中去除的做法，一直被批评为将民族志主体转化成了异域生物(费边，1983)。他们的时间并不是文明历史的时间，许多民族学者因而转向一种历史性的时间框架，在其中行动总是以过去式发生。

但是，对偏远地方的描述仍然有问题……对于很多读者来说，就偏远之地使用过去式并不意味着那里的人们"有"历史，而是说他们是历史，就口语而言是这样的……

我无法逃离这样的困境；我只能设法与他们周旋。在这本书中，我兼用历史性过去式和民族志现在式，我做不到一致。有时候，我用出人意料的时态来中断有问题的假设。例如，在第三章中，我把预想到的默拉图的性别问题置于80年代初期发展的历史框架下进行整体的讨论，旨在反对无时间、无动态的性别体系。相反，在第九章中，我对乌马·阿丹(Uma Adang，青安娜的主要对话人)的社会运动，是用现在式书写的。这也是我在20世纪80年代初期接触到的。因为我不知道90年代在她身上发生过什么，在此，我的目的是敞开一切可能性，并且梦想着她的运动起作用了。(青，1993：xiv-xv，重点为原文标引)

在这样的反思性民族志例子中，我们能够更清晰地看到《时间与他者》对后来人类学发展的重要性。青安娜之所以有意识地选择文法时间，是出于一种不断探索民族志生产模式的反思性认识论的需要。因此，青安娜是否使用现在式写作来回应《时间与他者》中的特定公式，就此而言它的相关程度要低一些。其中我们更多的信息，即对现时性修辞中的政治与知识指向进行的批判性反思，以及寻找所主张民族志表述中的非异时性手法，这两者都与费边的研究计划异乎寻常地接近。

类似的表达不仅可以从其他当代著述中找到，而且它们在英美人类学学术领域中占据显著的地位。这就像青安娜的例子，民族志的时间性问题不仅仅能从语法的角度显示出来，也能从政治的和认识论的观点中被看到，这一集体性的姿态正是费边的介入所呈现的后果。自《时间与他者》以降，针对他者的时间叙述已经不再是人类学文本中不成问题的方面，而是批判与反思人类学之中的一项构成性准则。①

　　在世纪之交，人类学自我与民族志他者之间互为主体的同生性已经不再是问题。不过，一些指标依然有效，甚至是持久性的，即对传统形态的扬弃。对于阿君·阿帕杜莱(Arjun Appadurai)和乌尔夫·翰纳兹(Ulf Hannerz)等学者而言，文化发展的全球性导向成为人类学问题的中心(阿帕杜莱，1996；翰纳兹，1992、1996)。就此而论，民族志描述需要发展出能够掌握文化真实性中复杂的同生性的概念。在这样的语境里，阿帕杜莱提出著名的五个导向——"族群景观""媒体景观""技术景观""金融景观"和"意识形态景观"，即与跨国领域及其文化流动相配合的情景(阿帕杜莱，1996：33-36)。和其他关注跨国过程的

---

　　① 为数众多的当代民族志紧扣人类学对象的现时性表征的问题，而且它们几乎都参考过《时间与他者》，以它作为所关注问题的核心本文。这里有一份非常不全面的书单，毫无疑问地都与费边的著作有关，其中包括：*Modern China* (1997)；Daphne Berdahl，*Where the World. Ended：Re-Unification and Identity in the German Borderland* (1999)；John Borneman，*Belonging in the Two Berlins：Kin，State，Nation* (1992)；Fernando Coronil，*The Magical State：Nature，Money，and Modernity in Venezuela* (1997)；Kenneth George，*Showing Signs of Violence：The Cultural Politics of a Twentieth-Century Headhunting Ritual* (1996)；Akhil Gupra，*Postcolonial Developments：Agriculture in the Making of Modern India* (1998)；Matthew Gutmann，*The Meaning of Macho：Being a Man in Mexico City* (1996)；Marilyn Ivy，*Discourses of the Vanishing：Modernity，Phantasm，Japan* (1995)；Liisa Malkki，*Purity and Exile：Violence，Memory，and National Cosmology Among Hutu Refugees in Tanzania* (1995)；Rosalind Morris，*In Place of Origins：Modernity and Its Mediums in Thailand* (2000)；Elizabeth Povinelli，*Labor's Lot：The Power，History，and Culture of Aboriginal Action* (1993)；Lisa Rofel，*Other Modernities：Gendered Yearnings in China After Socialism* (1999)；Mary Steedly，*Hanging Without a Rope：Narrative Experience in Colonial and Postcolonial Karoland* (1993)；Kathleen Stewart，*A Space on the Side of the Road：Cultural Poetics in an "Other" America* (1996)。

人类学家一样，阿帕杜莱和翰纳兹将世界上所有的人群都视为晚期资本主义发展影响下全球性整合中的一个部分。在这样的环境下，我们不仅需要重新理解权力的差别，也需要有效放弃对假设为与世隔绝的人们进行专门化的考察。翰纳兹断言，实际上，在全球化的人类生活中并不存在"真正有距离的他者"，也不存在"原始人"，大家仅仅是以"直接的和间接的参与"方式来组合或延续而已（翰纳兹，1996：11）。

对"他者"的异时化降级受到的挑战，主要来自近期出现的具有理论抱负的反思性本土人类学。当《时间与他者》作为费边对自己在非洲的田野工作的理论反省，并将西方自我与相对的非西方他者之间的民族志真实性当作它的操作性假设之时，在批判性的"本土人类学"的倡议之下，它因将形势推向极端化的方向而更加复杂。先前处于学科边缘的"土著人的人类学"此时起到了重要的矫正作用，以对抗具体化的人类学中基于西方/非西方二分法的他者与自我的二元对立。像这样的"本土人类学家"，如克琳·娜拉扬（Kirin Naravan）和凯思·威斯顿（Kath Weston），示范了在他们自己的文化领域内，他们与人类学研究中假定的二元对立的协商意见。这种二元对立类似于"传统的"民族志规则（娜拉扬，1993；威斯顿，1997）。以这种方式，他们提出，所有的人类学田野工作都是基于互为主体性的跨越所构成的跨界交流，这一见解因而导向了对西方科学主义的自我与非西方民族志他者之间本体论差异的实践性解构。吸收了《时间与他者》的论点而形成的最终结论指出，这一解构的后果是出现一种新的人类学，它不再被界定为关于非西方的他者的科学（尽管是逐渐改变的），而是以持续的、交互主体性的田野工作为基础的学科(参见古普塔与弗格森，1997)。

　　无论是批判性、反思性的人类学，还是当前"跨国"或"本土人类学"的理论及方法论趋势，两者都已经地位稳固，并有望逐渐终结人类学的异时论。我们还远没有达到这个终点，甚至还没有影响到其他领域(从新闻界到宏观经济领域)知识生产过程中异时论修辞的政治现实。在这个意义上，约翰尼斯·费边的《时间与他者》不仅是人类学理论与实践的里程碑，也是对社会科学中和公众想象中有关他者的观念的非常及时的贡献。

马蒂·本泽①

---

　　① Matti Bunzl，伊利诺伊大学人类学系教授。另，序言的参考文献见文后"参考文献(一)"。

目　录

第一章　时间与他者的出现

　　除时间之外，另一种促成重大变化的手段是权力。如果一个运作得慢了，另一个就会加快。

——克里斯托夫·利希滕贝格①

　　当然，人类历史和史前史在总的知识体系中有其应有的地位。对有史以来文明进化学说的追求，是启迪哲学思维的一种热切兴趣，因而成为抽象科学的论题。除此之外，这样的研究也自有其实践性的一面。作为权力的某种来源，它注定要影响当代的观念和行动。

——爱德华·伯内特·泰勒②

　　知识是权力。就这一点而言，人类学与其他的知识领域一样。但是共同性常常也会覆盖另外一些不那么共同的真相。在本章中，我要

---

　　①　"Ausser der ZeitgibtesnocheinanderesMittel，grosseVeränderungenhervorzubringen，und das ist die——Gwalt. Wenn die einezulangsamgeht，so tut die andereöfters die Sachevorher."（利希腾贝格，1975：142）除了引用的是英文版外，所有英文都是我自己翻译的。

　　②　泰勒，1959：529。

先为贯穿本书各章的一个论点设定一些术语：人类学所主张的权力，源自它自身的根基。这属于它的本质，并非意外误用那一类的问题。无论何处我们都能够更清晰地看到，至少一旦我们开始寻找，我们就会发现"时间人类学"是用来建立它的对象的：野蛮人、原始人、他者。也就是说，通过甄别人类学的现时性话语，我们会重新发现它显著的、命名上的问题：但凡有关他者的知识，不是现时性的、历史的，就是一种政治性的行为。

恐怕这里揭露了太多的表象后面的问题：政治性可以指任何事物，从系统性的压迫，到无政府状态下的相互认可。本章标题的选择，意在表明我们的关注点主要指向"时间"的被动性。人类学与强制性暴力联合，就像一些道德批评已经指出的，这既不是简单的或近期的问题，也不是确定无疑的。以陈述一种开放性的和矛盾的故事结论为主要目标，人类学对时间的用法就在简要描述一些历史脉络的过程中发展起来了。在这一过程中，人类学能够成功地发展成为一个学科；可是比较其余的部分，人类学却失之于清晰地定义他者。

一、从神圣到世俗的时间：哲学家旅行者

在犹太—基督教传统中，时间一直被设想为一种神圣性历史的媒介。对时间的设想，更多是庆祝神于选民跟前降临的某些特别事件的结果。很多讨论认为，这一概念的线性特性与异教徒循环论时间观的

"永恒轮回"是相反的。① 而且，这样的对现时性思维的空间隐喻，倾向于模糊化一些东西，这些东西就当前而言是重要的，以便竭力描述人类学时间用法的源流：信仰是神与一个人群的契约、对天命的信任，因为它显示了历史上以救世主为中心的救赎，这促成了神圣时间概念的产生。它们表示时间的特性，并在给定的地中海东岸的文化生态中首先被认知，环地中海的罗马周边紧随其后。

必须弄清楚那些促成人类学话语产生的迈向现代性的决定性步骤。这并非在于线性概念的发明，而在于将犹太—基督教时间观世俗化，并使之一般化、普遍化的成功努力。

得益于早期哲学思想，不同程度普遍化的时间观念得以转化为抽象的形式。实际上，在文艺复兴时期，因古典哲学和地理大发现对认知的挑战，并因为环球航行的成功，"普遍性的时间"基本上具体地、政治地建立了起来。不过，我们有充分理由去寻找那些决定性的发展变化。这既不是哥白尼和伽利略取得的成就，也不是牛顿和洛克的那些事迹，而是那个世纪中那些启蒙时代复杂的话语手段成为奠定当代人类学的基础。②

如果跟随乔治·古斯多夫(G. Gusdorf)，我们会将这些发展的起点定

---

① 对这一观念最有影响的现代表述是米尔恰·伊利亚德(Mircea Eliade)所著的《永恒回归的神话》(*Mythe de l'éternel retour*，1949)。线性—循环的对立在多大程度上延伸并主导了对时间概念的探究，可参见近期由保罗·利科(P. Ricoeur)主编的一本文集(1975)，见解类似但涉及范围更广泛的文集是《人与时间》(*Man and Time*，1957)。

② 古斯多夫有关哲学与社会科学的论说遗漏了对哥白尼革命的讨论，或者至少未能产生出"他们的"哥白尼革命，参见"Ainsila Renaissance estvraiment，pour les sciences humanies，une occasion manquée"(1968；1781，参见 1778)。

位于 17 世纪以基督教视角来书写总的历史，以便突破博须埃（Bossuet）的《世界史叙说》（*Discours sur l'histoire universelle*，1681）。[1] 可能将博须埃置于前现代/现代的分水岭的另一侧过于简单化，因为他曾经以不同的方式预见了启蒙时代的"哲学史"类型。他置身于与现代性相反的位置，但是就他的方法论策略而言这并不明显，因为他将自己的观点与自己的方法论结合：他将历史上对福音传道特性的信仰，都视为救赎的历史。《世界史叙说》导言的简介中，"本书的总纲"就阐释了博须埃的论述的重要性。

博须埃声称他的目的是减轻历史事实的多重性导致的困惑。这是通过教导读者去"区分不同的时间（temps）"以助益于"总体的历史"，这是"针对于不同国家、不同人民的不同的历史图而设计的历史的总图"（1845：1，2）。在样的类比条件下，总体也就等同于普遍，也表示了某种模糊性（在人类学中，我们仍然需要的那种总体性）。多样的总体性（Universals）呈现了两种含义：一是全部的总和（totality），这是指总体性表明了世界整体上所有的时间；二是指普遍性的其中之一，即它能够适用于很多不同的情形。[2] 要点在于，《世界史叙说》所传达的，

---

[1] 古斯多夫对博须埃的议论，参见 1973：379ff。参见科塞雷克（Koselleck）的一篇文章《历史、故事与时间的正式结构》（"History，Stories，and Formal Structures of Time"）。在文章中，他指出博须埃的"时间次序"（1973：211-222）源自奥古斯丁以及克林姆（Klempt）的一项研究（1960）。

[2] 这些是字面含义，不是严格的"universal"的定义。它们表明了人类学对文化总体性的探索中两个主要的倾向或意图。一个跟随理性主义传统，通常求助于语言学；另一个则以经验主义为导向，寻求特定特征、制度和习俗在统计学证据上的普遍意义。前者最有代表性的例子是列维-施特劳斯的著作（特别是他有关亲属结构的要素和有关图腾的作品）。就人类学的语言学观点论述，可参见"共时的多样总体性"和"历史性的一般化"等章节（格林伯格，1968：175）。以"一般化"探寻多样的总体性的主要代表人物是默多克（1949）。

是博须埃并没有将第一个含义命题化。他的阐释没能覆盖全世界，也没有离开地中海地区。在基督教历史的视域下写作，他既看不见自己的视野，也无法超出自己的眼界。前者是自足的信仰的内容，后者是因为受制于法国路易十四宫廷的政治处境，而法国又是他所认可的基督教罗马帝国的延续。《世界史叙说》所持的视野和立场，将其瞩目的实际政治现实与他所处的历史时代连接在一起，这是整体性的，因为它显示了无处不在的神学性天命的迹象。

相反，在有关总体性的第二个含义中，博须埃相当能够感知问题的内在性。如何能够以普遍有效的原则将历史呈现出来？他提出，这有赖于辨别"事物的连续性"（suite des choses），即"时间的次序"的能力。就方法论而言，这需要一种对连续性进行"缩写"的能力。这样，先后次序便能够以一种"匆匆一瞥"（comme d'un coup d'oeil, 1845：2）的方式被感知到。有关"记忆的艺术"的长历史紧随其后，而对当前事物连续性的视觉衰减则置于其前，这是一种对它的"共时性"的理解。[①]

能够帮我们开启时间观察的方法论策略是年代法，是设定的，不是当前最普遍的对时间段的理解，而是发端于希腊的对过渡性的感受。某个时期（epoch）是指一个点，其中某人是在时间的旅行中停下来，"设想就像某人在时间的旅途中，在其于某个地点休息的时候，往前或者往后就有些事情发生了，这位旅人可能因而避开了时序性的

---

① 有关两种传统的持续影响我会在第四章中讨论，关于博须埃使用的修辞手段，参见拉努姆近期英文版《演讲集》（Discours，1976：xxi-xxviii）的导言。

错误，比如避免了某种可能因为时间的混淆而产生的错误"。我们需要用一系列小时段的历史分期来处理世俗生活和宗教的历史，从而揭示总体的历史（universal history）。博须埃提出的方法论使得宗教上永久性的时段分期变得清晰可见，并且因此促成了各大帝国的重大变化（1845：3，4）。因此，外在的、空间上的历史边界及其内在的延续性都成为宗教本身的内容。在那里，某些先后联系可能带来不确定的混乱，这些时间上的差异于是塑造了神学上的次序，这更显示了宗教救赎之无处不在。

该书近期的英文版编辑 O. 拉努姆（O. Ranum）提醒我们说，博须埃在书名中专门使用了"话语"这一术语，就是要打破高度程式化的世俗与宗教历史的惯例（参见拉努姆，1976：xviii）。博须埃认为，他自由地简写、浓缩和强调的，并没有受到当时每个历史学家都期待着要写的那种历史教条的束缚。他期望的是"哲学化的历史"，是伏尔泰反对的那种没头脑的编年史，也是与当代人类学最初要发展的那些研究计划不相干的。虽然不那么显著，但是同样重要的是博须埃建立的模式，也称说教的历史。这是话语的另一种可能的含义。博须埃的写作是为启蒙和教育法国王子（以及他的儿子太阳王）服务的。这是对仅从字面上理解《圣经》的指责的一种辩驳，也是在为法国天主教革新派教会辩护。简单而言，他的"时间的定义"还嵌入了对具体政治的道德考量。他以话语方法来表述自己，修辞富有古典意味，目的是触动人，让读者信服。他的政治意图和修辞形式，是为了影响哲学的写作，并成为人类学遗产的一部分。用泰勒的话说，这是"一种改革者的科学"。

博须埃的话语之例，为我们展示了前现代有关总体历史的论述。如果我们就他的方法和策略来比较各类启蒙哲学历史，现在我们似乎可以用相似性大于差异性来总结。我们面对的是广为人知的如何诠释18世纪思想的问题。总体上，在很多方面我们都承认，这些我们的哲学前辈仅仅成就了某种负面的现代性。以卡尔·贝克（Carl Becker）的话来说，他们的否定而非他们的肯定，让我们把他们看作精神上的直系亲属（1983：30）。或者，就像古斯多夫写下的，这些思想家用"有关原因的神话历史"置换了博须埃的基督教神话，这些神话在之前一直最大限度地持续应用于交流和策略。如果有人要展示18世纪以来时间的世俗化过程，他必须专注于了解"总的历史"所传达的信息的转变，而不能去研究它的编码元素。编码元素显示的是带有显著标记的连续性，以标记阶段性的希腊—罗马以来有关艺术的记忆与修辞学的经典。而信息的转变必须是可操控的，以可识别的、我们认为特别的基督教的"普遍性"为其操作的对象。转变的发生也必须是政治意图或"判断"层面上的。在这样的层次上，哲学才能超越博须埃。他"不情愿地判断，所有的过去都是单一性的、重要的时间上的事件；简要的信息即人—神耶稣在世界上生活过（拉努姆，1976：xxvi）"。

其实，在很多变化的表达方式中，一个可以引用的例子是一个人真正的转变乃是因为重要的过渡，从实际上的"通过"进入修辞上的"旅行母题"。在基督教传统中，救世主和圣徒的旅行需要被认知为神圣历史中的构成性事件。毫无疑问，这也促成了到陌生环境中去旅行并以朝圣、十字军和传教士等形式来实践。但是对在18世纪成长起来的资产阶级而言，旅行成为（至少潜在地）每个人的"哲学化"，即世俗知识的来源。宗教旅行需要将宗教或者将灵魂的得救置于中心；现在，世俗的旅行使得人们离开了学习和权力的中心，去到那些能够发现自我的地方，此外别无它物。就像 S. 摩拉维亚（S. Moravia）在他杰出的研究中准备好了的，即"旅行作为科学"的想法和实践，最后在狄德罗的《大百科全书》（1973：125—132）中决定性地于 18 世纪末建立起来。特别是在思想家看来，这属于"意识形态"（摩拉维亚，1976）。在他们之中，J. M. 德热兰多（J. M. Degérando）和 C. F. 沃尔尼（C. F. Volney）两位，就对时间与世俗化和旅行的关系怀有特别的兴趣。

德热兰多表达的是，新兴的人类学之中有关民族精神的时间性可以用一个简捷的语法公式来表示："哲学旅行者，航行到地球的尽头，其实这是在时间中旅行。他在探索过去，他走出的每一步都跨越了一个时代。"[德热兰多，1969（1800）：63]这样的表述，是从哲学上回应了前一个世纪激情澎湃的先驱们所设想的、为了人类的人的科学。其中，对于人类的起源与命运、宗教和形而上学的研究也占有一席之地。这是一种根本而且内在的有关人类的古往今来、世界和家园的视野。现在，用摩拉维亚的话来说，人是"被安置的、没有剩余的、位于自己的世界视野中的……在这样的框架下，旅行不仅意味着对知识的渴求，它预示着人们最私密的使命"（1967：942）。在这一意义上，人们追求在世俗化时间之中旅行，并以此标志其成功。人们更以它作为自我认知的一种载体。基于大量的游记文学、文集和综合性的旅行记录，一种新的话语建立了起来。①

　　或者以通俗的形式，或者出于科学性的用途，在这样的文献中明显而集中的就是对活动与"空间"（"地理学"）关系的描绘，这主要是立足于对域外"地方"的视觉观察。不过，要说这样的描述还隐藏着以某种世俗概念中的时间为潜在关怀，也并不矛盾。简单来说，就是因为世俗时间是预设的，就逻辑而言，或者它的意义在符号学语用中作为一种新的话语（作为例外稍后会提到）并没有成为主题化时间的必要。哲学化的历史，如大家所知，是奇怪地与历史无关的。意图与表达之间的区别是诠释的一项重要原则，这在第三章中会被详细解释。也需要考虑到相反的例子：一种话语，以其主题化的时间作为非时间的参照。② 如我们可见的，19 世纪的进化论就是一个明显的例子。在任何情况下，"哲学化的旅行"，也就是旅行作为科学这样的概念，都可能给时间在理论上的间接性带来疑问——正如德热兰多所见，因为旅行本身是被构建为实时化的实践的。

　　为何应该如此？这可以用旅行作为自然史这样的统治性学科范式

---

　　① 简要而且信息量大的对开拓"人类空间"的讨论以及信息搜集的过程，在 19 世纪留下了大量的文献，可以参见米歇尔·迪谢（Michèle Ducher）关于启蒙时期的人类学和历史的著作的头两章（1971：25-136），以及布洛克（Broc）的博士论文《哲学的地理》（*The Geography of the Philosophes*，1972）。

　　② W. 勒佩尼斯（W. Lepenies）在他有关 19 世纪的现时化的重要文章中似乎不想解释这一可能性（1976）。他讲的故事是说，时间维度的突破回应了"经验主义的压迫"，大量可供利用的数据不再受制于空间和时效性的方案。我不认为这很有说服力，尤其是在人类学的例子中表现出的现时化手段已经成为意识形态的媒介，从未直接回应经验中的现实。

的一个类别来解释。摩拉维亚在他的研究中展示，科学旅行是有意识地设想出来的，用于替换更早期非常流行的、极富情感和审美情趣的有关旅行的故事。新旅行家"批评了哲学：生活经历的真相以及我们在事物中所看到的，是一种被先验的观念所扭曲的相反的真实"（1967：963）。特别是对那些早期的航海家而言，人们最初是排斥将海外旅行与军事征服相联结的。据拉佩鲁兹（La Rérouse），这一类航海故事中最著名的一位，"当代航海家在描述他们新发现的人们的风俗时，仅有一个目的：完成人类的历史"（引自摩拉维亚，1967：964 f）。

这里有个重要的双关语动词"完成"。拉佩鲁兹的用法表示相信人类的命运满足：旅行是人的自我认知。此外，其中当然也有字面上的意思和方法论上的意义，然后也可以翻译为"填写"（就像"填写一份问卷"）。在自然史知识中①，这样的知识实践反映了在图表中填空或者在坐标系中定点的经验。这样一来，任何可能的知识都能找到它的位置。不足为奇的是，随着科学旅行精神的出现，我们也看到了一种为旅行而做的科学准备的类型，它与欧洲君主为早期的航海家和征服者所准备的说明书很不一样。我们知道它的现代后裔，那份陪伴了几代人类学家进入田野的《人类学的笔记与问题》（*Notes and Queries on Anthropology*）②。就在近期，我们重新发现进而赞赏有加的前辈的作品，

---

① 术语的知识型式（episteme）是福柯引入的。我这里所谓的"空间化"时间主要来自阅读了他的《事物的秩序》[1973；初版《词与物》（*Les Mots et les choses*），1966]后受到的启发。

② 首次于 1874 年由英国科学进步协会出版。这一计划可追溯到由三名物理学家组成的委员会于 1839 年发起的工作（参见沃盖特，1975：105）。

如德热兰多的《野蛮人观察》(*The Observation of Savage People*)，由短暂存在的法国人类观察家学会(Société des observateurs de l'homme)出版。最有启发的是，我们发现了由自然史学者所设想的一个同等重要的类型模式，即林奈[《旅行者的制度》(*Institutio Perigrinatoris*)，乌普萨拉，1759]。[①] 如果还需要确认的话，这确认了在自然历史观察计划中毫无疑问的新旅行科学的基础，即采集、分类以及描述。

新旅行家并不会对支持经验主义和纯粹、正面的描述漫不经心。沃尔尼是这类人最著名的代表，他提倡批评性的态度，基于(而且他更接近以浪漫主义的反抗来抵制启蒙)明确、历史地看待对现时性的考量。在埃及和叙利亚旅行期间，他必须持续面对曾经辉煌的破败历史遗迹。古今对比既成为一种智识的关切，也成为他的文学写作方式(参见摩拉维亚，1967：1008 f)。通过《废墟或帝国变革与自然法则沉思录》(*Les Ruines ou Méditation sur les Révolutions des Empires*)，他诗意哲学的视野得以提升。超越了所有评论，在"废墟"章的开端一页，沃尔尼以时间为关照，描绘了现实与过去经验对立的尖锐性及政治现实：

---

① 关于法国人类观察家学会，参见考斯托金(1968：第二章)，摩拉维亚(1973：88ff)，科潘与雅明(1978)。关于德热兰多(也写成 de Gérande)，参见摩尔翻译的英文版(1969)。有关制度(Institutio)，参见摩拉维亚(1967：958)。勒佩尼斯在书中也提到过，并联系到其后布卢门巴赫(Blumenbach)、拉马克(Lamarck)、居维叶(Cuvier)等人的论文。正如近期 J. 施塔格尔(J. Stagl)的工作所显示的，无论如何，林奈绝非"先祖"之一。他以一种建立传统的方式写作，而这种方式需要溯源到人文主义教育的论文和拉米主义的"方法"(施塔格尔)。关于拉米主义，参见第四章。

在艾哈迈德（Ahmed）之子、土耳其的皇帝阿卜杜勒·哈米德（Abd-ul-Hamid）一世治下第十一年，获胜的俄国人占领了克里米亚，正把他们的旗帜插遍通向君士坦丁堡的海岸。我正在奥斯曼帝国旅行，跨越曾经属于埃及和叙利亚王国的各省。

我关心每一件关乎社会与人类福祉之事。我到城市去研究居民的风俗；我冒险进入宫殿去观察统治者的举止；我在乡村中迷失了自己，查看在土地上劳作的人们的劳动条件。到处所见都是掠夺和破坏，除了暴政和惨祸外再无其他。我的心因义愤和悲哀而沉重。每天我在路上看到的全是荒芜的田园、废弃的村庄和城市的废墟。我常常与古代的遗迹相遇，有庙宇的残迹、宫殿、城堡、残柱、水渠和坟墓。这样的景象将我的精神引向过去的时代，激起我深沉的思索（沃尔尼，1830：21 f）。

当他后来写下"为现在向过去的时代学习"（这也是第十二章的章名）时，他从哲学的乐观主义共鸣和思索中找到安慰：

一个人迷失自己，这是他的荒唐；只有他的智慧才能救他。人们是愚昧的，他们可以指导自己；他们的统治者是不正常的，得让他们自己来匡正自己。因为这是自然所主宰的，因为社会的罪恶源自贪婪和愚昧。没有进步和智慧，人类的痛苦就不会终止，直到人们开始实践正义的艺术，其基础是关乎人们的关系以及关乎人的组织规则的知识。（同上书，第90页）

这一关于理智的新的信仰，与博须埃关于救赎的旧的信仰之间，其差异难以表述得更加清晰。博须埃关于如何理解过去的说教，包含了救世与神学天命的历史。沃尔尼也同样说教，但是人类历史中没有求助。对他而言，关于过去的知识是一种阿基米德的观点，现实不发生改变便没有希望。这当然是一种浪漫的悲观主义元素，以及对他所幻想的东方辉煌往事的怀旧。同时，如果我们考虑到整部《废墟或帝国变革与自然法则沉思录》所传达的信息和语境，我们发现，在一个梦的形象背后，作者想要向读者传达的实际主张是，这是"他的"，那个受过教育的法国旅行者有关过去的知识的价值。这是一种高尚的知识，因为这是东方人无法分享的，是从他们现在的城市中捕捉到的。这些城市不是被遗弃或荒废，就是人口过剩并且腐败。博须埃在他的"叙说"的结尾部分，也曾提到同样的地方，虽然结论不同："埃及，曾经如此智慧，醉步蹒跚，晕眩，因为上帝在铺排自己的设计时眼花了。埃及不再如她的往昔般闻名，她迷失了。可是人们不应该愚弄自己：如果取悦了上帝，上帝会矫正这些错误。"（1845：427）

基督教传统曾有所预言，但关键性的转变发生在启蒙时代，一种有关时间的观念作为高尚的知识，已经成为人类学的知识装备的内在部分。我们认识到这一形势，这已经成为我们这个学科最活跃的各阶段的特色：应用其假定的某种过去的真实性（野蛮人的、部落的、农民的）来谴责一个不真实的现在（无根的、教化的、涵化的）。"都市人类学"由于揭示了反镜像中的原生的、整体的原始生活，因此以其显著的意象成为海外殖民地的高级阶段及腐败的本土城市的副产品。就更深层次而言，就像沃尔尼的例子所提示的，这正是我们的学科用来展示其自觉性和它的都市的、资产阶级的创立者们所关心的问题之出发点。

二、从历史到进化：自然化的时间

基于伯罗（Burrow）、史达庆（Stocking）、皮尔（Peel）等人的贡献，我们对进化论的理解得以大幅度提升，至少在英格兰，置于这一范式之下的人类学赢得了它的学科地位。无论如何，还有一些模糊不清之处，它的一些残余得以重生和永续，以不同形式的新进化论人类学延续着，其历史意识似乎尚未能超越莱斯利·怀特（Leslie White）。① 对达尔文和斯宾塞的进化观进行的区分是失败的，可它仍然回应了大量模糊的、反反复复将它们应用在生物抑或社会文化方面的实际情况。另外，对两者之混合，我们并不能简单地将其作为一种错误分开。这源于一种由斯宾塞自己培植的模糊传统（参见皮尔，1971：ch.6），也可能与达尔文晚期的支持有关。一个解释这个含糊问题的方法是，以批

---

① 怀特的《文化的进化》（*The Evolution of Culture*，1959）曾被哈里斯欢呼为"与亨利·摩尔根的《古代社会》（*Ancient Society*）具有同等的意义"，同样的句子也显示了对他而言其影响如何微不足道，因为摩尔根的历史脉络与怀特的非常不同。他告诉我们他们之间"唯一的差别"是"一些民族志的更新和文化—唯物主义思路更加坚定"（1968：648）。这是典型的哈里斯的史学。他的人类学故事是忏悔式的、进取型的，也常常是娱乐性的，但不是批评性的。萨林斯（Sahlins）和塞维斯（Service）的《演进与文化》（*Evolution and Culture*，1960）和朱利安·斯图尔德（Julian Steward）的《文化变迁的理论》（*Theory of Culture Change*，1955）都是人类学中新进化论最有影响的讨论。

判性的方法考察人类学对时间的用法。

如果我们前述部分的结论正确，那么无论从何种起点努力理解进化中的时间关系，最终都会回到世俗化时间的问题。其结论来自一个包含两种元素的概念，这对其后 19 世纪的发展是特别重要的：（1）时间是内在的，因此与世界（或自然、宇宙，视其论述）共存；（2）与世界其他部分（最广义的自然和社会文化实体）的关系能够被理解为当前的关系。其在空间的分布直接地反映为时间次序，但并不是说以简单的或显著的方式排列。假定这些不言自明的真理将其社会政治语境置于工业化和殖民化的西方，似乎不可避免地，社会理论家开始寻找其科学的框架来安置从哲学中继承下来的进步、改善和发展的观念。这是最常讲述而又简明易懂的故事。实际上，早期进化论的历史充斥着迷惑、悖论和不合逻辑的推理。

在达尔文提出他特别的物种起源理论前，社会进化的理论与生物进化的模糊观念早已风行，或者其中一些元素被结合到社会进化的观点上，即便另外一些人如斯宾塞，已经建立起其与达尔文不相干的基本信念。他们从达尔文的生物进化理论中重新提取一些社会学说加以发展（马尔萨斯人口论、实用主义）。矛盾的是，对达尔文理论的利用仅仅在这种条件下成为可能：当革命性的见解成为完全的、关键性的、对人们有效的观点时，诸如一种新的时间概念，需要它改变而不能将它去除，它也就被弱化了。在这种情况下，它可能被用于各种伪科学，用来示范人类历史上进化的法则是如何操作的。

当大量发展性的早期进化论方案得以推广时，在现代性的分期问题上最具干扰性的人物就是维柯（Vico）。[①] 从中世纪迈向现代，就时间概念的转变而言，如果没有直接的、实质上的量变，质变的这一步就难以实现。从毕晓普·厄谢尔（Bishop Ussher）的圣经年代学被取代，到查尔斯·莱尔（Charles Lyell）出版了《地质学原理》（*Principles of Geology*，1830），早期无神论才算建立了起来。[②] 达尔文在《物种起源》中"论时间的流逝"的一段话非常重要，他提道："在查尔斯·莱尔的巨著《地质学原理》的读者当中，将来的历史学会认识到这已然是自然史的革命，即便因一时对过去的时间段感到太难理解而可能将书本合上。"[1861(第三版)：111]莱尔注意的是均变说，这种理论说明世界当前的形状既不依赖于独有的同步性创造，也不依赖于神力的重复性干预（"大灾难"）。他总结说，这假定了"所有先前有机体的改变和物理性的创造，皆归因于一种未受干扰的物理事件的连续。这是由目前一直在运行的法则所支配的"（引自皮尔，1971：293n9）。

这是 19 世纪企图公式化许多有关进化的专门理论的基础。地质学时间赋予他们一种辩才和一种他们 18 世纪的祖先从未有过的眼界。而且，新的概念确实首先提供了一种关于时间的定性解释，其真正的意

---

① 为数众多的出版物证明了对维柯感兴趣的人是不断更新的，可参见《社会研究》（*Social Research*）杂志（乔治·塔利亚科佐主编，1976）集中刊出的两期论文集。

② 可能有一种由达尔文鼓动的倾向，给予莱尔过多的好评。"年代学危机"可以回溯到 16 世纪，在肯特（Kant）和布封（Buffon）的示范之下，人们有勇气思考数百万年的问题，另外一些则在 18 世纪（参见勒佩尼斯，1976：9-15；42ff）。不过，这一点仍然重要，即进化论思想有负于它对地质学的时间解放。就科学而言，它是一种与其他学科相同的科学，但不同于从空间关系与分布中建构时间的天文学。关于莱尔的前辈们，可参见艾斯利（Eiseley），1961。

义在于，存在一种定性的自然。基于《圣经》的计算不仅在于他们没有纳入足够的自然史时间。这样的问题可以用重新计算和延展年代学（实际上我想象，是由现今的原教旨主义者来做的）的方式来解决。圣经年代学最终要被抛弃的真实的原因，是它没有容纳正确的时间类型。在创造之后，时间被计算，因为这是从经文中发现的，这是博须埃的救世的时间。这是以重要事件来转达的时间，是神话和历史的，因而既是大事纪年也是年代学。作为一种事件的顺序，这是线性的而非表状的。例如，它并不允许时间成为一种能与其所标记的事件相独立的变量。因此，它不能成为笛卡尔体系中时间—空间坐标的一部分，从而允许科学家标示出大量无关任何事件的有关自然的数据。除非它已经被驯化了，比如从事件中分离出来但是对人类有意义。[1]

要澄清两个问题，让我们暂时先回到达尔文。达尔文自己最为迫切意识到的问题之一，是时间一旦被驯化，就应该也会被重新历史化（就如社会进化论者确实去做的那样）。他可能不会那么清楚地拒绝某种内在需要或者意义来理解进化的现实维度：

> 纯粹的时间流逝其自身并没有支持或违反自然选择。我这样

---

[1] 皮尔在相似的意义上使用"驯化"一词，尽管他没有继续进行拓展。他的看法值得在此引用："显而易见，社会进化是很容易成为最具时间导向的社会学的。在许多作者中，科林伍德和图尔敏（Toulmin）都曾经见证了进化模式思想的统治地位，以此作为历史上科学征服的一个标志。就某一点而言这毫无疑问，但是它可能蒙蔽了我们对社会进化论中深刻的反历史偏见的认识，因为在某一方面，进化论在解释历史方式上并没有获得太多的胜算。例如，那种对社会与历史恰当的研究所解释的性质的改变或相当程度的驯化。"（1971：158）

说是因为这一直被误会为我假定了时间元素在自然选择中是一个十分重要的部分，就像所有的物种都必须经历天然法则中缓慢的修正。(1861：110 f)

另一个问题是，达尔文就科学年代学的认识论定位，先暗示这是一种语言或符码(作为一种观念，我们稍后会见到列维-施特劳斯版)：

> 就我而言，以莱尔的比喻，我将自然地质学记录看作有缺陷地保持着的世界史，并且是以一种变化的方言来书写的。在这样的历史中，我们仅持有最后一卷，仅与两三个世纪有关。这一卷中也仅有一两处简短的章节被保留了下来，并且每一页仅有几行字。在慢慢改变着的语言中，每一个字都在书写历史，多多少少与后续的章节有所不同，这可能表现了埋藏在连续性之中的我们生活样式的明显变化，此时大幅度分开了。(1861：336 f)

与过去的神圣时间不同，甚至与它世俗化形式的"理智的神话—历史"也不同，新的自然化的时间不再是连续性的、有意义的故事的载体；它是一种排序的方法，去排列实质上不连续的、碎片化的地质学和古生物学的证据。如前所述，社会进化论者不得不弱化与之前的概念不同的三种解释。他们不能在广阔的意义上来应用它，因为无论是基于记录的历史或者是建构的历史，它们都应用了一种就自然进化而言(我不确定如今这样以百万年而非千年的单位来说明人类历史的方式有没有变化)微不足道的时间跨度。社会进化论者也不能接受物理性分期严酷的无意义。他们完全相信时间是"完成的"，或者将事物都纳入进化的轨道中。最后，他们仍然用不着纯粹抽象的方法论上的年代学。他们的年代学，是先验的朝向文明的阶段，每一个阶段都像导向故事结局的句子一样有意义。

因为自然化时间的正面的含义对他们没用，社会进化论者最后能接受的，仅仅是假定这是自然史。实际上，一些人仅从他们对有关人类社会进化的推测中抽出结果而抛弃时间。例如，摩尔根（Morgan）认为："这并不影响主要的结论，即同一大陆上不同的部落和民族，甚至属于同一个语系者，在相同时间处于不同的条件下，而每一种条件都是物质实体的，时间则是非物质的。"（1877：13）从摩尔根与时间无关的"条件"到后来关于文化"结构"的老生常谈，在逻辑上仅仅迈出了一小步。就假定的极端"形而上"历史的不可化约性，激进的反进化论者，如 A. 克鲁伯（A. Kroeber），他的《宣言十八条》让他成为自然化的时间的遗产执行人。[①]

基于上述观察，进化论人类学家并没有就时间做些什么。我们可以说，他们所做的是将时间空间化。我们可以回到斯宾塞来说明这一问题。皮尔注意到，斯宾塞将进化视觉化，并非使之成为存在的链条，而是把它变成一棵树："这一形象掌握了真相，因为社会就像有机体，

[①] 克鲁伯攻击那些援引生物学或机械性因果关系来解释"历史"（他用来指文化人类学的术语）的人。但是当他说（《宣言》第十六条）"历史处理的是不可或缺的条件，而不是原因"（1915：287）时，他似乎赞同摩尔根。

而且，因为有机体相互之间也就像社会群体相互之间一样，很清楚地，他在《社会学》的最后一卷中说'社会进步不是线性的，而是分枝又再分枝的'，并且提到了社会的品种和类属。"(1971：157)这描述的(这一观点不是由皮尔发展起来的，他在这一语境中陷入了非线性与多线进化对立的假问题)是如何将分类学方法应用于社会—文化现实。长期以来，这棵树成为基于类别和等级分类而设计的建构方法中最简单的一种。我们现在先回到林奈和18世纪自然史。换句话说，社会文化进化论者因拯救了更老旧的学科范式而取得了科学保守主义的一项主要成就，福柯将这一范式称为"针对时间的介入性暴力"(1973：132)。与之关联的问题将在后续章节中继续讨论，让我们先在此停留。人类学的现时性话语是在进化论范式下决然建立的，其所依赖的时间概念不仅是世俗化和自然化的，而且是彻底空间化的。从那时起，我要说，以现时性方法为工具，人类学努力建构其与他者的关系，暗含着对以距离为差别的肯定。

进化论自然化时间的元素是牛顿物理学和林奈的(及少量延伸至达尔文的)均变论。在人类学的史料编纂学中，事物总是停留在那里的。泰勒或者摩尔根是众多人类学家之中最无异议的学科奠基者，尽管他们大部分的"人为建构"现在可能要被摒弃，时间的驯化或自然化作为进化论关键性的认识论立场却依然被保留且大多不被置疑。就此，我认为这暴露了一定程度的不成熟。进化论人类学的时间用法效仿了自然史，毫无疑问，这是从前现代的概念往前迈进了一步。但是现在可以说，大规模采用物理学和地质学的模式(它们的修辞表达也成为人类学话语），对于人类科学而言，是学理上遗憾的退步，在政治上也相当反动。

让我再来解释一下。我对这样的退步的理解，是基于事实上人类学已经赢得了它的科学地位，这是借助本质性的牛顿物理学（时间成为普遍性的描述自然运动的均衡变量）达到的。其时，后牛顿物理学（以及后"自然史"的历史）已经清晰可见了。极端的自然化时间（例如，它的极端非历史化）理所当然地成为核心问题，特别是在面对当时一些声名卓著的科学成就时。就比较的方法而言，覆盖面广的知识工具允许"平等"对待处于不同时间和地点的人类文化。这样的知识工具所激发的热情和愉悦感，使得人们更容易放眼远视。这样喂进这一机器的数据经过实证主义中立的选择与分离，其产品——进化的序列——是历史性或政治中立之外的一切。通过利用进化阶段的术语来解释当前的社会，进化论的自然史重新将一种时间与地点的特性呈现出来。事实上，这是一种回溯性的救世历史。此时，它最接近中世纪基督教情景下的启蒙主义论争。

在政治上更为反动的原因，是它伪装严格地依靠科学的，因而也具有普遍性的有效原则。实际上很少的部分是这样的，它主要还是以对进步和工业的信仰来置换对救世的信仰，更以维多利亚英格兰置换了地中海为其历史的轴心。文化进化论者成为西方帝国主义的博须埃。

无论更好或更坏，就在这些认识论条件下，民族志和民族学被限定了。这也成为人类学实践（研究、书写、教学）产生的限定条件，它们联系着殖民主义和帝国主义。我们不能太过强调这些联系是认识论上的，但它也不仅仅是道德伦理上的。人类学以上述种种为殖民主义事业提供知识上的辩护。它给予政治和经济——两者都关注人类的时间——一种肯定的对"自然"的信仰，比如进化的时间。它推广了一个方案，其中，不仅过去的文化，而且所有现实生活中的社会都不能取消地置于一个现时的坡度、一条时间的溪流中——一些往上流动，另一些则往下流动。文明、进化、发展、涵化、现代化（以及它们的表亲工业化、城市化）都是从进化的时间中衍生出来的概念化术语，以这样的方法来说明其内容。它们以一种与伦理或非伦理相分离的认识论维度来表达其意图。一种话语，采用诸如原始、野蛮（也可能是部落、传统、第三世界，或者当前任何委婉的说法）的术语，都不是在想，或在观察，或在精确地研究"原始"，这是在就原始人而想，而观察，而研究。"原始"作为一个本质上实时的概念，其实是一种类别而非一个对象，这是西方的想法。

在我们开始在当代人类学语境中考察时间之前，最后有一点需要澄清。进化论，这个真正的范式让学术界认可人类学的价值，进而使其成为一种科学，随后很快就在大西洋两岸受到强烈抵制。有的人可能设想这种抵制大概也针对它的时间用法，不过，并非如此。对于传播论者对进化论的反对，我们不必说得太多。至少从表面上看，他们的基本假定与进化论非常相似，他们之间的争论也未必产生任何重要的再定位问题。到19世纪末，自然化时间的明确框架已经如此强大，使得它更容易吸收自身文化圈中遗传的浪漫主义新观念。

例如，这应用到了格雷布纳（Graebner）的传播论教科书中。在他的《民族学方法论》(*Methode der Ethnologie*，1911)中，"文化历史"是优先地在空间分布上建构起来的。他接受了进化的时间等式和变化，并且变化表现在他所列举的追溯原因的例子中："如果我能够展示，整体上的文化在一个给定的时间跨度内未尚完全改变，或者仅有微小方面的变化，这样我以这一时段为其命名，或多或少就属于这一时段，就像他们是同时期的。"(1911：62)换言之，在研究"无变化的"原始文化时，可以忽略现时关系，以便于空间关系的建立。格雷布纳频繁提到现时序列(Zeitfolge)，或者现时深度(Zeittiefe)，这表示亚里士多德概念中的有效因果关系。现时序列在有关文化因果关系的论述中是不可或缺的。而且，传播论成为一个为"没有历史"的人们书写没有时间的历史的总和性方案。[1]

另一方面，格雷布纳及其他有关的传播论理论，应该被理解为对那些在文化历史、文化地理学背景下的早期讨论的对抗。那时，它在学理上的基本内容尚未被实证主义方法论冲淡。那段时期有一份挺特别的文献，是弗里德里希·拉采尔(Friedrich Ratzel)的文章《历史、民族学与历史视角》("History, Ethnology and Historical Perspective"，1904)。文章一半的篇幅在讨论时间问题和即时次序，在这一例子中，

---

[1]　对在习惯上被归并在一起并被称为"德国传播论"的事物进行公平的历史和编年史评价是另外一个问题，近期总结这个学派的教科书常常显示出对其知识渊源和背景的模糊与无知。德国的"文化圈"思想与早期美国人类学之间的密切联系总是被人遗忘。爱德华·萨丕尔(Edward Sapir)的著作《美洲土著文化的时间视野：方法的研究》(*Time Perspective in Aboriginal American Culture: A Study in Method*)在格雷布纳的《方法论》(*Methode*，1916)出版五年之后就出版了。

由浪漫历史主义和自然史所衍生的论述并行其中。拉采尔以对科学理论的评论开头，拒绝关于发展之树的进化论隐喻，这样的分类学和等级的观点伤害了所有科学的极端公共性和平等性。因为，所有学科最终研究的现象都在地球上并且关乎地球，它们都是地球的科学（参见1904：488）。感谢赫尔德（Herder），拉采尔说得很清楚，这样的地理主义假定了一个当代的人类共同体。最优先次序赋予了对特定文化身份的研究，这样的文化身份是一个人群和他们的环境之间的互动过程的产物。对真实的空间（生态）的强调，于是排斥了对于不同社会的进化程度在时间次序上的关注，而社会进化的程度是基于假设性的普遍法则的。

　　不过，在赫尔德和拉采尔之间的一个世纪中，自然史知识已经对民族学有所把握。当拉采尔转向"事实与即时次序"的问题时，他主张一种对文化事实的"起源论"解释。但毫无疑问，这种途径的基石是（自然史的）对文化特征的收集整理、描述与分类（参见1904：504）。逐步地，真正的生态空间被分类学的表述空间所替换：分布战胜了成长和过程。拉采尔注意到这一情形，于是描述了当前对推测性历史的迷恋。他多少是以讽刺的口吻提出的："听起来十分简单，因为所有的历史事件皆发生于空间之内，所以我们必须能够量度时间。它们需要以一定距离散布开来并被覆盖着，以全球时钟来阅读时间。"（1904：521）他立刻质疑，在人类历史的领域中，如此简单地将空间上的分布转换为时间的顺序，这永远不会是"科学的"可能。特别是，在发展的顺序中决定起源的是一种"实践性"的问题，而非科学的解答（我以为实践至少包含了政治的含义）。在人类共同体（Ökumene）内，判定某个特定时期或地方为文化的来源是可能的。置身于同样的一个地球，"没有哪个国度比另一个更有优势"（1904：523）。

　　这个离题的讨论，是想要指出至少有一个例子是关于人类学时间的用法的。它滞后于自然化与当前距离的主线，对20世纪主流人类学的影响而言是失败的，有些自我折磨的成分。我们还很难从格雷布纳的卖弄学问中找出赫尔德的影子。深层的原因，不管怎样，可能是人类学中占统治地位的趋势是不会容纳反对启蒙主义遗产的东西的。就文化—历史导向而言，这是居于根本地位的。

　　有几个可识别的范式继承了进化论者和传播论创立者们的观点。出于简洁的考虑，我们可以参考一下英国的功能主义、美国的文化主义和法国的结构主义。早期的功能主义者，特别是马林诺夫斯基（Malinowski），直接拒绝了进化论，认为它是安乐椅上的历史臆测。请注意，无论如何反驳，他都并未针对它对人类社会过度的自然主义或者理性主义，反而认为它还不够自然主义。功能主义热衷于考察生活的社会机制，简单地搁置了时间的问题。共时性的分析最后还是预设了一个冻结的时间框架。类似的假设也被索绪尔等人公式化，包括法国社会学家莫斯（Mauss）和涂尔干（Durkheim）。最后，这导致了联合在一起的功能主义—结构主义的上升。它在社会人类学中最有影响力，而且实际上也在社会学中显示了从未间断的进化论的认识论。其开放的、明确的复兴延续不断，后来塔尔科特·帕森斯（Talcott Parsons）就科学的历史与库恩、图尔敏、坎贝尔等人的辩论，甚至他最后与批判理论

（哈贝马斯和他的对手鲁曼）的纠缠，都显示出它还没有在西方知识界失去吸引力。①

讽刺的是，博厄斯派和克鲁伯派的文化人类学激进地冲断了进化论的传播，可是他们甚少或没有对上述这些认识论预设产生影响。实际上，文化主义主张，在自然史中"历史"是一个占主导地位并且不可化约的要素。它与人类的、文化的时间搭上关系，但是将普遍性时间归入生物进化当中。这样，启蒙的议题就被忽略，并让渡给了自然科学。对文化结构和类型的关注，其实导致了对描述其状态（即使是"动态"状态）的关注处于压倒性地位，使得18世纪寻找总体上有关人类进步的理论热忱几乎都消失了。② 总的说来，功能主义、文化主义和结

---

① 对于帕森斯，参见 J. 托比（J. Toby）主编的书（1977）。皮尔讨论了当代社会学和人类学中进化论的复兴；图尔敏与人合著了一本重要的关于时间概念的书（参见图尔敏与古德菲尔德，1961）；唐纳德·坎贝尔（Donald T. Campbell）在一篇题为《自然选择作为一种认识论模型》（"Natural Selection as an Epistemological Model"）的文章中表达了他的态度（1970）。许多有关哈贝马斯—鲁曼争论的文献都保留了下来，但是因为专门术语太多而难以卒读。对于进化论讨论的重要性的表述，可参见克劳斯·埃德尔（Klaus Eder，1973）。哈尔夫曼（Halfmann，1979）意识到了达尔文主义与对发展的批评理论之间的对立。

② 可是，当讨论时间的必要性增加时，文化主义传统中的人类学家仍记得18世纪。D. 比德尼（D. Bidney）在《理论人类学》（*Theoretical Anthropology*）中提道："可是，问题仍然存在，即便是与历史的关系、进化文化与人类属性的关系。如果文化是一种直接的对人类属性的必要表达，人们如何解释时间中文化模式的进化？在我看来，只要承认这样的人类属性，如文化，在时间中演进或者延伸，问题就仍然没有解决。这可以理解为一种假设，即人类先天的生物潜力仍然多少服从于时间发展的长久现实、有效的精神物理学力量与能力。我认为18世纪关于人类属性的完全性的概念是可比较的，这似乎已经从当代民族志思考的图景中被排除了。"（1953：76）

构主义并没有解决普遍性时间的问题：往好处看是忽略了它，往坏处看是否认了它。

三、人类学话语中某些对时间的用法

惑于上述问题，可能有的人会说，人类学自产生以来变化并不大。然而，至少当代的人类学与 18 世纪、19 世纪人类学的面貌有所不同。不管理论走向如何，田野研究已经成为建立其理论话语的实践基础。这一事实让当代人类学中的时间问题显得尤为复杂而有趣。

如果有人比较人类学作品与民族志研究对时间的不同用法的话，两者的背离尤其明显。我将它归为时间含义上的精神分裂。我相信在田野中的人类学家常常使用的时间概念，与他们写在有关其发现的报告上的不同。而且，我认为，对时间角色的关键性分析成为田野实践中民族志知识产生的一个条件，并可能成为批评性人类学话语总体上的出发点。不过在阐发这一观点之前，我们首先要对在人类学话语中用到的、我们要批评的那种时间概念加以明确。我们必须简要审查在人类学话语中出现的各种时间用法，如以第三人称来写作，覆盖了不同民族志区域范围的综合性或分析性的著作，或者有关不同地方的文化与社会的不同方面，以及最后我们在教材中以总结的形式呈现的当前的知识。我简单将其分为三种主要的时间用法，由此所归纳的每一种类型话语，其特性都不是相互排斥的。

第一种叫作"物理性时间"。它表示一种描述社会文化过程的参数或矢量。它出现在涉及巨量时间跨度的进化论、史前史的建构中，但也会以"客观的"或"中性的"时间尺度来量度人口或生态的变化，或者各类社会事件的重现（经济的、仪式的等）。其假定是（这也是我们称它物理性的原因），当时间指的是一种文化过程的参数时，这种时间是它自己的，而非所指的文化变量中的。有时，指标的特性告诉我们，一个给定的年代学序列可能是"相对的"，但那指的是：相对地从一个序列中选出一些点来，而非文化意义上的相对。这样的相对性可视为一种流动，这就是为何碳十四等物理性年代测量法在开始应用时会引发人们极大的热情。[1] 这些考虑不仅仅提供了更好、更准确的人类发展的时间点，而且当今这些有关人类进化的思索，其爆炸性相当于当初圣经年代学产生的影响。最重要的是，一旦这些年代测量法被用于标

---

[1] 放射性同位素年代测定法是由 W. F. 利比（W. F. Libby, 1949）建立的，它在人类学中被广泛接受，是因为得到了维纳格林人类学基金会的资助，以用于研讨会和出版。至 1964 年（奥克利和巴策的著作出版的时间），它获得了教科书层次上的"正规科学"的地位（用库恩的术语）。就迄今为止提供难得的精密计时的确定性而论，它是革命性的方法。就特定的关于相对早期人类进化的"无时间"特性而长久建立的信念而言，它仅有细微的改变。比较随后奥克利（Oakley）的论述与之前所引格雷布纳的讨论："现在，在世界的所有地方，许多不同文化以及不同层面的复杂性能够在彼此间很短的距离内存在。但是在新石器革命之前情况不是这样的。早期的狩猎采集文化进化缓慢，他们的传统在发生了显著变化之前已经广泛扩散，这样的区域可以定义为旧石器文化，并且可以根据充分的大量的制作器物的组合加以识别。而且在他们分布的区域内，视其近似于同时代的'工业'也完全合理。直到最近，这个观点还完全限于理论，但是放射性同位素就早期非洲考古学范围的界定至少是支持这样的结论的，即前新石器时代文化进化的发展同时覆盖了广大的区域。这一范围内的旧石器工业可以用作近似的共时性年代测定的堆积层。"（1964：9）当然，格雷布纳和奥克利两人的论述就他们关于物质、文化的技术生产（"工业"）的假设而言没什么争议——那是"空间"分布的一种记录的结果，它们成为人类文化进化简化的关键性指标。

识人类进化和大量文化材料时，就永久地成为客观、自然等非文化的时间。在大量人类学作品中，它们传递了一种科学严谨的气氛和可信赖性，即便晚近的历史文献在这一方面也都难以企及。

当然，无论进化理论、史前史或者考古学，它们在收集数据时实际上都受到当代时限的限制。这导致我们在人类学话语中，以两种相关联的表现形式来思考对时间的第二次使用。一种我称之为"平常时间"，另一种为"典型时间"。我指的平常的含义，是一种世界范围的与时间的关系。它基于确证于统治宇宙的自然法则的物理时间之运作，与狭隘的年代学无关。相反地，它满足于宏大的分期。它像设想的年代和阶段，但是又与对千禧年或未来黄金时代的信仰不同。它与"所有"的时间都保持冷静的距离。有关它的话语的修辞，因此反映在对想象的"人类的生涯"的建构中，也保留在以"野蛮人的思维"为题的这一类鸡尾酒会演讲中。

另外，一个更加严肃的形式说明它本身也属于这样的"典型时间"。它表示一种时间的用法，其被测量不是因为时间的消逝，也不是以线性的刻度作为测量的参考点，而是作为富有社会文化意义的事件，或者明确地说，是作为这样的事件之间的间隔来衡量的。典型时间成为区别认证前文字与文字、传统与现代、乡土与工业的基础，并成为排列的标杆。其中包括各种成双成对的并列，如部落与封建、乡村与城市等。在这样的用法中，时间几乎完全从它的矢量、物理性含义中被剔除。它可能是以质的状态显现的，可是，一种质性是不均衡地分布在世界人口中的。早前一些有关没有历史的人们的讨论，就属于这样的情形，就像在更加复杂的区别中，还有一种有关"热"的和"冷"的社会的区分。

其实，以纯正的"系统性"呈现的（并且经常是其作者和使用者所宣称的）建构，事实上促成了关于时间与现时关系的话语。这在"阶级"的例子中是很明显的（例如，它在 19 世纪的使用。皮尔，1971：60 f），在马克斯·韦伯的权威类型学中是居于中心地位的。系统论者，如塔尔科特·帕森斯，并没有继续——而且，上帝知道，他们尝试过——将马克斯·韦伯恢弘而浓缩的分析性归类和类型建构从历史的、当代的实质中精练化。最后，就好像如果韦伯关于理性化过程的中心议题被视为不存在，那他就没有被读懂。在哲学史上，理性化明显是与启蒙密切相关的。就所有程度而言，连最紧密的正规化"社会系统"也都难以弥补由领袖魅力的概念打开的逻辑漏洞。韦伯自己的著作关于这个问题，目前指的是：日常生活（Alltag）的概念是用来定义相比较而言的魅力领袖权威的特性的。作为一个过程，魅力领袖经历了"日常程式化"。持续（Dauer, dauerhalf, 1964：182），出现（entsehen, in statu nascendi, 182, 184），流动（münden, 186），继承（passim），都是即时、具有方向性的质性概念，用以标志典型化和即时性之间的基本连接。这些联系非常明显地彰显了韦伯的当代性。1931 年，汉斯·弗莱尔（Hans Freyer）注释说："社会学是从历史的哲学中成长起来的。几乎社会学的所有奠基者都认为社会学是投身于历史哲学的先驱们的合法继承人……这不仅是历史的，也是逻辑的必然。社会学包含了文化的类型和阶段的问题，至少，它总是趋向于那个问题。"（1959：294 f）

因此，某种典型化是几乎所有人类学话语的一个部分。在我能想到的概念中，典型时间的概念是全能的。

最后，时间还使人类学话语具备了第三种意识。在尚未找到更好的表示方式之前，我先定义它为"主体间性时间"。这一术语的哲学语源自现象学思想，其例证可参见阿尔弗雷德·舒兹（Alfred Schutz）关于主体间性时间的分析，及少部分在人类学中的应用，如克利福德·格尔茨（Clifford Geertz）的《巴厘岛的人、时间与品行》（*Person*，*Time and Conduct in Bali*）①。更重要的是，"主体间性"的属性，当前强调的是人类行为与互动的交流性特质。一旦对文化的基本构想不再是限定特定群体中个别成员行为的一整套规范，而是指行为者创造和生产信仰、价值及其他社会生活手段的某种特定方式，这就需要承认，时间是构成社会真实的一个方面。无论是否选择"历时性"或"共时性"的压力，历史的或系统性的方法都是"缓慢的"，不以时间为参照是无法想

① 格尔茨此书出版于 1966 年，后于 1972 年重印，参见第十四章对祖鲁神话和仪式中的时间概念的分析。据舒兹所说，这是 I. 松鲍蒂·费边（I. Szombati-Fabian）所作。在舒兹的尤其是 1967 年的作品中，另一篇更容易理解的文章《一起制作音乐》（1951）也收入了《象征人类学》（*Symbolic Anthropology*）文集（多尔金等人主编，1977：106-119）中再版。然而，胡塞尔和海德格尔主要关注的是时间，因为它需要在人类的认知情景中和"内在自觉"中来理解。舒兹分析了它在沟通中的角色。他在上述文章的总结中说："显然所有可能的交流皆基于一个假设，即交流基于交流者和信息接收者相互之间的调和关系。这样的关系建于内在时间之中有关他者经验流变的互惠共享，建于一种共同的生动的现在，建于这样的共同性是'我们'的共同经验。"（舒兹，1977：118）就是在这样的脉络中，主体间性以及共享时间的问题成为现象学哲学的洞见，并持续地影响了人类学、社会学及语言学。例如，R. 罗默特伟特（R. Rommetveit）对语言学的生产性霸权的尖锐批评（1974），以及我对社会语言的再评价（费边，1979a）。这篇文章可供对实践民族志的主体间性时间问题感兴趣的读者参考。

象的。一旦时间被认知为其中一个面向，而不仅仅是一种置之于人类行动的量度，任何想要将它从诠释性话语中剔除出去的企图都只会带来扭曲了的以及极端无意义的陈述的后果。其反讽之处在于，正规的模式、通常以最"科学"的方式陈述的人类学话语的形式，事实上总是忽略了一个问题，即时间。时间一直被视为当代自然科学最大的挑战。

四、评估：人类学话语与对同生性的抵赖

这一主要的概述方法，是将在人类学思想和话语中扩散的，表现了极度复杂的我们所能找到的对时间论题的概念化，特别是，我们现在对差异分化的理解能否走得更远更深入，并深入诸多混合使用了物理的、典型的及主体间性的时间的组合中。可是，即便书写完整的人类学话语中的"时间语法"这样的工作是可能的，也仅仅向我们展示了人类学家是如何运用时间建构他们的理论、完成他们的作品的。从这样的分析中我们发现，最值得追问的是有关类型和文学形式的问题。这当然是非常有趣味的，但还比不上认识论的问题。这个认识论问题必须根究的是，就时间分类的应用而言，一个知识整体到底有效还是无效。

我们必须追问，在人类学家多种多样的混杂的时间用法之下，"什么"是人类学需要把握的（或者，那里是相同的，在当前给定的时间应用策略下，他们要回避什么）。让我就下面的论述命题说明方向：并非人类文化在空间中的散布将人类学引向了"现时化"（某种保持在"哲学

旅行者"形象中的东西，哲学旅行者在空间中的漫游让他们发现了"时代"），这是移植的空间化时间，它界定了分布于空间中的人类特性之意义（实际上是多样性的特定意义）。我们学科的历史揭示出，这样几乎一成不变的时间运用，其目的是把被观察者从观察者的时间中区别开来，保持距离。通过再检视我们将其归咎于启蒙思想的历史的断裂，我将先描述这一特征。然后，我会更详细地说明，在当代人类学话语中这样的保持距离是如何起作用的。

启蒙思潮标志着中世纪的、基督教的（或者犹太—基督教）的时间观念实质上已被打破。这一突破归因于救世历史中的时间/空间概念，发展的最终结果为自然史的世俗化时间。就当前而论，认识到这一点非常重要。这不仅可以被称为时间上的质变（神圣与世俗），也可被视为看待当前"关系"性质的一个重要转换。在中世纪范式中，救世的时间是作为内置的、合并的部分而被设想出来的①：他者、异教徒和无信仰的人（而非野蛮人和原始人），都被视为可拯救的对象。即便如征服，作为一种当然的空间扩展方式，也需要一种改头换面的意识形态来支撑。如同一个曾经长期流传的神话，寻找传教士约翰的国度，它说的是探险家们期望聚拢起来，然后一起谈论异教徒世界。它介乎基

---

① 在一本有思想深度的关于澳大利亚"土著居民"的人类学研究的知识史中，K. 伯里奇（K. Burridge）将这一观点加以发挥并写得很长（1973：13ff）。不过，我视为的断裂和不连续之处，作者则认为，基督教概念中的他性就是人类学的好奇心最主要的持续性来源，这促使他将奠基性的角色归诸传教士，将其实践作为一种人类学的模型（1973：18，83f）。我不认为他的观点能被我们学科的历史证实，自始至终，伯里奇都着重强调道德义务，因为宗教及科学与他者的遭遇的共同要素，在我看来，阻止他恰如其分地评价与认知相关的知识。

督教中心与其失落的外围。他们希望将它重新带回基督徒教牧生活和保护的地方。[①]

　　被驯化的自然时间继续界定了排斥与扩张关系的当代形式。异教徒已经被认定为救赎的对象，野蛮人则还没有准备好接受文明。这些观点上的差异可以用两个构想的模型来说明（见图1.1和图1.2）。一个位于轴线集中性圈层的中心，这是居于真实的空间和神话时间里的。另一个则被建为坐标系统（当然也发源于一个真实的中心——西方的都市），其中给定了时间和空间的社会都以点来标记其与现在的相对位置。

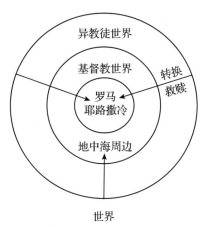

图1.1　前现代时间/空间：联合体

---

　　① K. G. 杰恩(K. G. Jayne)注意到恩里克王子(又译葡萄牙航海家殷理基皇子)用到一则关于传教士约翰的神话来为绕道非洲"包抄"伊斯兰的环球航行事业辩护。[1970(1910)：13]历史和文学的分析将有关传教士约翰的神话看作在摩尔之前的"空间"的梦和一个乌托邦，参见第五章有关罗杰的内容(1961)；并参见关于这一主题的长篇文献。故事的某种总结提到1520年一位来到埃塞俄比亚的葡萄牙传教士，这一部分的说明是弗朗西斯科·阿尔瓦雷斯(Francisco Alvares)神父写的，这是一份不常见的将神话转写为民族志的文献(参见贝金汉姆与亨廷福德，1961)。

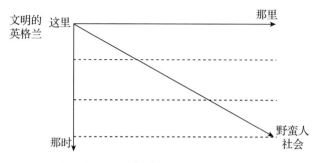

图 1.2 现代时间/空间：距离化

预料中的异议：进化论的次序及与之相伴的殖民主义和帝国主义政治实践可能寻求联合；然后，他们创造一种能够安置所有社会的普遍性参考框架。但是，基于自然史知识，他们需要以不同的距离分开来被发现。如果不是从整体上或特征上分类，比较的方法是没有存在的理由的。这样的方法意味着，他们的相似性在能被用来建立分类法和发展的次序之前，首先必须被分隔、区别开来。说得更具体一些，让野蛮人对进化论者的时间有意义，是因为他们生活在另外的时间里。毋庸讳言，我假定，在殖民主义的惯例中，分隔和距离化为其与启蒙思想和其后的进化论关系提供了意识形态的辩护。

我们现在能够考察在当代人类学中，时间是如何被用于创造距离的。但是在距离化它自己之前，我们应该注意到，就像任何其他的科学话语一样，人类学不可避免地卷入了"当前化"（本书第三章将集中讨论的一种见解）。有必要明确，无论我们拥有有关一个对象的怎样的知识，那都是关于当时的分类。这不仅是指我们强调以"历史的"来说明的例子。时间是涉及人类学话语与它的指示物之间任何可能的关系的。指示物是由人类学的多种多样的分支学科共享的，严格来说，它不是指某种对象，或者一系列对象的类别，而是指一种关系。这是一种警示，不是能充分说明的命名（称其为"矛盾"要更好）。在任何给定的人类学作品中，指示物通常是用来标志文化或者社会中某些元素、方面之间关系的特定方面的。实际上，如果我们还记得我们这一学科的历史，这是有关西方与西方之外的关系的最后的部分。①

但是现在，总体上我们承认，所有人类学知识都是受人类学家的社会与他所研究的社会之间的历史性权力与支配关系的影响的。因而，所有人类学知识本质上都是政治的。但无论如何，我认为仍然有可能去追问自身的问题，以时间作为一个关键性类别，来概念化我们（或者我们的理论建构）与我们的对象（他者）。确切的现时性概念有助于进行界定，而且，实际上是以对时间的使用方法为基础，在某个限定了的人类学话语中构建我们的对象。

"物理性时间"可以定义表面上看似客观的、介于研究者的文化与他们的发现之间的距离，这种发现包括诸如考古发掘或者从口述传统中重构的记录。如果一个对象物可能被判定属于公元前 2000 年，或者一个事件发生在 1865 年，它们肯定属于确凿的过去。这样决定性地锚定于过去，从心理上和逻辑上坚定了研究者的立场。这就是为何年代学的时间测定就它自身而言是纯粹机械的和定量的，能够在处理一大

---

① 马歇尔·萨林斯以毫无敌意的坦率使用这一公式，他近期努力建立一种"实践的理由"（西方的）与"文化"（其余的）之间的基本的对立关系，参见萨林斯（1976）以及我在第四章中的评论。

批特定的测量数据时被赋予科学上的重要地位。诚然，对遥远的一端来说，年代学是仅有的工具。期间所隐藏的与当前的距离化也是必须的，用来表现自然的法则和类似法则的规律性。这些法则和规律性控制了人类社会和文化的发展。

看起来，物理性时间在政治上似乎是无关痛痒的。如果有什么在科学上是"无关价值"的，这可能就是对物理性时段的测量。同时，这又吸引了人们援引相关理论作为证据，证实逃脱不了的、时间的经验之中的位置相对性。物理学家通过相对性理论，从更宽广的尺度来说明他们已经做过的工作。偶尔，社会哲学家也试图将他们对多样化的文化时间的讨论与相对性理论挂钩。① 我质疑的是，综合起来，这些联系更多是类比性的或象征性的。最后，相对性理论在极端高速度的条件范围内才适用。在文化共享的经验层面上，我们很难看到它是如何直接相关的。甚至可以说，相对性理论针对的是不适于以个别观察者为理论化参考点的情况。物理性时间的社会中介性"相对性"是需要能够被识别的，而且，这是在机械化（钟表技术）和标准化（接纳了被普遍认可的计量单位）的历史过程中被识别的。就后者意义上的西方钟表时间，人类学使用物理性时间作为距离化的工具。在大多数有关其他

①　大卫·博姆（David Bohm）在一本教科书中讨论到相对性理论："关于存在一个独特的宇宙秩序，而且对时间的量度仅仅是建立在牛顿力学有限范围之内的一种思维习惯。"（1965：175）恩斯特·布洛赫运用了物理学和数学的发展成果，提出将相对性延伸到人类时间中来，但我们必须认识到它的"灵活性"和多样性。他认为这是将非洲与亚洲都纳入共同的人类历史中，但没有将他们延伸至超越了西方线性进步的概念的唯一方式（1963：176-203）。

时间概念的民族志研究中，标准化的钟表时间和其他测量方法之间的差异成为需要解决的难题。

而且，物理性时间的观点也是一个系统性观念的一部分，其中还包括空间、身体和移动。在理论家的眼中，这样的时间概念是很容易转换为某种政治性的物理现象的。最后，将物理的调换为政治的并不困难。在大多数古代统治的宣示中，在相同时间内，两个实体是不可能占用同一个空间的。在殖民主义扩张的道路上，表面上看，一个西方实体政治能够占据土著的实体空间，而几个设想的供选方案可以对付统治的侵犯。最简单地，如果我们想到北美洲和澳大利亚，当然就是移入或者移出其他的实体。另一种，是假装空间已经被分割并分派给了不同的分离实体。南非的统治者即坚持用这样的方法。最经常的是，假装的策略一直以来简单地操控了其他变量——时间。借助多样化的排序和距离化手段，每一个被征服的人都被授予了不同的时间。许多像亚里士多德政治物理学那样的学科，都投射到进化论者和他们的表亲传播论者们所策划的方案中。[1]

物理性时间被赤裸裸地以年代学的形式使用。更多的情况是，年代学渐渐变为"凡俗的"或者"典型时间"。作为距离化的手段，这样的分类也在应用着。例如，当我们得知我们文化中的某些因素是"新石器时代的"或者"古代的"，或者当某些社会据说在实践着"石器时代的经

---

① 表面上看，它并没有在哲学中消亡，而且至少可以根据克劳斯·瓦根（K. Wagn）的《时间何用》（*What Time Does*，1976）这样判断。特别明白易懂的"从时间到空间的论述纲要"，参见卢卡斯（1973：99ff）。

济",或者当某种思想类型被判定为是"野蛮人的"或者"原始的"。暗示了当前距离化的标签,并不需要有明确的当前参照(如"周期性的"或"重复的")。像"神话的""仪式的",甚至"部落的"这样的形容词,也会起到同样的标签作用。它们同样意味着以当前距离化的方法来创造人类学话语的对象或话题。这用到一个极端的公式:在许多从业者的头脑当中,当前的距离是客观性的。以这样的方式,它非常准确地反映了,也确立了我们这个学科在公众当中的形象。我敢说,不止一位人类学家是用这样的方式向他的邻居、理发师、医生介绍自己的身份的。此时显现在脑海中的图景是有距离的过去。当公众把所有人类学家看作处理骨头和石头的人时,这并没有错;它揭示了人类学作为时间之距离的提供者的本质性角色。

了解"主体间性时间",需要预防任何形式的按照定义来界定的距离化。最后,现象学家竭力以他们的分析来展示社会互动所预设的主体间性。这样的反转,如果没有设想过参与者所参与的也正是同时间在发生的,即大家共享同样的时间的话,是难以想象的。实际上,基于这一假定能够得出下一步的结论,要点在于认识到随着人类交流的产生,同生性也就产生了。交流归根结底是有关创造共享的时间。这一观点对人类学家来说并不古怪,人类学家在涂尔干的启发下,研究仪式的重要性和神圣时间的产生。有人会说,在"民族志方法学"和"讲述的民族志"这样的新学科中,对主体间性的认知度越来越高了。但是,总的来看,占支配地位的交流沟通模型仍然存在。其中,主体性仍然绑定了参与者之间的(现时性的)距离化。至少,我相信,这只不过指明了被广泛接受的有关信息发送者、信息和信息接收者之间的区别。暂且不管信息（以及编码）的问题，对这些有关发送者和接收者模型的研究为两者设置了一种距离（或倾斜度）。否则，交流沟通难以被概念化为信息的"转移"。总之，即便是以交流为中心的研究路径，似乎也要认可共享的时间，这样我们就期望能找到现时的距离化手段。

从这些例子出发，我们可以得出一个重要论点：在让人困惑的繁杂之下，我们能识别的距离化手段产生了全球性的后果。我称之为"对同生性的抵赖"。我的意思是："一种持续性和系统性趋势，当达到某个地步时，人类学的指示物就被置于某一个时间，这与人类学话语的生产者当前的时间是不同的。"

我要说明的是德语术语"gleichzeitig"及"Gleichzeitigkeit"涵盖的"同时间发生或存在之另一物"之义。通常，"coeval"（同时代的，在同时间发生或存在的）和其专门的名词形式"coevalness"（译为同生性）表达一种需要，更趋向两者之间密切相关的两个概念：synchronous（同时的）/simultaneous（同时发生的）和 contemporary（同时代的）。我选择"synchronous"表示在同一物理时间中发生的事件，选用"contemporary"说明我称为典型时间里的同现。"coeval"，根据牛津袖珍词典，兼及两者（"同样的年龄，期间或者时代"）。之外，就事件而言，它的含义也包括一种共同的、活跃的"工作"或分享。但是这不过是起点，其内涵我会在下面的论述中逐步详述。

同生性可能通过应用物理性的和典型时间的形象而被否认，这不需要再多做解释。但是就主体间性时间而言，我们发现仍然有诸多困难。

可以说，这一当前的分类，因人类学家对时间的"利用"而妨碍了某种意识形态的操控。如果同生性，即对当前时间的共享，是一个交流的条件，而且人类学知识有它自己的民族志来源，亦即某种明显的交流，这样的话，人类学家作为民族志工作者是无法"同意"或"抵赖"与他的对话人之间的同生性的。他既不是屈从于同生性的条件来生产民族志知识，也不是陷于当下的距离迷惑自己，从而迷失了他的研究对象。

这是某些极端的人类学批评推理的基础。这暗示着，我们知道的所有人类学知识都是可疑的，因为它是在殖民主义、帝国主义和压迫的条件下获得的[这些观点来自 1974 年戴尔·海姆斯（Dell Hymes）在《重新发明人类学》（*Reinventing Anthropology*）中言辞激烈的探讨，更彻底的探讨收入由赫伊曾（Huizer）和曼海姆（Mannheim）1979 年主编的文集]。

麦克斯韦·奥乌苏（Maxwell Owusu）在文章《人类学在非洲》（"Ethnography in Africa"，1978）中论述说，以那些公认的典范作品中包含的证据为基础，几乎所有的"经典"民族学家都不具备那样的条件：运用他们所研究的人的语言。至少我能看到，奥乌苏没有找出缺乏交流与否认同生性之间的清楚的联系。不过，他所做的是，谴责针对野蛮人社会的最初状态展开民族志数据搜集的工作是一种"本质性的时代错误"（1978：321，322，326），因为这是在殖民主义的政治经济条件之下做的工作。我们针对人类学话语中时间的距离化的分析，会揭露这样的批评还远远不到位。时代的错误指出了一个事实，或者陈述了一个事实，即人类学与其所设定的时间框架并不协调。这是一种错误，或者说是一个事故。我要努力展示我们面对的是什么：不是错误，而是策略性的问题（关乎存在的、修辞上的、政治的）。为了标志这样的差异，我会把对同生性的抵赖归因于人类学的异时主义。

对人类学的批评太易因道德责难而成为错误的。不过至少头脑清楚的极端批评越多，我们就越会知道某个单独的糟糕意图还不足以让知识变得无效。知识无效的原因，是它应用了糟糕的认识论，它虽然促进了认知的兴趣，却没有注意到其意识形态假设。无论如何，有趣的是（有望能鼓舞人的），对时间的意识形态应用还没有让我们的学科沦落到完全自欺的地步。坚持以田野研究作为人类学知识的基础性来源，成为有力的实践性自我矫正体，实际上是个矛盾体。从哲学上说，它让人类学在总体上成为一项有疑问的事业。

让我来解释一下。一方面，民族志工作者，特别是那些用交流的方法（其中包括大多数重要的民族学家）的，都认可同生性是一个条件。缺了它，我们就很难从其他文化中学到什么。一些人还自觉地为之与我们话语中的分类斗争，这些分类会把另外一些人从"我们的"时间中移出。在斗争中，有些是必须破除的——见马林诺夫斯基的日记①，有些则以

① 在他的日记出版时，马林诺夫斯基直率地披露了困扰他的性、麻醉品、种族和与他的欲望、兴趣相连的政治沙文主义。大多数人忽略了这是一份重要的认识论文献（但格尔茨除外，参见 1979：225f）。马林诺夫斯基认真地记录了他与"逃离现实的枯燥无味的魔鬼"搏斗的方式是读小说，而非从事研究工作（1967：86）。最少有二十次他提到当时他因为需要太多而负担过重。一次，他在日记中写道："极度的智识懒惰；我喜欢回顾性的事，作为经验记录在记忆中的，而非立刻的，因为我的痛苦状态。"（1967：35）所有这些，我相信，并不只是马林诺夫斯基在田野工作中有心理问题的证据，它也记录了他与认识论问题——同生性——的搏斗。

诗意的表达来说明什么是实质性的认识论行动——人类学书写的例证见特恩布尔（Turnbull）的《森林人》（*Forest People*）和列维-施特劳斯的《忧郁的热带》（*Tristes Tropiques*）。但是当它成为以描述、分析和理论概括的形式生产的人类学话语，同一批人类学家常常忘记了或否认其与他们所研究的人们之间的同生性经验。糟糕的是，他们会在剔除了"参与观察"的仪式符咒和"民族志的现在"之后，来谈论他们的经验。然后，他们会以物理性时间或典型时间的类别组织他们的写作内容，只有在担心他们的报告会被区别性地视为诗歌、小说或者政治宣传时，才会另当别论。这样的经验与科学、研究与写作之间的分裂，会持续地成为恼人的学科认识论的苦痛。这个学科的自我想象——而且这是启蒙哲学的另一种遗产——是一种果敢的健康和乐观主义。

　　病症的诊断结论就是否认同生性，或异时观，我们可以开始追问自己就此应该怎么办。这并不容易。一套根深蒂固的词汇和顽固的写作惯例已经成为可怕的障碍。而且，同生性是一种现时关系的模式。不能将它定义为拥有权属的某种事物或某种状态。它不是"那里"，也不能被固定在那里；它必须是创造的，或者至少也是人为的。作为一种认识论的条件，它仅能从结果中来推断，即以不同的方式认可或者否定同生性，并连通到人类学理论和书写之中。一种康德的思想分类，或者涂尔干的集体表征，按照定义都是"必须的"（否则他们就难以被归类）。如此看来，作为类别的共享时间是不能被质疑的，它也不属于认可或是抵赖之间的选择，至少不属于生产和使用它的框架范围。这是一个困境。我们需要挣扎，我看也没有其他办法，除非把问题的焦点放在以意识形态来调整科学话语上，就像我们在此研究的对时间的用法一样。

首先，这似乎是可行的，即拒绝对另一个个体或者另一个人的同生性。这意味着同生性既不是跨文化的事实，也不是形而上的知识的条件。同生性这一术语是被挑选出来表示一种中心性的假设的，即所有的现实关系以及因之而生的同时代性，都植入了具文化性而组织起来的实践。人类学家在接纳这一观念上倒是没什么困难，不过仅仅把它当作关乎某个特定文化的问题，通常这不是他们自己的文化。暂且引用的两个例子，生者和死者的关系，或者能动者和巫术的操作对象之间的关系，都预设了属于同时代的文化概念。广义来说，西方理性怀疑论对祖先的在场与巫术的功效是持拒绝态度的，而这些观念和实践却暗示了现在时间的共存性。这非常明显。更不那么清楚的是，为了研究和理解祖先崇拜和巫术，我们需要建立一种同生性与所研究的文化之间的关系。在这种形式下，同生性成为对文化相对主义的防护墙最根本性的攻击。更直接地说，在祖先崇拜或巫术与人类学关于共享时间或同生性的概念化研究之间，存在一种内在联系（一种逻辑的等式和实践的必然）。据奥乌苏对观察的解释，我也受到了诱惑，说西方人类学家一定是受到了非洲"任性的祖先们"的困扰，仿佛非洲的人类学家受到了"马林诺夫斯基、埃文斯·普理查德（Evans-Pritchard）、福蒂斯（Fortes）、梅尔（Mair）、格鲁克曼（Gluckman）、福德（Forde）、克伯里（Kabbery）、特纳（Turner）、沙佩拉（Schapera）以及叫作威尔逊或其他名字的人"（1978：326）的"威吓"。

显然，我们进入了哲学的深水区。我们探讨的人类学话语中时间的用法，已经引导我们去陈述它们的普遍性影响或冲击，也就是对于所研究的文化的同生性抵赖。可是，最有趣的是，我们发现了一个阻止了简单的、针对我们学科的总控诉。这一发现指的是认可某些人类学研究中的同生性，与否认在大多数人类学理论化与书写中的同生性，它们之间有一种无路可走的分裂。这是一种介乎可识别的认知必然性与一种模糊的终极政治实践之间的分裂。然而，那不是一个意外事故或者一个简单的理论弱点。这样精神分裂般对时间的使用，可以追溯到人类学兴起、成为科学的时刻所做的选择。这就是今天许多关于我们的学科与殖民事业之间的政治和道德合谋的讨论。谈及很多关于认知共谋的遗留，需要确定的是，比如英国进化论与大英帝国的建立就是很显然的，但是我们对这些关联的批评既受制于其标志的遗漏，也受制于未能发掘出更深的联系。基于西方与"西方之余"之间的距离，所有经典人类学理论得以确立，如今任何能够想象得到的方面（道德、美学、智识、政治）都处于争议之中。技术和全然的经济剥削之外的极少的部分，还继续被用来"解释"西方的优越性。已经可以预见，那些特权可能既不会消失也不再会被声索了。留下的"仅仅"是完全被抵赖的同生性，这样的抵赖，最终成为关乎恢弘体量与持久性的含义丰富的宇宙观神话。它以想象和大胆的图景展示什么是可能针对西方（和人类学）发生的，假如它的当代城堡突然被"他者的时间"攻破。

第二章　我们的时间，他们的时间，没有时间：对同生性的抵赖

无论如何，跨越时间的空间第一性，是一种反动语言的正确信号。

——恩斯特·布洛赫[1]

那时我懂了，大概还是第一次，旅行的概念在国家权力下如何彻底崩解了。

——列维-施特劳斯[2]

同生性是人类学与时间的问题。以这个观念为焦点，我已经逐步将论述推进到了对一种同生性理论的构建。这是一个困难的任务，因为问题不是就"在那里"，而是在人类学的习惯性矛盾的交叉点之上持续产生出来的。一种有关同生性的理论，因而必须是在恒常面对人类学话语及其主张的过程中所构想的方案。尤其是，我们必须通过研究

---

[1]　"Überhauptist der Primat des Raumesüber die ZeiteinuntruglichesKennzeichenrerer Sprache"（布洛赫，1962：322）。

[2]　列维-施特劳斯（1963：39）。

发展完善的人类学脉络之中最接近的"时间的用法",来厘清术语与目的。因为在迈向同生性理论的道路上,过去历史中的异时性话语并非唯一的障碍。

人类学初期出现的异时性或精神分裂倾向,现在已经扩展到了学科建立之后所应用的对两个主要策略的分析当中:一个是以文化相对性来"绕开"同生性问题,另一个是以一种极端的分类学方法来"取代"这个问题。每一种策略都以人类学家的书写来证实[特别是玛格丽特·米德(Margaret Mead)、爱德华·霍尔(Edward Hall)和列维-施特劳斯],他们的主张在人类学建立过程中被广泛接受了。其表述的类型是论辩性的,那就是,说话人的根本对象是预定的,或是要说明一种论点。对于这样一种模式,我们必须注意其在选择和解释材料上的历史精准度,但它并不在意历史材料编排上的完整性。本章绝不想错误地为它所涉及的学派做历史说明。因此,我要罗列的异时论证据,应该解读为是为了建立一个论题,而非作为主要(至少还不是)与某个敌手对抗的证据。

无论如何,这一争议还会更加突出,所以我把它放到后面的章节中。最后,我并不接受现在看似无异议的问题,即人类学永远不能够正当或实事求是地回避,或在同生性挑战中获得先机。

为了反对相对性而走向分类学可能会引发逻辑上的问题。这两者的对立意味着什么?这里对术语的选用仅出于标签使用上的方便,以便引致对文化和知识的区别性导向。它们这样的指称趋向,根据鲍勃·舒尔特(Bob Scholte, 1966)的分析,是初步回应了英国、美国和法国的"认识论范式"。这些范式毫无疑问是相互对立的（也是竞争的），尽管如此，它们仍然系出同源。但是，以分类学的方法来合成一幅相对主义的文化图景当然也是可行的，这就是多样化的民族科学或民族语义学派的例子。出于行文的需要，我们不会太关注这类文章。①

一、绕开同生性：文化相对性

《思想与改变》(*Thought and Change*)是一部清晰论述人类学理论中时间用法的书，作者厄内斯特·盖尔纳(Ernest Gellner)就针对进化论的批评做了评论。他顺便指出，作为一种理论，它"在学术哲学上是相当无用的，目前是极度地无关时间……（而且）几乎对社会学无用……（然而）在形式上观念上，生物学家和历史学家偶尔要辩护一下"(1964：11)。要注意到，基因进化（以时间为中心的）与结构的（无时间的）理论解释之间的冲突在英国社会人类学的争议中是最吸引人的。他观察到：

---

① 在我自己的发展过程中，对民族科学步骤的批评性质疑，是因为他们处理"时间的突入性力量"的能力是关键性的。我的看法主要集中在文章《分类学与意识形态》("Taxonomy and Ideology"，1975)中，这也是我在这里不再赘述的原因之一。在同一本文集中，M. 杜宾(M. Durbin)的论文《人类认知中的同时性与序列性模型》("Models of Simultaneity and Sequentiality in Human Cognition"，1975)可以被理解为受制于分类学时提出时间问题所做的努力。

对"原始"部落的系统性研究最初始于想利用他们作为一种时间机器，以窥见我们自己历史性的过去，以提供更为接近的证据来与早期的重要事件相联系。但是实际的进展是，这一设想的时间机器已经耗费了双倍的动力，可是对重构过去却漠不关心：在研究了部落组织的自身原因，并且以他们自己的方式进行解释之后，仍然没有视其为某种假想的过去的"幸存者"，甚或稍微回溯一下。（盖尔纳，1964：18.f）

如果结构—功能主义表现出置时间（即视"时间"为过去）于不顾，这并不意味着人类学就不再是配套性的时间机器了。如果有人谴责进化论中的时间距离化的话语，他也不会因此就抛弃对诸如"原始"这样的术语的异时性理解。相反，时间机器完全与历史学方法的档位和车轮无关，现在以"双倍的动力"在工作。否认同生性从而被强化为时间的距离化，这是将一种明确的关切转为一种含蓄的理论假设。

发生了什么？怎样发生的？人类学庆祝其从启蒙时期的文化沙文主义发展到视其他社会为"用他们自己的话来解说的"（注意，不是"关于"他们自己的话），其间所达到的进步，让"用他们自己的话来解说"在逻辑上和社会学的实证主义上成为理论可能，并且彻底拒绝了"历史主义"。就人类学而言，这意味着上述我们学科的任务注定就是"解释"各种系统或"结构"［借拉德克利夫-布朗（Radcliffe-Brown）的术语］。据说只有在当前、适时的一整套关系的框架之下，解释才成为可能。这个框架指的是结构的逻辑性安排的隐喻，还是有机体当中各要素之间的生物性或机制性的协调，抑或像后来波普尔（Popper）所说的"具体情势上的逻辑"[①]？我们知道极端的反历史主义已经难以为继。马林诺夫斯基自己最终也承认功能的方法必须引入"时间元素"[②]，而且埃文斯·普理查德最后在他的文章《人类学与历史》[*Anthropology and History*，1962（1961）]中也提出要完全恢复它。英国功能主义人类学对此怀有极大的兴趣，因为这显示要摆脱视时间为"过去"（理论上的），并不等于要将时间完全纳入。即便这些思想家能够说服自己，就当前的关系而言，特定的社会文化秩序或者系统与其先前的形式之间并不需要解释，他们也难以忽略特定秩序之中时间与当前的关系。

塔尔科特·帕森斯在《社会系统》（*The Social System*）中意识到，社会行动与互动中包含关键性的"时间关系"，其形式可分为行动的时间、行动者在"时间中的位置"，以及"人际时间"[1963（1951）：91f]。因为他曾经将社会体系视为维持平衡的系统，他也将时间与偏差问题相联系。他谈到，"时间分配"是以某种类别的行动安排时间的方式（251），"空闲时间"又成为不同的类别（参见254n2，302）。时间是内在地与变异相联系的，其实际特点是时间是一种"占有"（120），亦即它是

---

① 一种对功能主义无力解决变化的批评性评估，以及就波普尔方法的辩护，参见伊恩·贾维（Ian Jarvie，1964）。在就功能主义派的辩解（"没有任何疑问，这是一个本世纪社会科学中最重要的一个理论实体"）中，R. A. 尼斯贝特（R. A. Nisbet）忽略了针对贾维的批评，为了修补新进化论的立场而为功能主义说话（参见1969：223ff）。

② 参见马林诺夫斯基（1945：34），同时他将这一元素降级为对变化的研究。坦白地说，那是他的特点，他认为这是人类学在回应一个问题，即如何应对维持对殖民地人民进行统治的政治权力（参见1945：41）。

某个行动者或者某个社会的一种固有的有限资源。时间作为"达成目标"的一种基本条件，最异常行为的极端就是时间错配。如果分配适当，时间就是避免冲突和干扰的手段。可是帕森斯也注意到，启动时间机器时，时间分配对所有社会而言都是任务（每一个社会都是相对的）。对我们自己复杂的工业社会世界来说，这就更重要了（这使得时间在我们的社会中更加相对）。总之，"我们知道在很多社会中，引进这样的时间导向的动机与前提并不存在"①。

在帕森斯的描绘中，功能主义没有考虑到文化与时间：时间被封进了社会体系的胶囊之中。无论如何，这反映了一种民族志实践，它申明了在文化中研究时间的重要性，并使之成为可能。实际上，"它在文化之间关系的研究中将时间驱逐出去了"。不同文化中的"时间理论"现在可以用"无时间"理论方法来研究。这就是我所谓的绕开同生性：时间作为跨文化研究（和实践）中的一个面向，它被人类学话语"暂停"了。

确切地说，功能主义者将时间封入胶囊造成了两大影响，因而基本的分析必须以两者的关系为中心。

首先，在其追随者们看来，结构功能主义方法实际上是有益于人

---

① 乔治·古尔维奇（Georges Gurvitch）是少数声望比肩帕森斯的社会学家，他在一篇论文中总结自己关于社会时间的观点时说，在他"辩证的"方向产生的洞见是非常有深度和广泛的。但是他也是从一个无可争议的假定出发的：一些社会是"独创性的"，比如以历史和时间为中心的；但另外一些、尤其是被"民族学"研究的社会就不是这样。[参见 1964(1962)：6]在典型化的研究问题方法的最后，他主张一种相对论的"多样现时性"。类似的更完美的方法和目的，如果是碎片式的，也可参见 V. 焦西亚（V. Gioscia）的文章《关于社会时间》（"On Social Time"，1971）。他注意到时间在社会概念中的政治特性，以及理论上对时间的抑制所产生的视觉化偏见（参见第四章）。

类学的时间研究的。可以肯定,不同文化概念中的时间,可以从语言、象征符号、行为规范和物质文化中识别出来,这已经有长期研究了(不仅包括人类学家,也有古典学者、宗教史学家和心理学家)。不过很大程度上,他们的视角是"比较"的,这些研究是外在于建立"对比"关系的。例如,西方的线性时间与原始的循环论时间,或者现代时间中心性与古老的无时间性之间的对比。在功能主义这里,回避比较性话语中这些刻板的观念成为可能,并代之以研究特定社会或文化中特别的、往往是矛盾性的时间用法。甚至时间概念也没有被明确地讨论过,这可以清楚地在经典著作中看到,如马林诺夫斯基的《文化变化的动态》(*Dynamics of Culture Change*)、利奇(Leach)的《缅甸高地诸政治制度》(*Political Systems of Highland Burma*)、格鲁克曼的《部落非洲的秩序与反叛》(*Order and Rebellion in Tribal Africa*),以及埃文斯·普理查德、福蒂斯、威尔森(Wilson)、玛丽·道格拉斯(Mary Douglas),特别是维克多·特纳对仪式过程的分析。[1]

---

[1] 一个就人类学研究时间的不同风格(包括收集了大多数重要的论文和论著的参考书目)有价值的总结大概就是 D. N. 马尔兹(D. N. Maltz)的文章《作为一种社会系统的原始时间计算》("Primitive Time-Reckoning as a Symbolic System",1968),收在雅克尔(Yaker)主编的文集中。其中,麦克斯韦(Maxwell)的文章利用价值略低一些(1971)。在与弗雷泽(Frazerian)的方式类似的有关时间的文化概念清单中,还有可以加上 F. K. 金泽尔(F. K. Ginzel)的三卷本,《数学与技术编年手册》(*Manual of Mathematical and Technical Chronology*,1906,1911,1914)——书名误导了读者,因为该著作仅仅研究了历史的、民族志的和民俗的证据。波果拉丝(Bogoras,1925)的一篇文章非常值得一读,它主要展示了人们就相对性理论与原始时间的相似性的早期努力。近期的研究中,我们可以引用的是布尔迪厄(1963)、由拉克鲁瓦(Lacroix)主编的文集(1972),由特顿(Turton)和拉格尔斯(Ruggles)合作的一篇重要论文(1978),以及克莱默(1978)的一篇文章。无论如何,这都是不完整的清单。

就人类学的生产和自由度而言，功能主义强调的是系统的内在性时间在理论基础上的疑问。这就带出另外一个影响，即"封入胶囊"的时间。它一旦翻转，就相对性民族志时间而言，其材料之丰富自然要让它付出代价。表面上这个代价是必须要付的，即其在较高的理论层次上显露的认识论幼稚和逻辑矛盾。幼稚通常是指对时间的"文化建构"。正是文化建构的概念(除非是在某种象征理论的支持下，而非正统的功能主义)说明了文化编码在许多前文化领域的作用，如"自然"或者"真实"的时间经验。将"那个"问题归类为哲学的或心理学的认知，文化相对主义不仅没有解决人类时间经验的问题，它甚至也没有提出过这个问题。许多有关人类经验中的"文化转变"的研究仍然是无效的，因为它没有能力(或意愿)叙述文化变异的基本过程。这意味着人类的时间经验是在这个过程中构建的。

基于这样的考虑，语言与交流具有与时间类似的问题。莫里斯·布洛赫(Maurice Bloch)根据他的观察，在一篇针对结构功能主义关于时间经验的相对性预设的评论文章中就指出了这个问题。从英国的人类学家和哲学家都涉入的辩论中可见，布洛赫认为，这些问题实际上可以分解为两种。因为根据这些论述最终可将这个问题分解为两种现实：第一，"人类学自身就证实了一个事实，即在某种限度之内，与所有任何其他人类群体的交流都是可能的，无论他们在文化上有怎样的差异"；第二，"如果其他人群真的具有不同的时间概念，我们就不能为所欲为，即我们需要与他们沟通"(1977：283)。

第一个观察是比较弱的，它不依赖于模棱两可的"交流"(我们需要接受这样的例子，即以特许的无交流来抵赖人类学话语中的同生性），还以天真的实证论来竭力说服我们，一个课题的成功就能合法化它的手段或者解释其工作的方法。但我相信布洛赫在第二个观察中触及了问题的核心。时间，就其共享意义而言，互为主体性的时间是交流沟通的必要条件。[①] 这样，就任何时间概念中的文化差异所进行的调查而言，它是无可回避的正相反事物，不仅在逻辑上如此，在实践中亦如此。

布洛赫走到了这一步，即分析结构功能主义理论在解释变迁上的逻辑困难。追随涂尔干和拉德克利夫-布朗路线的极端主义功能论主张实质上社会的，亦即思想类别上的系统—相对性质。如果遵照它的终极后果，这就意味着社会理论既不能解释新的规则，也不能解释新的概念，因为"如果所有的概念和分类都是由社会系统决定的，就不可能有新的面向，因为所有的认知都已经被模塑来适应其曾经的缺陷"。或者，"如果我们相信社会所决定的概念……行动者就不再有空间来讨论他们的社会，并进而改变它，因为他们仅仅只能在其中说话"（布洛赫，1977：281）。换句话说，我们会继续追问，为何人类学家成功进入了另一个社会/文化，并且在其内部来理解它（这正是文化相对论者自认的理想），却没有能力言说任何有关它的问题。这样的归谬法，当然总是遭遇到持"普遍性的翻译能力"论者的反驳。但是除非我们能够提出一种关于翻译能力的理论，否则所有的相关讨论都不

---

① 有关哲学论述与时间和交流的关系的简捷的总结，参见卢卡斯（1973：44ff）。

过是在回避问题。

布洛赫自己走出困境的方式并没有为我们提供可行的解决方案。他的努力并不成功，因为他所提炼的批评接受了他的敌手的术语。这并不奇怪，这让他最终还是退回到与我们之前所识别的、与隐藏的文化相对论假设相同的经验论和幼稚的现实主义。如果我的理解正确，他的论述可总结如下：如果时间的概念和分类是一种社会性的定见，我们必须追问如何使批评性的研究成为可能。如果坚持下去，我们就能够避免逻辑上的僵局。首先，时间的问题是对时间的感知的问题。布洛赫假设了两种时间认知类型（在我看来，对"感知"的用法几乎与"概念化"同义）。有些对时间的感知是接近自然，另一些则远离了自然。他继而指出（批评但实际上重申了涂尔干对世俗和神圣的现实性的区分），接近自然的时间是在某种文化知识中发现的，其作用存在于"组织实践活动，尤其是生产性活动"之中。与自然分离的时间是融入"仪式沟通"之中的。正是在实践的脉络中，我们发现普遍性的时间分类，同时在仪式的情境中，我们能预见到会接触某种结构功能主义所谓的相对性的概念化（参见 1977：285，287）。我担心，那不会发生。布洛赫的解决方案难以调适普遍性和相对性，仅能付一点就人类实践进行划分的代价。我同意，他的意图是为意识形态对时间的用法（即误用）提供一种批评。有些事情，正如他所正确观察到的，是被结构功能主义理论排除了。但是对准了实践行动中的理性使用法和仪式中的非理性用法，实际上他似乎再次陷入了发展阶段的实证主义序列，即一种具有显著的时间距离化功能的策略。这些序列不能因强调实践是马克思主义的见解而得以回避。马克思敏锐地意识到，反对宗教或意识形态的表象，对于社会经济和政治现实而言，这样的反对本身就是革命性解放的实践。因此，在当前条件下批评性地理解"仪式"和"实践"的时间概念实质上是同一件事，这是以积极性的策略促使宗教与意识形态的对象自成一类，在认识论上，同时将它们还原为其在本体论意义上的社会功能。

诉诸其根本，普遍性的人类需求不需要接受这一点。结构功能主义促进了一种相对主义，它所忽略的时间的认识论的重要性成为明显难以克服的逻辑矛盾，这已经被重复证实过。[1] 实际上，很难在布洛赫、厄内斯特之前对斯宾格勒(Spengler)的另一种相对主义的一针见血的批评再加上点什么。这里我们看到，在一段浓缩的段落中，所有主要元素，即那些能够让我们人类学家再三斟酌的对学术的忠诚，即使在我们内心中长久坚持，但在头脑中仍然难以持久。这正如布洛赫对相对主义影响的总结：

> 确切的历史过程被分解为文化花园或者"文化灵魂"。他们相互之间互不相关，因为他们与人和人类劳动不相关联（这是历史上

---

① 例如，比德尼对赫斯科维茨(Herskovits)的批评(1971：423ff)和更近期与诺韦尔-史密斯(Nowell-Smith)合作的一篇破坏性的文章(1971)。由赫斯科维茨所写并再版的相关文章中，坎贝尔写了正面的导言(1972)。鲁道夫(Rudolph，1968)、田内科斯(Tennekes，1971)和上述勒梅尔(Lemaire，1976)都写了与书的篇幅相当的评论。严肃的相反意见也一直在针对着语言相对性的问题不断提出，参见平克斯滕(Pinxten)主编的文集(1976)，也可参见韩森(Hanson)有关"语境论"作为相对论与客观论的中介的研究规划。

普遍的事物），甚或与自然……相当熟练地，历史相对主义在此转向了静态。它是以文化单元的形式被捕捉到的，那就是一些没有窗户的文化灵魂，相互之间没有联结，但是在面向内部时全都是镜子。[1962（1932）：326]

布洛赫的批评针对的是斯宾格勒，但它算是击中了要害。这是一种对"象征"的镜子（标志、示意、符号）入了迷的人类学，以"文化"的内墙衬托着内里，以选择性对象来界定它的内部界限，并以诠释性话语反映出来。这些反映向人类学的观察者投射了客观性、一致性和紧密的错觉（可能以格尔茨的"深描"相附和）。简言之，它们解释了许多人类学引以为傲的"经典"民族志。有人会因此被诱惑继续布洛赫的隐喻性梦幻，并沉思现实。这样的镜子如果被安放在适合的角度，也会具有奇迹般的力量，使其真正的目标消失——对陌生文化的分析家就成为魔术师或者穿插表演者。这对人类学的实践者而言不会是一种陌生的角色，在文化相对主义的掩盖之下，那是最容易假装的了。

对相对主义的批评当然可以很容易占去本书的大部分篇幅，特别是如果我们更多注意到它在美国人类学发展中的关键性角色。不过，这不是本书的目的。在我们转向另一种否认同生性的方法之前，有一点要清楚，即相对主义在理论层面的问题所带来的风险，绝不会让它的支持者就此无视时间与现时关系，因为它们影响了文化之间的实践关系。

至此，我们已经就植根于社会文化一体化理论的文化相对主义的形式进行了评议。这些理论强调认知类别（法国的涂尔干的方法和英国的人类学方法）的社会起源。布洛赫在对斯宾格勒的批评中指出了其他来源，包括浪漫主义和尼采的观念，以及大量来自从格式塔心理学到语言学的影响。第二方面的倾向可以以鲁思·本尼迪克特（Ruth Benedict）风行的《文化模式》（*Patterns of Culture*，1934）为例证，提出借助诸如模式、类别和形态等美学概念来研究文化。然而，社会文化一体化理论和认知类别的社会起源这两种倾向，都因为其对统一的"精神气质"的强烈关注而合流了，这种精神气质即导致文化成员的行为规范的共同道德。在美国，这些研究努力寻找它们的概念焦点，诉诸如"民族特质"的概念和"价值观"辩论中。学术机构和研究计划（如哥伦比亚和哈佛）将人类学家与心理学家、社会学家和政治学家组织在一起，以期孵化出前所未有的跨学科成果。

要评价它们与同生性的关系，我们必须回顾一下这些研究的政治情景，置身于第二次世界大战爆发及其后不久的时期，因为知识科学和政治界是如此密切地与这些研究者的思想和日常活动联系在一起。这段时期的著作现在看来是陈旧而且注定要被遗忘的。可是，许多有声誉的人类学家至今仍持续影响和模塑着今天的学科建设（以及那些在理论或者政治领域中不再占有一席之地的人）。在他们建立其影响的时期，他们主要围绕着文化与人格、国民性和价值等进行研究。考虑到通常要延迟一代人的因素，当科学洞见和关注渗透到了民众意识的层面，人们认识到带着特殊烙印的战时文化相对主义一直向人们昭示着人类学的美好前景。① 我们当然不能忽视对人类学的时间用法这一关键性因素的考察。

在这一脉络中，其特殊利益在于，在人类学理论中的极端价值相对主义与将价值判断传达到政治实践当中的认知的必然性之间是有冲突的。比之于和德国、日本作战的时期，可能还未曾有过更强烈的对方法论的强调。以其基本的价值和社会化及工业化的类型来解释整体上的国族，加之在与苏联集团对抗的"冷战"时期，这也被视为对付人类的敌人的连续性的胜利。在事后诸葛亮式的历史回顾中，我们注意到这是一桩具有自相矛盾特质的事业。其中，对价值相对性的研究所生产的知识可能有助于打败敌人，并且在不久之后建立有效控制并确保使这些价值向人类学家的社会模式转化。

理论相对主义的联盟为了一个被理解的理由而奋斗是必然的，这既不新颖（如果不是历史的，它就像正式的、殖民扩张与功能主义人类学之间的关联），也不能说是个逻辑上的问题。要明白这一点，我们只需注意到一个明显的关于文化相对主义的指涉：一旦其他文化被当作文化花园用藩篱围起来，或者以社会学的专有名词术语来说，作为共

① 并且，还可以加上一个美国政治的观点："如果我们根据有理由的、表达清晰的进化标准来行动，我们不能希望能满意地让我们自己或其他人民获得赦免，此时我们的领导是历史赋予的。最后，所有关于最终和平而有秩序的世界，实际上是一些简单而强有力的、属于所有人的信仰，即一些教会的教规或法律要普遍被接受。假如我们能摈除伪善或者伤感的幻想，假如一些简单而强有力的信仰能够为人们所拥有的，这些法律或教会法典就能被全世界接受。"这不是美国总统 1982 年关于人权的教条主义说教，而是克拉克洪（Clyde Kluckhohn）在一篇有关"冷战"的文章《教育、价值与人类学的相对性》（"Education，Values，and Anthropological Relativity"）中写的[1962（1952）：286f]。

享价值的边界维持体系，如果每一种文化都被理解为生活在它的时间之中，将文化之间的裂隙上升到方法论的位置就是可能的。此时"从远处"来研究文化，很清楚地，就是要求以参与观察进行经验研究，其中的缺陷有可能变成理论上的优势。一种政治对立的情势，有可能因为这样的客观距离而让人类学家将其他文化作为一个整体来看待，从而达致认识论的理性化。不论在名词术语上是否相似，一种文化上的整体论与源自辩证法思维的对总体性的强调（辩证法思维的建构行为对文化距离和与之相伴的科学客观性概念是"否定"的），本来就很不相同。因而不足为奇的是，发现相对性和整体性的导向有助于方法论设计，这样的方法论摒弃了耗费时日的描述性和比较性的研究，更有助于设计专题性研究方案，以致力于把握其他文化的要害，如有关其核心价值和生活特征的研究。① 这一时代精神巧妙地表达在"任务：日本"中，这一章是鲁思·本尼迪克特《菊与刀》的导言。"义无反顾地"接受极端的文化差异，即拒绝关乎"一个世界"和"四海一家"的柔软情感［参见1967（1946）：14 f］。本尼迪克特已完全意识到，对民族身份的追求还

---

① 值得注意的有趣问题是，美国人类学中一个连贯性的对"战争时期的努力"的批评性说明，明显在哈里斯的人类学史中缺席了，即便他就那段时期的一些研究给出了粗略的评论（1968：413-418）。霍尼格曼（Honigman）看法类似，他提出"民族性"联结了维柯、休谟和赫尔德（1975：414-421）。弗格（Voget）对克拉克洪的价值"归化"计划提供了一个关于西南部的大信息量的部分（1975：414-421）。更令人吃惊的是，就我所了解，在海姆斯的《重新发现人类学》（1974）中，并没有分撰者觉得应该将这一特别的骨架从这样的密室中拉出来。顺便地，米德和梅特罗编的这些手册中也没有列出参考书目，我随后另附评论。P. T. 铃木（P. T. Suzuki，1980）近期的重要批评性评论就是以拉·巴尔（La Barr）的日本民族性研究为中心的。

密切联系着针对其他人来运用权力，但这并没有让她质疑"作为美国人的刀柄"(参见 1967：12，15)的合法性，更别提是否考虑到以民族为中心的文化理论在认识论上的意义。

在这些努力当中，民族性就是其中一个整体性的概念。在鲁思·本尼迪克特前期所参与的国民性研究的领导之下，学者们终于生产出了具有指南手册意义的题为《远距离文化研究》(*The Study of Culture at a Distance*，米德与梅特罗，1953)的书。该书是记载人类学历史上这一段时期的文献，在玛格丽特·米德写的导言的第一段中，其目的被表述为：

> 这本手册关注的是过去十年间发展起来的分析文化规则的方法，这些规则关于作为社会成员的个人特质，而这些社会是难以接近和直接观察的。这一难以接近性可能是空间上的，因为战争状态的存在，就像 20 世纪 40 年代与日本和德国的战争；或者是可能的，就像现在的与苏联和共产主义中国的例子——因为旅行和研究上的障碍；或者仅仅是现时性的，因为我们希望研究的社会已经不存在了。(1953：3)

在这部文集的另一部分中，米德在谈到远距离文化研究中的政治应用问题时说：

> 本手册中描述的方法曾经应用于不同的政治目的：为某个国

家特殊的政府项目提供手段、促进同盟之间的关系、在敌人控制下的国家中为某党派或群体提供指导。所有这些应用都牵涉对某个特定群体或者某些人群行为中的文化规则进行分析判断，而这些判断关系到计划中的行动——这是否是政治宣传内容的传播，发布对抗良友邦的命令，某种报复性的威胁，引进一种新的国际规则或类似的事。这样的分析判断的目的都是保证某些特别的计划或政策的成功，并且，至少是毫无疑问地包含了对预期行为的估计。这些行为可能让这样的计划或政策成功或失败。(1953：397)

遇到这样的问题，或者进入类似更接近概念化分析的阶段让人着迷。他们详述了基于文化相对主义的人类学方法的辩论，这说明非常轻易地就能通过把这些工作置于如此不相对主义的用途而使其成为国防、政治宣传和完全彻底的操作来控制其他社会。我们已经清楚看到了，我们必须提出一个更加明确的问题：如此特殊的科学与政治的混合物，如何能够说明其条件和动机是对人类学的痛苦，即那种我们称之为异时性话语负有责任的？

将对其他文化的相对性研究以"他们的说法"（并且，偶然、轻松地将从"原始"文化研究发展起来的理论和方法转移到对"发达"国家以及我们自己社会和群体、阶级的调查）进行翻译的机制是微妙的，而且不总是那么明显。例如，读了米德的导言，我们不禁会有这样的印象，她为她的工作带来理解上和差异性的看法，特别是当她评论到具体的问题时，就会碰触到人类学研究的实践。这样看来，她是她那一代著名民族志学者的代表。从今天有关民族志方法的书写中，甚或有时特别是那些正确地批评了前辈们在伦理、政治和知识上的假设的人们的书写中，我们得到的清晰印象是，粗糙和简单化的民族志方法已经式微。

这是因为人们认识到问题与时间有关。先看这个。米德说得很清楚，文化的距离是一个时间和空间的问题。在关于政治应用的简要陈述中，她提到了时间以及时机在文化之间、在认知或政治之间的相互关系的重要性。其途径是她向田野工作者提出的建议中包括大量关于土著人对时间的态度的重要性的观察，而且必须与研究者的当前意识相配合。如果这样的研究是为了观察某个文化的个体成员呈现在其行为之中的"规范"、一些时间的概念与现时性的次序，那么，有关现时性的不同方面在方法论上的考量必须被视为这个方法不可分割的一部分。米德和贝特森（Bateson，也是这部指南手册的作者之一）的开创性研究当然也利用人类学电影为人类行为的时间流意识提供了敏锐的证据。

总结来说，这样的文化相对主义在指引美国人类学从事远距离文化研究方面，是对全球性命题的一个尝试，亦即人类学建构了它的对象——他者，通过使用多种多样的措施来实现对当下时间的距离化，否认对象在同时间的存在，并使之成为人类学的话语。① 最后，我们

---

① 不过这仅仅是一种短暂的印象。米德有另一个说法："这些远距离当代民族性文化研究好像是重构这些社会过去的文化特性……在社会情景中对可观察的基于个别性互动关系的研究应该取代对文献和文物的研究。不过，他们与历史重构的不同在于，是通过远距离的研究还是通过田野调查来研究特定的国族，他们的研究主要是基于对人类生活的观察和访谈。"（1962：396）注意以人类生活为参考，叙述中的异时性意图得到了加强，而不是减轻。

要将塑造文化行为及因此产生的文化间的互动(包括田野研究),归功于众多文化相对论者对时间角色的体悟。

现在,是时候来扼要检视霍尔在《无声的语言》(*The Silent Language*)中展示的对时间的民族志敏感了。这并不保证能够意识到同生性的问题。第一章开篇第一段("时间的声音"),就示范了霍尔的写作在修辞学上的吸引力。他设法将大量理论上的假设汇集为几个简洁的句子:"时间在说话。它说得比字句更多。它传达的信息清晰而嘹亮。因为它较少被有意识地操控,比之于口头语言,它是较少被歪曲的。它能在谎言之地大声疾呼真相。"(1959:15)在后续章节的详尽阐述中,有启发的是,开篇这一段描述了霍尔的立场:时间不仅仅是纯粹的对文化的度量或向量,它是文化构成的一部分。时间参与了文化的构成,因为它是最重要的交流媒介之一。时间的概念化属于信仰和价值的核心,这一核心促成了一个文化的身份认同。

从表面上看,这的确是一个文化理论的出发点,这一理论能够确立当前关系关键性的、在认识论中的意义。但是更进一步分析,我们就会发现,霍尔并不关心认识论。他在《时间意义上的知识》(*Knowledge in terms of Time*)中并没有提出这个问题,他也没有追问过当前的关系和条件如何影响了人类学发现的有效性。他的兴趣在于方法论,这促使他讨论文化如何"利用"时间。这本书补充了有关"我们"如何使用时间与"他们"如何使用时间的例子,并进行了比较。

霍尔的开端陈述还包含一个关于总体上的文化的理论假定,认为它以无意识的机制或控制塑造并规范了行为。这说明,反过来,方法论不言自明的道理，亦即人类学的主要任务，是通过层层切割迷惑人的有意识行为来揭示无意识的力量。简言之，对文化中的时间的研究是有价值的，因为它揭示了什么是隐藏在"谎言"之下的言语。在这里，真相和有意识的认知与理解者是并行的，都是人类学家，而掩饰和屈从于无意识的权力的都属于他者那一方。难怪关于一个无意识的文化的理论概念和与之相伴的方法论对策很容易就变成影响、控制的图谋，并成为直接的他者；时间的人类学成为时间的政治。正如我们在《无声的语言》中读到的，我们认识到许多角度的观察和案例都在说明"他们"是怎样使用时间，将这些认识转换为诸多关于如何利用那样的知识的秘诀的。这样，"他们"的行为就能够被哄骗来服务于"我们"的目的。霍尔经常批评美国在处理与其他文化的关系时的粗野和毫不妥协，而这并不能隐藏一个事实，即这本书同样也是一本"手册"，人们可以用它来达到自己的目的（外交官、移居外国者的经理人和监管人、销售人员和经济顾问）。① 在他对时间在交流中的角色的认识中，并没有什么能引导他去质疑文化相对主义的前提。因为霍尔对交流持有一种工具主义的观点，所以《无声的语言》讨论的是适时性的策略，而不是时间在文化创造过程中的角色。不能说霍尔令人信服和有影响力的处理议题的方

---

① 这一目的主要是通过霍尔和威廉·富特·怀特（William Foote Whyte）合写的文章《跨文化交流：人的行动指南》（"Interculture Communication：A Guide to Men of Action"，1966）的题目表达的。关于时间的部分，它向美国商务人员提供了一份应该如何分门别类与人打交道的推荐表，其中包括如拉丁美洲、希腊、日本和印度，而且以人类学不合时宜的话来总结："如果你还没有被一个阿拉伯刺痛过，那是你还没有被刺过。"（1966：570）

式仅仅是政治的延伸，或者可能是人类学见解中的误会。政治行为正是建立在理论中的。不言自明的前提（即文化中的很多对"一般成员"①的知觉而言是难以接触到的）已经是表达清晰的政治实践，其中关于社会运作的真知是精英阶层的特权。要点在于，观察并不是抵赖无意识动机的存在，而是去质疑某种话语策略。这一话语通过距离化的手段，将无意识的威胁转移到与其目前的处所不同的地方。

二、阻止同生性：文化分类学

就像恩斯特·布洛赫所观察的，文化花园在相对主义围墙的后面。人类学家可能在看着其成长和变化，但是不管围墙后面发生了什么，那都发生在某个他自己以外的"时间"中。是否人类学家正在围墙里面活动，或者是否他从远处注视着一座文化花园，正是这一包含着围墙和边界的概念，创造了基于不连续性和距离的秩序和意识。不过这样一种相对主义以假定有一种多样性的时间与空间共存的方式，来绕开共同时间的问题。这样的相对主义并非回避同生性和同时并存于当下的问题的唯一方式。我们会关注一种走得更远的倾向或范式，而非将他者的时间围困起来，以防止它泄漏到我们的时间中。这样的学派简单地阻止了同生性的问题。它的策略是将时间作为文化整合或民族中

---

① 米德的公式化前提是：在这个手册中讨论过的那一类文化理解，仅在所假设的每一种人类文化所认可内在一致性作为其参考框架时才能实现，而且还需要认可这样的一致性大多是无意识的。也就是说，文化中一般的成员无缘于这样的认知（米德与梅特罗，1953：399f）。

的一个重要面向而将其剔除出去。就这一倾向，我们常常粘贴上结构主义的标签，而且我们视列维-施特劳斯的作品为例证。出于简单化的考虑，我会跟随这样的做法进行完整的认识，不过，结构主义充其量是个高度综合的知识传统的粗糙索引，它在世界范围的成功自相矛盾地联系着一个国家的知识特质和一个城市的特质。

到目前为止，已经有大量的批评性读物和对列维-施特劳斯著作的评价。① 将我的观察添加到这些文献中的唯一理由是，在人类学中，还没有对时间的使用的批评能够忽略这样一个运动，它的倡导者们乐于指出，他们自己对时间没有用处。

首先，我不认为对结构概念的冥想有助于了解结构主义。这一术语在人类学中太过宽泛，特别是在我们讨论过的某种相对主义话语中。列维-施特劳斯忍受的巨大的痛苦就在于他自己与这些方法进行了切割，因为它们的罪过是过于经验论，亦即天真地相信那是马上就能观察得到的。沿着涂尔干和德·索绪尔的道路，他蔑视寻找文化隔离群和一种外在的真实性"之间"的关联性。作为一种文化的科学，人类学

---

① 可能人们不会想着做一份参考书目[一份有用的关于列维-施特劳斯和他的批评的书目——收录了1384个条目！——现在已经做好了，参见拉普安特(Lapointe)与拉普安特，1977]。不过，也有一些书目基本上都是关注对列维-施特劳斯的著作的解释的，我特别推荐作为参考。英语书可参见：利奇(1970)，可供阅读，但是接受当慎重；斯科尔特(1974a)，由人类学家写的最简洁而且不一样的导论；罗西(Rossi, 1974)，以及最近的詹金斯(1970)。法语著作中，西莫尼斯(Simonis, 1968)和马克-利平斯基(Marc-Lipiansky, 1973)，后者很大程度上可以作为学习的指南。德语著作中，勒佩尼斯和里特(1970)，一本研究列维-施特劳斯的知识的来源或密切渊源的特别有价值的文集。我发现 F. 詹姆逊(F. Jameson)的《语言的牢笼》(1972)是对结构主义(包括相关的运动，如俄罗斯的形式主义和布拉格学派)最具说服力的批评。就时间的问题而言，他特别富有洞察力。

对于他而言是研究文化隔离群之间的关系，以及统治这些关系的规律或法则。在这样一项事业中，预期某种解释是无效的，或者从历史当中（追问某种特定隔离的来历），或者从心理学中（追问某种特定的隔离对于一个文化的成员的意义，或者何以激励了他们的行为）。

结构主义的基本假定最容易被理解为一种极端的文化分类法。[①] 对结构主义话语现时性方面的分析必须专注于时间与分类的问题。在列维-施特劳斯的诸多作品中，我选取下列要点进行评析，这是《野性的思维》中的一部分，与他对萨特的历史观念的著名抨击有关。没有什么能说得更明白，即结构主义讨论时间的特点就是清晰与二重性的奇怪混合。[②]

视所有的知识为二元论的组合，这是列维-施特劳斯的基本信念。以这样的方式，他一开始就假定了一种在历史学家和某些人类学家之间的先验的"对称"："人类学家尊重历史，但是他没有某种与之一致的价值。他设想历史是对自己研究的一种补充：它们一个是将人类社会的范围从时间上展开，另一个则是从空间上。"他主张"在空间上的分布与在时间上的连续都是同样有价值的视角"，并拒绝了那种历史构成不可返回，并实际上是特许途径的假定，"仿佛历时分析是要建立一种可理解性，而非仅仅要高于同步性分析所能够提供的，而且要置之于所有更具体明确的人类群体之上"（参见 1966：256）。

---

① 参见列维-施特劳斯（1976：12）。要清楚的是，这里所用的"分类学"指的是知识论（参见福柯，1973；勒佩尼斯，1976），不是在狭义技术性理解的层面来看待分类的一个层次（杜宾，1975）。

② 参见罗森（Rosen，1971）关于列维-施特劳斯与萨特的优秀文章。

一个不太较真的读者可能会安然接受这样的调和观点，强调补充性、对称性甚至等值（哪一个？那些术语中没有一个直接指出他者）。这根本不是列维-施特劳斯的意图。他的结构主义二重性有赖于那些段落中由他操作的不太巧妙的技巧。表面上他建立了一个针对与自己所持观点不一样的对立面的论述，但实际上他已经将对立面的立场还原为他自己的。并且，以此为出发点，他的讨论除了详述自己的观点之外再无其他。他的策略是用历时分析来取代历史。其熟练的手法，就像魔术师在他们的魔术中将大家的注意力转移开，再想办法做出什么来。在这个例子中，它指的是时间和空间的"对立面"。

列维-施特劳斯让我们相信这里的"空间"可以指真实的空间，也许指那些成为人类学各学派先祖的人类地理学家的空间，而这些人类学派将自己定义为历史的。他允许"隐藏的"即他所谓的空间是表达性的意图，以便理解人类在空间上的分布，并视之为生态变化、不同生产方式的产生或不同政治地理的映像。实际上，他对理解根源性的人类差异与冲突的真正的空间的角色兴趣并不大。空间之于列维-施特劳斯，就像米歇尔·福柯喜欢称其为"表格"空间，亦即那种分类学上的空间。假如文化差异被设想成符号建构的、由逻辑上的对立面组织起来的体系，这个空间就必须是个假定的空间。列维-施特劳斯的想法并没有栖息在世界上，它栖息在一个基质上，在上面他不仅能够安放也能够"标识"任何甚或所有的文化孤立者于逻辑的网格中。

就这一点来说，那些熟悉列维-施特劳斯作品的人可能会反驳说，他持续以神话结构分析来对照空间分布变异的背景，但要点在于，他意识到他的工作对于文化特征的地理分布的"历史"重构而言是激烈的破坏。甚至当他表面上使用了过硬的关于蜜蜂或豪猪的生态学数据，他的终极目标也始终是展示有关蜜蜂和豪猪的故事结构的分析及其间能够建立的关联性，历史地理学研究则对此一无所知。人们常常不禁觉得他故意在结构的、生态的与历史的论点之间制造了许多混乱，因为他喜欢那样的混淆。首先，他表现出善用民族志解释来说明空间上的地方差异，并且如此认真，以至于后来他展示了诸如此类的信息虽无关紧要仍然引向一种更加深入的理解。一直以来，他知道历史学家和民俗学家将有差异的个体标示在那些文化分布图上，企图将空间关系翻译成地图上的历史次序。地图就是类分数据的工具，就像表格和图解是排列文化孤立体的分类方法，这也得益于对比性和反差性的分类：源头与变异、中心与边缘、纯净形式与混合变异、质性的显示标准与度量的显示标准，或者无论其他什么传播论者用在地图上表示文化特征的东西。所有这些就像分类学一样被用于对比性的结构分析，差别仅在于，人们是否将一个孤立物所处的位置归因于有意识的行动和历史性事件(就像借用、迁徙和传播)，或者是否人们将它解释为对无意识的规矩或法则的操作。

历时性适用于一种类似的策略。在列维-施特劳斯抨击萨特的语境中，人们被引导倾向于相信历时性可以与历史同义。显然事情并不是这样的。自从索绪尔赞扬了同步性(synchrony)与历时性(diachrony)对立的适用性，不是作为现时关系[因为人们可能预想到出现这两个语词构成当中的"时"(chrony)的成分]之中的一种区别，而是作为相对于时间的一种区别。① 识别和分析符号系统的可能性，据他们所称，毫不含糊地，是要依赖于将时间剔除，并且暗示着这样的概念作为过程、源流、出现、生产和其他与"历史"相捆绑的观念。历时性并不意味着存在的现时性方式，而是指纯粹的一连串符号系统相互扣连的延续性。延续性，在狭义上，假设时间仅存于无条件的意义上，既不影响它们的同步性构成，也不影响它们的历时性构成。因而，尽管结构主义指责它的对立方将时间具体化为一种神话性力量，其实这样的指责是结构主义极端物化的过失。结构主义将时间从文化实践的领域中移除，又以纯粹逻辑化的形式给它安排了一个位置。当然了，一个人在驱赶那个恶魔时，必须多多少少相信自己，这就是为什么结构主义的时间驱魔术是值得认真对待的事。②

对于一种极端的结构主义人类学而言，时间（作为物理性时间？）仅仅是信号系统的前提。它真实的存在，如果有的话，必须到列维-施特劳斯喜欢去安置的"真实"之处搜索：在作为自然界的一部分的人类大脑的神经组织中。结构主义于是描绘了一种时间的意识形态用法，即

---

① 列维-施特劳斯最著名的表述之一引用如后。就音乐与神话而言，他观察到两者都需要"一个当代的展示方向。但是这与时间有关联因而具有更特别的性质：这就是仿佛仅仅在否定它们的时候，神话和音乐才需要时间。但其实它们是解放时间的工具" [1970(1964)：15f]。附带地，当列维-施特劳斯后来努力搜集对同时性与历时性之间的差别的误解情况时，他重申了反现时性的意图，参见 1976：16f。

② 巴什拉表达了类似的论点和总结："Subrepticement, on a remlacé la locution *du-rerdans le temps* par la locution *demeurer dabs l'espace* et c'estl'intuitiongrossiére du plein qui donneI'impression vague de plénitude. Voilà le prix don't il fault payer la continuitéetable entre la connaissance objective et la connaissance subjective."(1950：27)

我在第一章中指出的：从有意识的文化生产范畴中，它去除了时间，以达到将时间自然化的目的。列维-施特劳斯引用恩格斯来支持他的立场，坚持认为思维的形式反映了自然法则。所以，用我们（文化的）现时性的观念来满足解释事物时间关系的需要是无效的（参见 1969：451）。期望时间中的意义的应该是黑格尔式的理想主义，无论如何，它可能与索绪尔的规则持续对立，而这正是结构主义人类学的基础。在《餐桌礼仪的起源》(L'Origine des manières de table)中，列维-施特劳斯就历史的和他自己的方法的差别给出了一个简洁的总结，前者寻求的是"说明经验主义的联结并追踪历时性的演进"，而结构主义揭示的是"一个同步性可理解的系统"：

> 为了达到这个目标，我们仅仅将费尔迪南·德·索绪尔的告诫付诸实践……如果人们对语言学的主题问题思考得更加深刻，就更容易信服……一个让我们思考更多的真理，即人们建立起来的先于事物而存在的相互之间的联系……事物的本身以及决定了他们的事物。(1968：216)

这已经很清楚了。如果人类学真正的主题是研究文化孤立者之间的关系，而且这些关系依赖于先于其历史"偶然性"的现实化存在的原理或法则，那么事实上时间已经从人类学思考中被剔除了。① 列维-施特劳

---

① 就这一方面，列维-施特劳斯的地位与摩尔根是相同的（参见第一章所引摩尔根）。恰当地说，《亲属关系的基本结构》是题献给摩尔根的。

斯对待时间的态度牢牢地根植于 19 世纪的自然史概念。不可否认地，启蒙思想家对历史的兴趣在于其"哲学的"理由，尤其是他们视历史为源于"恒常自然法则"的道德原则的立场。但是，自然确定无疑是"人类"的自然，而历史学家的挑战是揭示它的原则在当前如何展现。偶然的人类历史和必然的自然历史之间的极端差异在 19 世纪就划定了，像列维-施特劳斯这样坚持认为人类学单纯地属于自然史，就是否认我们学科的启蒙主义根源。

仿佛历史与历时性的含糊性没有说得足够明白就意味着拒绝历史性的时间，列维-施特劳斯似乎感觉这需要反复地讲，然后才说了。他甚至打算示范"年代学"——一种概念化的时间，人们可能会接受它是所有神秘化的历史学派都已经被清除之后的客观残留——除了分类，即作为分类学的工具之外什么也不是。我们得知，"历史""没能……逃脱所有知识共同的责任，使用一种编码来分析它的对象，甚至（特别是）如果一种持续性的真实属于那一对象"。对于历史，"这一编码组合于年代学之中"（1966：258）。可以预见，在这一概念化时间的观点的引导下，他直接将其还原为分类学空间：

　　假设总的编码组成不依赖于能够被排列的线性系列日期，而依赖于对日期的分类，每一个日期提供了一个参照物的自主系统，那么历史知识的不连续性和分类的特征就清楚地浮现出来了。它被一个矩阵媒介操控……在这个矩阵中，每一条线代表日期的类群，出于图示化的目的，它们共同组成非连续的组合，可以定为小时的、日期的、年度的、世俗的、千年的。在这样一个类型体系中，可疑的历史连续性仅仅是由欺骗性的题要印记来固定的。（1966：260 f）

我们不禁对如此大胆的论点大吃一惊。一个平常的事实是，分类是知识的工具之一，就其转变成为形而上学的统治的诸多生产要点来说，它甚至是所有知识的工具。结构主义自己创造的那些编码成为一个公认的标准，实际上是所有知识（充斥着涂尔干式假定公式）的"共同责任"。这是最糟糕的一种形而上学，混杂了道德说教。让人目瞪口呆的是这种分类学的自我正义，让人几乎已经忘记了去质疑这样的暗示，即任何一种历史都永远相当于年代学——就像不论持何种信仰的历史学家，至少 18 世纪以来，他们并不总相信年代学是用来对剩下来有待理解的事物进行排序的。它既不是绞刑台，也不是工具。这同样适用于将历史可疑地固化在连续性上。在黑格尔和马克思之后，那些敢于思考没有断点的连续性的历史学家在哪里？列维-施特劳斯当然不能在萨特中发现自己，在这一语境中反对他自己的论述。

但是我们暂且同意一下列维-施特劳斯针对历史的奇怪观点，并承认历史学家的确关注年代学的建构和决定性的连续性。对于这样的连续性，我们假定要去理解的，是以欺骗性的时间用法虚构出来的。列维-施特劳斯提出的补救方式是专注于空间与不连续性的分布。如果历史学家的时间用法是个骗局——而且这是本书的一个论点，即这样的例子在人类学中有很多，那么列维-施特劳斯的空间用法就是骗局中的骗局。就像我们已经看到的，他将年代学时间打包放到空间的矩阵中是毫不困难的，但是人们不需要接受时间化用法的主张，如对原始的讨论。这对于空间化（以距离化的形式）是没有损害的，因此相信一旦设立了人类文化在空间分类上的矩阵，它就没有时间化，这未免天真。无论如何，就我所知，在不连续之上强加的连续性，与切割连续性使之成为不连续的孤立体这二者之间，结构主义没有为我们提供一个选择的标准。更糟糕的是，就其自身的保障与信仰的德行而言，随着它的出现，这样的标准已经不再被需要了，结构主义实际上起到了冻结并保存更早期的历史的和现时的民族学的作用。在这样的民族学中，列维-施特劳斯毕竟为其纪念碑式的大厦挖掘出了建筑材料。他在自己的"神话学"结构的壁垒后面，精读并消化了大量的民族志，却没有透露出他被一种可能性扰乱。这种可能性，其中的大部分大概已经被时间化的意识形态利益侵蚀，从中心就腐败了，而为此他曾如此轻蔑。为什么他对萨特如此不耐烦，却能够如此忍受由他的人类学先驱和同事们讲述的历史？他让我们确信"那不是件坏事……向作者借来一个注脚（威廉·詹姆斯·佩里），这些作者的作品总体上是因为滥用了这样的历史学方法而受到谴责的"（1969：122）。我要说的是，他是安全的，不需要真的批评他的资产阶级的历史观，因为"幸运地，结构分析造就了可疑的历史重构"（1969；169）。

最后，人们会猜想列维-施特劳斯对历史失败的攻击，可能真的是被他在另一个问题上碰到的难题鼓动起来的。他的问题是受到了文化与文化的知识这两者的生产中的主体性角色的困扰。在《野性的思维》中，从我所引用的内容来看，这个问题不断涌现。激怒他的显然是作为存在主义者的萨特，而非作为马克思主义者的萨特。列维-施特劳斯就历史与主体性的立场，能够从两个方面来解读：或者以作为误解了主体性的意识形态的支持者的立场来拒绝历史；或者因为害怕与时间在一起的历史而拒绝主体性，这样的历史穿透了科学人类学的铠甲。可能这对我们更大的论题来说是重要的，即结构主义与时间之间的关系问题，还联系着不同的憎恶，即不愿意承认有意识的、故意的，并因此是人类学的或者土著的知识来源的主体性的行为。可能人们需要经常被提醒，这样的立场成长出了针对法国知识场景进行批评的对手阵营，否则人们便无法领悟它的急迫性和先进性。不过，在人类学的世界性语境中，这是非常有趣的，拒绝主体性并没有造成对民族志"观察"的轻视，我们可以借用列维-施特劳斯钟爱的田野工作中的"观察"这一术语。结构主义者，至少那些从事人类学的结构主义者，并没有逃离因同时代的研究和异时代的话语带来的冲突所引发的困惑，而且他们没有比历史学的和相对主义的前辈及同代人更可能回避这样的困惑。

以提纲式的方法，结构主义为人类学的理论化和书写贡献了将时间距离化的传统。我们必须简单回顾它在其他困境中的挣扎，以及与个人化参与性研究的现时需求的纠缠。一再地，列维-施特劳斯喜欢迷惑我们。他可能会嘲笑教条主义僵化的刻舟求剑式的田野工作，因为他断言，希望遵循马林诺夫斯基传统的民族学家"通过与他的一个小小的部落之间的抽象对话去把握自然与社会制度的恒久真理"是无用的。(1967：12)但是他从没有放弃对民族志是所有人类学知识的基础的坚持。这既不明确(因为我们目前会看到关于田野工作的重要角色的一些叙述)，也不模糊(这从他不懈地使用民族志也可以看出来，包括他自己的和其他人类学家的)。此外，他也意识到田野工作实践与我们所谓的人类学的时间问题两者间的密切关系。

我们至少有机会看到，列维-施特劳斯所援引的田野工作确实有问题，我会在本书中尽力对此进行解释。《亲属关系的基本结构》(*The Elementary Structures of Kinship*)中，有一章为"古老的幻觉"，他在其中批评了广泛传播的，特别是在心理学家中的倾向，即在儿童与疯子的思维与"原始人的思维"之间画出平行线。这一进化论从发生学到发展史(退化)的论证策略当然是个典型的滥用时间的"方法论"：以原始人的思维来说明西方儿童的思维，因为两者对于西方的成年人来说是等距离的，都代表了早期发展阶段的序列。列维-施特劳斯迅速谴责称这是对我们的儿童和原始的成年人的侮辱，而且他号召人类学家来做见证。他特别反对起源—演化的论证，即认为原始人的儿童可能比我们自己的更加幼稚："每一位具备具体的原始儿童经验的田野工作者，无疑都反对这样的看法，并且从很多方面看来，一个原始儿童的表现远比我们社会的儿童更成熟和积极，甚至堪比一个文明的成年人。"(1969：92)

甚至比这一评论特殊的语境还重要的，是将田野工作者代入，并且以他的"具体经验"作为例子来判断一个时间化话语的诉求。不幸的是，其迅速产生的后果是对时间的距离化的批评完全没有成为他论述的中心。最重要的是，在列维-施特劳斯看来，田野工作的角色将人类学家从历史学家中区别出来（从他的理解来看，后者总是对文化特征和它们的空间分布着迷的"文化历史学家"）。因此，他必须找到一种田野工作的基础理论，不仅要宣扬民族学家的主体性经验，以之作为根本的人类学例子，而且还要宣扬这样的知识的超然的客观性。然而还必须有一种方法去展现人们浸淫其中的具体的另一种文化世界，以使用科学的技艺来还原它最一般化的普遍性原则。生活在原始人的时间中，民族志学者能够成为一名民族志学者，仅仅是因为他比他们活得更久，亦即，如果他在时间中移动，他可能在另一个他发现了人类学的层面上来与他们共享：

> 确实，这就是一条民族志学者的工作之路，当他进入田野，无论怎样尽可能地小心谨慎和客观，他都从来不是他自己，也不是其他人，或那些在他调查工作的最后遭遇过的人。把自己加诸其他人之上，他最多能够说，从莫斯称之为一般功能性的事实中解脱出来。其中，他显得更加普通，获得了更多真实。（1976：8 f）

这样如列维-施特劳斯期望的民族志学者的卓越技艺，成为多样化的联系着"距离"想象的成就，不是作为纯粹的事实，而是作为方法论工具，以某种方式提示我们它在相对主义话语中的用法，就像美国文化主义、法国结构主义竭力将对同生性的抵赖，转化为科学知识的肯定性工具。有些例子就很能说明这个问题。

先让我们回到列维-施特劳斯在《亲属关系的基本结构》中对"古老的幻觉"的批评。在西方儿童和原始人之间画出平行线，他争辩道，这侮辱了所有曾想到的与之相关的。其结果是，这侮辱了西方成年人的思维(这正是要对在最先之处画出那些平行线负责任的)。让我们吃惊的是，西方思想在最后赦免了意识形态的时间距离化的罪行，正是通过起源—演化论证对原始社会实施了犯罪。究其原因，正如下文所示：我们的论点是有根据的，到最后我们观察到原始人表现出与(我们的)孩子相似的思维。召唤起原始人孩子般的天真是要将他"一般化"为某人，这样我们就与他共享一种共同的跨文化基础。通过社会化而纳入一种文化与学习一门语言这两者之间的类比，大约正好示范了这样的路径。

列维-施特劳斯假定(很像美国文化相对主义者)，一种文化形成并建立其身份是从事实上无限多的可能性(就像语言从无限多的可能的发音中选择它的重要的发音)之中选择出一小部分来实现的。这样一种观点不仅是方法论上的——提出文化是最好的"描述性"分类学，它也是本体论的，如果它坚持认为文化是通过选择和分类"创造的"。这是一种缺乏创造性或生产性的理论有关文化的概念，因为在一个完全的分类学框架之中，就提出生产性问题而言，它并没有什么意义。从更广泛的意义来看，我们从来不会视原始社会为生产者；或者，同样地，拿我们与原始人比较，我们不会就他的所思与所为做出宣示判断，我们只不过就他所思与所为是"如何"进行的做方法上的类分。① 当西方人称原始人儿童般天真时，这是出于结构主义角度的判断，而非对原始人的特征所做的描述。我们确信的那个特别的关于我们与他者的关系的概念不过是一种分类。所有我们称之为原始幼稚的，是对所感知的相似性的类分：那种原始的社会还没有做出的选择，与我们社会中的孩子们还没有做出的选择是相似的。（参见 1969：92 f）

列维-施特劳斯所示范的分类学的无知，给我们留下了必须求证的问题。我们是否接受他的论点，即我们社会中成年人与儿童的关系仅仅反映了不同程度的知识的"扩展"？我们是否忽视了成人—儿童关系也是，而且有时是根本上的，伴随着掩饰了权力态势和压制与虐待的实践？甚至更糟的是，我们是否忘记了讨论原始人的天真特质从来就不仅是中立的分类行为，而是权力关系的修辞外形和动机，并彰显在殖民主义各种实践中——从宗教教化到劳动法规和对基本政治权利的认定？有人会提出，是否种族隔离，有倾向性却没有辩解，仅仅是一种分类的方案？将野蛮人的进化论形象放在一边，没有什么概念比天真的土著人更加明显地牵涉政治与文化上的压迫。而且，还有什么比

---

① 一种有关生产理论的缺位，这并非简单的对极端分类学方法的偏颇印象。结构主义是一种"非生产性"理论：表面上看，因为它是专门为"非"或"前"工业化社会特制的理论，基于象征性交换；实际上，因为它是由"工业化"阶段的社会生产出来的理论，这样的工业化社会被鲍德里亚所称的"生产的终止"所终结。正如鲍德里亚的作品所显示的（特别参见 1976），结构主义作为"模拟编码"的理论，能够应用于对后期资本主义"文化"的破坏性批评，但仅仅以原始社会作为其代价，必须持续地从中提取出深刻的见解。列维-施特劳斯以他著名的关于人类学的警句式术语"entropology"，来表达他所注意到的这个问题(1963：397)。

距离的时间化更清楚的证据，能将现在的原始人放置到那时的西方成人当中？

我对《亲属关系的基本结构》中那些段落的评论是由列维-施特劳斯征引了田野工作者作为反对时间的距离化的见证而引发的。在结构主义简短的论述篇幅中，那样的证据是如何成立的？以显而易见的轻松，主要出于分类学上的考虑，田野经验被中性化，用来支持一个更加卑鄙的人类学和西方政治话语。

如果对分类法仅有的反对是出于一个政治上的借口（尽管所有的反对最后还是政治的，甚至那些产生于"逻辑"的基础上的），那它也不会出现。让我们先看另一个例子。再一次，问题还是出现在田野工作的角色上。在他的文章《历史与人类学》（"History and Anthropology"）中，列维-施特劳斯又进一步阐释了它们之间关系的自相矛盾的性质。在评论博厄斯对田野工作的评价时，他说：

> 有关社会事实的知识，必须从个人化的和基于时间与空间的社会群体的具体知识进行归纳。这样特别的知识，反过来，只能从每个群体的历史中获得。然而这是民族志研究主题的特性，大量历史上存在的案例还远没能触及。（1967：9）

随后，在总结他的矛盾公式中人类学与历史的纠缠时，他说：

> 对进化论和传播论的批评和解释向我们展示，当一个人类学

家相信他正在做历史的研究时，他是在做相反的事；当他想到他不是在做历史研究时，他却正像一个好的历史学家那样在操作，这样的历史学家可能同样因为缺乏材料而受到限制。(1967：16 f)

为了解决那个矛盾，人们首先认识到"好的历史学家"和人类学家的确都在关注同样一个问题：他性。(参见 1967：17)这是一个次要的问题。对于历史学家来说，他性通常指的是时间的远离，而人类学家关心的则是文化的差异，因为它呈现于空间的距离与分布中。历史学家从文献中发现他的知识来源，他以最好的方式利用文献来理解一个社会或制度实际上的、特别的起源。人类学家则依赖于田野工作而非历史文献，这样的历史文献是大多数他们研究的社会所缺乏的。这也不是说田野工作就只是用来做归纳的片段："社会存在的形式不能够从社会以外简单来理解，调查者必须有能力以个人化的形式重构有综合特性的社会存在，他必须不仅仅分析社会存在的要素，而且要将它们理解为以个人经验——调查者自己——的方式组成的整体。"(1967：370 f)

这样，我们回到个人化的经验。人们会感到奇怪，同一个学者在对萨特的攻击中表现出如此冷酷无情的对主体性的轻蔑，却还能够赋予田野工作以认识论的重要意义，并视其为一项主体性的活动。我们的疑问很快就会被放置一旁，如果我们发现，在肯定田野工作之时，列维-施特劳斯又一次回避了时间。正如我们所料，他断定田野工作者的个人、具体同另一文化的遭遇具有分类学的性质。这就是论证的方法：研究者的任务是制造他所研究社会的他性，使其能够"作为经验"

而为自己所用：通过扩大"一种特别的经验以进入更一般性的个体中的不同面向"（1967：17）。最重要的是，一种"从有意识到无意识的转变伴随着从特殊到一般的进步"（1967：21）。田野工作者的经验，同时是个人的和具体的，不是主观的而是客观的。因此，他问道：

> 在有效概念的基础上，这样的概念不仅仅对诚实和客观的观察者而言，而且对所有可能的观察者而言都是有效的。因此，人类学家不是简单地将自己的感受置之不顾；他制造了新的思想类别，并着手引入空间和时间的概念，相对立与矛盾的概念。这对于传统的思想来说是外来的概念，但是符合今天自然科学的特定分支的要求。（1967：361）

理解这一经验主义客观性观点的关键是它对距离的赞颂，这样的距离基于对共享时间的条件的抵赖。结构主义者之所以能够毫无问题地继续坚持具体经验的重要性，是因为个人经验在此是毫无意义的，除非它作为对"一般"和"无意识"的顿悟的载体或中介而存在。[1] 就像光线透过透镜来聚焦，就像精灵的声音能够通过神媒来讲述，关于无意识的客观性知识正是"通过"民族志工作者的（有意识的）活动呈现出

---

[1]　参见《生与熟》（*The Raw and the Cooked*）导论中的一段话："自始至终，我的目的一直没有改变。从民族志实践开始，我总是以找出思维模式的不同形式为目标，来为数据资料整理排序，以减少其表面上的随意性，以便获得某个层面上明显的必然性以及所隐藏的自由中的错觉。"（列维-施特劳斯，1970：10）

来的，但是这不是它的结果。人类学知识，就像神话一样，联系着人类学家，而非与之相反。他在交互主观性、科学性中扮演着神父和传教士的角色，宣讲着统治着这个宇宙的分类和结构。

如此关于田野研究的观点，其中最让人困惑的是，它没有留下什么例证让人赞同或批评。可能会有不好的人类学家（就像有不好的神父一样），不过，结构主义似乎把握住了，没有让它影响其所颂扬的学科角色和有效性。作为对一般性和无意识的理解，人类学也就永久地从地位低下的政治斗争、从知识界的论争，以及从完全彻底的谩骂中晋级。简单来说，从它产生的压制与反抗的辩证法真实语境之中，它发展成为一个学术性的学科。

就像无法从主观性、具体和意识之中驱邪来寻求服从，列维-施特劳斯在他的民族学客观性理论中仍然继续与顽强的残余力量缠斗。最后，他不仅是一名理论家，其民族志学者和教师的姿态也让他成为人类学的实践者。他认识到田野经验在许多例子中牵涉到一种位置的变换，一种"真正让（民族志工作者）成为新人的内在革命"（1967：371），但他似乎毫无困难地将田野工作的影响与它们的重要性分开了。个人变换的事实并没有让他重新思考他的认识论立场。他轻易地绕开了这一点，离开了对个人经验的社会功能的坚持。在毫无戒备的坦率中，他承认这是一种开端，其作用在于承认对学科的熟悉程度并为选定的少数人提供了合法性和实践执照。实际上，他比较了民族志工作者的田野经验与精神分析学家的分析训练，接着提出在训练初学者时应该实施"个人化"的监督指导，建议在实习身份变换之前与有经验者保持密切联系。

诸如转换和新开端之类的概念，意味着宗教神秘思想。这很容易观察到，但恐怕不是那么容易理解。[①] 在指出这些相似之处时，我对加入评论家们的合唱兴趣不大。他们声称要找出永久性的污点，这是列维-施特劳斯的全部作品，也是历史上几乎每一个主要的知识运动（包括宗教直觉、犹太神秘哲学卡巴拉以及类似的神秘主义追求）的问题。但是有许多严肃的原因在于他的方法转向，即在表面上由强调个人转为主张交互主观性、仪式和制度：研究者个人的遭遇，我们得知，是客观的科学工作，因为它被假定为一个纯粹的通道。通过它，民族志能进入民族学和人类学之中。更进一步研究列维-施特劳斯的很多关于田野工作的性质的表述，我们会发现对于他来说，比其他的概念更能概括描述这一活动的特点的概念是观察。他不怎么使用参与来描述，而这是常常连在一起的术语。即便是他所认为的沟通性互动，他也很少提到这个当前在田野工作理论中有很多讨论的观念。对于列维-施特劳斯而言，民族志工作者首先最重要的是成为观看者（或者可能是窥伺者）。将观察设想为田野工作的本质，站在民族志工作者的立场上，这展示了一种冥想者的姿态。这是对"自然主义者"观察实验的引申，它

---

① 在其他地方我提出过，围绕着民族志行为的沉默和秘密比得上日常生活层面基本宗教行为的移动。我追问道："就像在许多宗教运动中一样，在人类学中是否也一样，存在检查它的基本纲领的需要，在认知的过程中表达有意识或无意识的对学科的保护。最后，它依赖于历史处境中的实践。这是一种知识生产的模式，其中，人际媒介成为实质性的而且必须有'解释力'而非基于单纯的假定，就像模糊而不证自明的'人类学应该建立在田野工作的基础之上'的公理。"

也要求有个土著人社会应该或至少能够理想化地僵在一个生动的场面上不动。双方的形象最终都绑定在同一枝视觉知识的根上。在这种情况下，结构主义回应了文化相对主义的美学化态度，而在二者的态度中，对同时性（例如，就同一幅画的不同元素，或者就视觉对象与对它的沉思冥想的行为之间的沉思）的错觉可能会导向完全漠视田野工作动态的、生产性的属性，以及它无法回避的在历史形势下的含义与现实中的政治矛盾。

另一种二者共通的逃避时间与历史的策略，是他们都宣称人类学研究的真实对象是无意识。但是他们没有更清晰更直接地集中讨论时间距离化和对同生性的抵赖的问题及其价值，这比评价"距离"作为文化的差异更重要。在米德和梅特罗编辑的书中，这一点表达得丝毫不含糊。列维-施特劳斯也讲得很清楚：社会人类学"理解了"它的对象，亦即，如索绪尔所定义的，症状学上的事实"既不在乎其于最遥远之处的显现，也不在乎其于最普遍意义上的表达"（1976：10）。要点在于，宛如在其他不同脉络中所表现的一样，这两者是可变换的。距离并非一般性的必要条件，因为研究原始社会是通向揭示人类思维的普遍化结构的道路。

所谓原始社会，是距离我们自己更遥远的范畴，这样我们能够在那里把握到那些莫斯所谓的"有功用的一般性事实"，以及有望成为"更普遍"和"更具真实性"……这样的观察得益于距离的存在，无疑说明了一些这样的社会与我们的社会之间性质上的差别。

天文学不仅需要星体间有遥远的距离，也需要通向彼处不一样节律的时间通道，否则，在地球已经不存在之后很久，天文学可能才会诞生。（1876：28）

这样的表述留下的思考空间不大。距离存在于空间和时间中，事实上，不一样的时间不仅成为特定的人类学研究方式的必要条件，而且恰恰是标志了人类学的存在。这样，现时性在最后，也在总体上从形而上学的假设之中消除，它不再是人类学作为"科学"被运用的一个问题。

结构主义从人类学实践与话语中消除了时间和同生性问题，期间所经历的痛苦当然需要历史地评价，其异时性逃避是对自身所处社会与政治语境的一种回应。建基于稳固的科学基础和无懈可击的逻辑之上而麻烦不断，学术发展趋于缓慢，结构主义表明了（以对立的优势）有些西方科学理性概念属于根本性的错误。就政治来说，列维-施特劳斯的日益知名和人类学在美国的爆炸性扩张与"非殖民化"时期相呼应，亦即随着直接殖民的消亡，文明化工作正在招募个人和直接的参与者。美国人类学和法国结构主义各有其绕行或阻击同生性的发展历程，二者都成为恰当的意识形态的实际或潜在贡献者，以此维持一个新生的、巨大的、匿名的，但是可怕地高效的殖民主义不在场条件下的统治。①

①　大量文献记录了英国人类学卷入殖民主义的问题，这是为什么这些文章就这个问题讨论不多的原因，参见阿萨德（Asad，1973）、勒克莱尔（Leclerc，1971）、库珀（Kuper，1973）。

第三章　时间与他者的书写

即使在与其他观察者进行交流，观察者所能听见的也是他们在自己绝对的过去里已经看见的。有时，这些看见也是观察者自身绝对过去的一部分。所以，不管知识是在群体或是在社会的经验中产生，它的产生一定基于逝去的时间，就在人们思考它的时候。

——戴维·玻姆[①]

强者的理由总是最好的。

——拉·封丹[②]

目前，人类学主体与客体之间存在现时性距离（temporal distancing）的例子被用来支持这样一个观点，它认为田野调查过程中所经历的时间条件，与在书写（和教学）时所表达的通常并不一致。我们认为，有效的经验调查，只可能存在于调查者与被调查者所共享的时间段里。只有当交流成为一种惯例时，民族志才有可能真正实现其生产他者文

---

① 戴维·玻姆，1965：175f。
② 拉·封丹，1962：寓言10。

化知识的诺言。然而，当将民族志知识解读、分析并传递给研究者的社会时，我们自以为这是一种对话。这个对话却是从"远处"产生的，如此，这个"远处"就从一种位置上否认了调查对象的同生性。那么这个矛盾是真实还是表面的呢？为了确保我们不会因为这个错误的问题而浪费时间，我们必须指出它存在的条件，就是我们对术语的理解有一个真正的矛盾。

一、矛盾：事实或是表面

　　首先，必须检验两种活动——田野研究和交流书写与教学过程中所发现的，这是人类学作为一门学科存在的不可或缺的部分。当然，实际情况并不总是这样。旅行游记与摇椅上的综合分析，一同存在于早期人类学的大部分历史里，然而，它们实际上并没有被整合进同一个人或机构的研究中。[①] 即便到了现代，不同国家或实践者对经验研究的偏好，某种程度上都超过了对理论及综合性工作的强调。但是，无论如何，现在人类学作为一门学术型的专业（尽管常有不同的名称，或因其特定的研究领域与其他专业相联合），它的代表们坚持经验性研

---

　　① 埃文斯·普理查德发现："让人惊讶的是，除了摩尔根对易洛魁人（Iroquois）的研究（1851）之外，直到19世纪末期才有人类学家开展田野研究。"他无疑是夸大了这种情况，但是他的观察加强了这种观点。田野研究逐渐融入人类学的实践中，并不完全是经验证实的需要，正如一个学科职业化所表达的需求那样："人类学越来越成为一种全时间的职业研究，并且拥有一些田野经历被视为训练人类学学生的基本。"（参见1962：71 f，73）

究与对某种理论的诠释两者结合的必要性。①

其次，要在两种活动之间提出一个矛盾，必须先有一个议题，一个辨别矛盾的态度或影响的问题。我们发现，这个问题就是对"时间"的矛盾使用。这仍然是一个问题，需进一步思考并澄清。有人可能会争论，在个人的田野工作中接受共享的时间是一件方便的事情，这与流行的学科知识相符合。但是，否认同生性也不会影响民族志知识产生的原则。有人会提出散文式的叙述是大多数人类学书写所采用的文学风格，对时间序列与距离的处理只是文学表达中不可缺少的部分。

如果第一个反对观点成立，我们认为存在一个矛盾，这个矛盾事实上是分裂的，并且经常是虚假的实际，而谨慎分析和批判这个虚假的实际被严重削弱了。许多人类学家坚持田野调查的神秘性，似乎所做的一切都是为了产生知识，但其实对知识如何产生缺乏知识。数据会被使用、挑选并操纵，以证实在人类学话语中所形成的理论是在理论家觉得合适的框架和范围里的。不用去证实或推翻理论，只要遵守某些基本的规则去收集数据就可以了，这是获得数据的条件。有效性取决于一致性、简约、优雅等逻辑标准。事实上，数据要被全部接受为证据，需要一点点地被某些经典的科学规则审视(那些定量研究方法及某些结构方法的规则)。他们的偏好是随机地选择，并且剔除那些有

---

① 关于这个观点新近的讨论，参见由弗兰克·萨拉蒙(F. A. Salamone)所写的相反观点的令人失望的文章(1979，文中有关文学对田野工作的影响的参考书目很有用)。在这些讨论中，我注意到有个明显的转折，即从受诺斯洛普和利文斯顿(Livingston，1964)的一种爱因斯坦认识论的启发出现的科学导向到人类学知识交流的合法化。

可能由生活体验以及个人偏见所造成的掺杂。这样一种社会科学审视的视角,不可能容忍研究的时间条件与书写的时间条件之间的矛盾。唯一会与书写时所形成的命题相矛盾的是那些对立的证据,但是,类似的对立证据在原则上与那些支持原本不成立的解释的证据一样。它同样来自对数据的操纵,而不是源于那些由生活体验所产生的与由操作方法所得来的知识之间的矛盾。如果实证主义者能够意识到同生性,他有可能会将这个问题交给心理学或哲学去处理。

近年来,人们对实证主义与经验主义民族志的互动与对话方式进行了广泛的讨论。[①] 在此,我想要集中讨论一个有可能因研究与书写之间的矛盾而引起的伪命题。是否有可能,现时性距离与否认同生性不是一种错误,而只是人类学话语的可能性条件? 与其他科学家一样,人类学家被预期能够对事实而不是虚构的故事进行讨论。然而,叙事是在过去已经实现或完成的,对所观察行为的记录、解读以及书写,不可避免地或多或少与过去相关。鉴于人类学对真实性的义务,怎么能要求人类学话语顾及那些同生性的要求,即谈话与其所谈内容的同时出现?

因为这些问题与文学创作理论大体相关,它们有可能会将我们引入一个太过宽泛的领域,以致我们不能很好地在这些文章中讨论它们。然而,如果我们要继续辨别(和谴责)人类学话语中的否认同生性问题,

---

① 我对此讨论的贡献是《语言,历史和人类学》(1971),这篇文章影响了贾维的另一篇文章(1975)。斯科尔特也贡献了几篇重要的文章(参见 1971,1974b),此外还有杜耶(Dwyer,1977;1979),杜蒙(Dumont,1978),罗塞特(Rosette,1978)以及泰罗克(Tedlock,1979)。

我们就必须要问，在文本的水平上如何对这种否认进行辨别。我们应该能举出存在异时性语义、句法和风格的叙述例子。正如现在所看到的，要找到这样的作品并不难。但是，如果用一种系统并且流行的方式进行的话，就需要许多有代表性的人类学家提交对语言学及文学的分析作品。这项任务规模太大，单个评论家无法胜任。因此，我们必须找到折中的方式。首先，我会问，人类学话语在多大程度上依赖于现时化（temporalization），并且，是否这样的现时化不可避免地存在现时性距离。紧接着，我会谈一个更具体的问题，即大多数人类学写作固有的自传性质的问题。最后，我会再一次针对"分类学"话语关于现时化问题所作的声明进行讨论。

作为这些文章所讨论的对象，我们一开始就不能将现时化的定义公式化。在我看来，它意味着一种活动，一种复杂的解构时间的实践活动。从语言学的角度说，现时化涉及一种语言，用不同的方式表达其时间关系。从符号学的角度说，它指定与时间指示物的符号关系的构成。从意识形态的角度说，现时化具有将话语的对象放入宇宙框架的作用，使得时间关系成为中心和局部（如反对空间关系）。最后，与语言的其他特点一样，现时化可能具有指示功能。在这种情况下，除了言语行为的动机和所处的环境之外，时间的参考功能可能不容易被识别出来。

二、现时化：方法还是结束

要对人类学文章中最常见的时间操作方法进行一个快速的回顾，

莫过于遵循传统惯例里对话语的语义(形态的)、句法和风格(常是有问题的)的区分。在语义层面上,人类学的语言当然充满了很多表达方式,用某种或另一种的方式表示"时间"的概念化和现时性(如系列、持续性、间隔、周期、起源以及发展)。我们已经评论过一些这样的术语,同样也评论过,事实上,一个术语不必为了显明它是表示"时间"距离的工具而表现出"现时性"。实际上,具有清楚的时间标志(如时间,时间段,过去、现在或者将来的暗示)的表达,并不一定在量上和质上就比那些现时化功能从其所使用的情境中提炼出来的更重要。考虑到我们对时间异时性话语评论的特殊兴趣,我们将集中关注语义的用法,侧重内涵而不是指称。"时间"距离的效应有可能会体现在,比如,表面上看起来纯洁却具有伦理政治内涵的时间术语里,或者"严格的技术"分类的术语所具有的时间内涵里。

例如,"野蛮人"这个词作为进化论话语下的技术性术语,表示人类发展系列中的一个阶段。但是,没有哪一个唯名论的技术能够抽空这个术语所携带的伦理、美学及政治的内涵。这些积累起来导致一种语义功能,看起来什么都是,却只是技术性的。作为主体与客体关系的指示,它清楚地表达了现时性距离:"野蛮人"是过去的标志,如果民族志证据迫使人类学家宣称野蛮人存在于现代社会,那它将会被定位在某种通过水平分类的他们的时间里,而不是我们的时间。

亲属制度,看起来这是我们所能想象的最无辜的一个词,却充满了现时性的内涵。从早期亲属系统的"分类"讨论到现在的研究,体现了它在西方社会持续的重要性。亲属制度具有"原始的"连结和起源,因此特殊的力量、持久性及意义被归因于这类社会关系。对亲属关系的看法，可以服务于我们对进步或现代化程度的测量。通过比较亲属关系在不同的社会或群体中相关的重要性，我们可以构建出发展的时间尺度。在这种具有内涵的、符号的功能底下，我们也需要检验对隐喻和比喻的使用。① 列维-施特劳斯对冷社会与热社会的分类就属于这种（参见 1966：232f）。这种观察正如一个人将同步性与白昼联系一起，将历时性与黑夜联系在一起（参见 1968：156）。

我们无需继续在细节上对此进行阐述：对时间的语义进行检验不可避免地会导致超越语义，进入对更高程度的话语和更广阔情境的批判性分析。用罗兰·巴特的话来说，就是"对于具有指称性的内涵，它的特点曾经是普遍的、全球的、分散的；但是只要你喜欢，它也可以是意识形态的碎片"（1970：91）。

如果对人类学话语中表示时间和关系的句法方式进行检验，人们会得出相似的结论。民族志叙述和理论综合分析中，有很多口头的和用作状语的时间标志。同样我们也会看到，对时态使用的研究集中在类似的传统上，正如"民族志的现在"虽然是由句法方式表达，但明显地是以风格为目的。换句话说，民族志现在的"意义"，不能仅仅由现

---

① 这个可以一种批判的有成果的方式进行，就和哈登·怀特（Hayden White，1973）所做的一样。他按照隐喻策略的规定，分析了历史话语，至少这些不同的历史学家之间的比较非常有趣。但是，所有关于时间、历史和变化的话语作为隐喻受到谴责，而不是分析，这些结果可能变得很僵化；参见尼斯巴特（Nisbet，1969）。不管明智与否，我觉得，隐喻对这本书的批判工程用处很少。无怪乎许多异时性工具都是隐喻的——我敢说，那是没有理由的。

在时态通过句子的结构，表达"时间"和现时性关系概念的方式所确定。相反，它应该源于整体话语的目的和功能，在话语里，句子只是其中一部分。总之，对异时性话语的批判需要从上到下进行，尽管这牵涉到对其他方向不断的检查和反思。

例如，某种人类学话语对其自身的理解就是历史的。除非我们拒绝这种理解的合法性，否则，公平地说，就不能用一种时间工具来反对它。有些，或者说，全部的工具不仅暗示、提及或测量"时间"，而且揭示了存在于作者和客体之间的现时性距离，这将成为生产人类学话语的一个内在问题，并使其失去了充当人类学家与其"信息提供者"之间关系的道德和政治的代理人的角色。

如果有人选择处理一个既定的社会科学话语，将其作为自足的符号系统，他就必须采取这样的观点。在此，我们就要在符号功能方面对现时化进行严格的评估。[①] 和所有符号一样，时间符号也由指示物和参照物构成，依照符号理论话语的参照物（客体）是时间符号关系的一部分。也就是说，它存在于话语中。表达和内容是一个事物的两个方面，具有相同的符号系统（或者说，符号程序依赖于我们所要强调的是哪部分）。尤其要说的是，符号学家告诉我们，必须避免将"内容"和真实的世界混淆在一起。因此，人类学关于"原始"和"野蛮"的话语不是关于真实世界里的人的，至少不是直接意义上的。首先，应该立即

---

① 巧合的是，曾有人主张"时间和物理的语言"这个观点。在舒马赫（Schumacher）看来，他将狭义相对论描述为一种"交流的规则"，在一个框架里分离主体和客体，"时间进步的观点是物理交流语言形式的一种产物"（参见 1967：196，203）。

指出的是，它是关于原始人作为一种话语的内部参照物，或者说，是由一门学科科学地构造出来的客体。这样的符号系统与现实世界（与其"外在的参照物"）的联系是完全不同的。

在后续论述中，我们将会检验这一想法是否可靠。在此，我想要遵循符号学的观点继续探讨它在时间性问题上的含义。A. J. 格里马斯（A. J. Greimas）在其关于社会科学里科学话语的文章中，比较了历史话语与"意识形态的人文话语"，后者将其参照物投射在一个"时间神话般的永远存在的飞机上"（1976：29）。我们推测，人类学与这样一个异时性的人文主义不同，因为它的话语是关于人类文化和社会的，正如它是在时间（和空间）里存在并发展出来的。从这个意义上说，所有的人类学都是历史的（但是不要将它和一门叫作"历史"的学科的学科话语相混淆）。格里马斯继续阐述道：

> 现在，历史的话语引进两个新的前提，因为首先，它用现时性（temporality）取代了异时性这个概念。同时，它假设现在时态的文本的指示物含有其过去的指示物，然后使其所指示的具体化为语义的，并且将它当作话语的外部参照物。（1976：29）

换句话说，现时化并不是历史话语的偶然财富；现时性通过将它所指示的提供给被指示的，如此就构成了一个符号系统。根据格里马斯的论点，这样一个过程"通过'时间的非耦合机制'发生，该机制包括规定现在的陈述被置于过去，然后创造出一种'时间错觉'。作为回报，被指示物的具体化被当作生产参照错觉的程序"(同上)。

从这个意义上说,"时间"被用来创造一个客体。"实证主义幻觉"的结果是一种天真的现实主义,表达出毫无根据的说法,即"历史文本的词汇和短语真正代表了世界的客体及其相互之间的关系"。而且,因为这种现实主义的缘故,实证主义的错觉产生了相对主义:"最好的历史话语与它所拥有的'参照物'——一个既定的社会——一样,通过解读词汇的来源,只生产与该社会相关的'世界的分类'。正如该社会用词汇来覆盖其宇宙一样,这些分类也用同样的方式表现自己。"①(1970:30)

再者,在不知情的情况下,我们发现,人类学话语中的相对主义和现时性距离在本质上有联系。而且,现在有可能从两者的方向中读出这种联系:对比作为它的参照物的社会和文化相对主义的再生产,历史话语(实证主义的多样性)无法提供更多。相反,从认识论角度说,相对主义的话语(如结构功能主义、美国文化主义,或者关于遥远的后裔的民族志科学)总是比预期更依靠现时化,即使它宣称对历史缺乏兴趣。

那么,现时性"实证主义的幻觉"如何能消解?有趣的是,格里马斯指出,只有人类学能做到(参见1976:30)。为了理解他的观点,我

---

① 格里马斯的想法看起来已经在埃文斯·普理查德那里进行了阐述:"每一种社会关系类型,每一个信念,每一种技术程序,事实上,土著生活里的每一件事,都在词语和行动里得到表达,并且,当一个人充分理解土著语言里所有词汇的意义,以及所提及的所有情景时,那么,这个人就已经完成了他对土著社会的研究。"(1962a:79f)

们必须意识到他的"人类学话语"与法国结构主义人类学相一致。为此，他推测说：

> 只有一种结构的比较方法（comparatisme）可以给出历史科学关于人类社会的一种"分类模式"，或者，同样地，为分类的目的（faire taxinomique）提供方法论工具。历史可以运用分类构建其符号学的对象，就此它可以自由地将它们置于过去。（1976：30）

一个巧妙的解决方式就是（与列维-施特劳斯所提出的相符合）："分类"能够剔除历史话语因为虚幻地使用"时间"而出现的掺杂。但历史话语的"意识形态机器"（格里马斯，1976：31）是否的确如此简单？除了对历史话语分类感到满意外，还有什么是经由展示现时化作为一种指示形式而实现的？格里马斯坚持认为符号关系应该被当作过程和行动，而不仅仅是系统。对社会科学话语来说，即使是严格的"语言学"方法，也不能忽视它的主体——"话语的生产者"。这样的观点就是将话语置于真实的世界中（即使它的参照物只是符号学）。不过，我不确定"生产"对格里马斯来说是否不仅仅是"组成话语的语言综合机制"（1976：11）。如果是这样，他的"生产者"就是一个严格的符号关系系统里的概念，这个概念能够协助讨论系统无法在真实的世界进行时所发生的过程。无论如何，对我来说，生产意味着超越已经建立的符号系统的限制。它激发劳动者参与知识的创造，并且表明话语作为一种元素能够传递知识。由此看来，对现时化的符号学分析只能为其知识论和政治含义准备评论的基础。①

三、时间和时态：民族志的现在时

在讨论本书的规划时，"民族志现在时"经常被用来当作人类学话语里"时间"使用的一个例子。于我而言，文学传统中并不存在一段记录完好的历史。如果真的有，那这样一个研究将要追溯到第一个"民族志"案例对现在时的使用。希罗多德（Herodotus）用现在时描述那些陌生的人。不过，在现代，人类学家看来有点被这样一个令人尊敬的传统困扰着。② 一旦书写民族志这种行为被认为具有现时性含义，肯定会引起对民族志现在时的一番辩论。但是，要对民族志叙述中现在时态的准确使用，或是它的现时性进行定义不是一件容易的事情。因此，

---

① 关于历史话语可能或者应该被视为自我包容的这一尖锐的批判论点，参见马伊力特（Mairet，1974）。类似的关注，结合一种"实证主义幻觉"的批评，与人类学家的表达相近，伯努瓦·贝哈尔根（B. Verhaegen）的作品是个典型（参见 1974）。历史话语问题的许多方面在克萨勒克（Koselleck）和斯丹皮尔（Stempel）编撰的一本论文集里有讨论［1973，同时可参见文集里格里马斯的文章《历史事实和基本的历史》（"Sur l'histoire événementielle et l'histoire fondamentale"）］。

② 从希罗多德的《历史》里随机摘录的两个句子说明了这点。需要提醒的是，它们也有可能发生在现代的民族志里："对埃及人来说，唯一适合献猪作为祭物的神祇是狄俄尼索斯和月亮神。"（1972：148）"它是［利比亚部落的］习俗。在一个男人第一次结婚时，要准备一个宴会，在这个宴会上，客人可以轮流享受新娘。"（1972：329）关于早期民族志的理论化问题，参见穆勒（Müller，1972）。最近批判人类学文本的例子是凡思纳（Vansina，1972，参见第 165 页，在此页中他称民族志现在时是一种"时间为零的小说"）和安德森（1973：205f）。

如果有人想要抓住它，就需要费一番力气先了解语言学和认识论对这个问题的讨论。

简单地说，"民族志现在时"就是用现在时态对他者的文化和社会进行论述的实践。一个习俗，一个仪式，甚至是整个世界观或交换的系统都基于一个群体或部落，又或者是任何一个民族志学者碰巧选择的研究单位。对此实践的跨学科讨论体现在两个方面，一个是逻辑上的，另一个是实体论的，两者都依赖于现在时态陈述的参照有效性。

在这个句子"X 是母系氏族"(The X are matrilineal)里，现在时的系动词"are"（尤其是与特定冠词"the"一起使用时）可能会引起对该论断统计有效性的疑问。确切地说，现在时是报告叙述的结果或相关性价值的恰当的时态形式。但是，如果没有限定或量化修饰语（"大部分 X"，或者"所有提到 X 的人的 70％"），现在时态会不恰当地将陈述的声明放大到一般有效性。当然，原则上，如果这个陈述使用过去时态(The X were matrilineal)，也会招致同样的批评。若是如此，对那些强调经验和数据的读者来说，它看起来攻击性更少，因为所陈述的事实不再屈从于直接的证明或伪造。现在，它提出一个历史准确性的问题，并且由其间接的性质所形成的标准来判断。历史准确性是"批判的来源"，而且不再是严格的参照标准。它是关于陈述与叙述元语句质量的问题。当然，这样说几乎不能抓住历史询问的逻辑问题的表面，不过，它有可能帮助我们理解为何在民族志中使用现代时态是一件麻烦的事情，而过去时态的使用就不会导致这些问题。

另一种反对使用民族志现在时态的观点是，虽然民族志现在时态认为自己是"历史的"，但事实上它从实体论的角度谴责民族志学者。在这种情况下，"X是母系社会"这个表述被当作一种社会静态论。这并没有顾及一个事实，即所有的文化都处于不断变化的状态之中。在民族志被发表的时候，它所反对的并不是"X有可能不再是母系社会"，而是投射在X社会的一种分类观点。这些评论者认为，至少，"现在时态"将一个社会"冻结"在其所观察的时间段里。更糟糕的是，它包含了关于原始社会具有重复性、可预见性及保守主义的假设。

这两个关于逻辑经验和实体论的反对观点很容易就能被拒绝者们找到。民族志现在时也许被当作一种纯粹的文学工具，用于避免由过去时态、不断累积的数字及时间限定所引起的尴尬。类似的问题可以在方法论附录中一次性地全部被解决。就此，跨学科民族志现在时的讨论很快就绕完了一圈：一种文学实践困扰着我们，然后我们通过发现它"只是"一种文学实践而稍微放松了下。

这对最流行的人类学话语特点之一的讨论并没有帮助。当我们转向语言学寻求启示的时候，我们发现事情更复杂，更有意思。在先前的章节里，我们讨论到社会科学话语下的"现时化"问题，得出一个重要的结论：一种给定的"现时化"话语与其参照物之间很少有关系，具体的时间操作物与其指示物之间也很少联系，若有，也只是简单的参照关系。现时化话语与时间工具中对时间以及时间关系的讨论，必须置于更广阔的背景里，并高于其所使用的、易于辨识的时间水平。以"原始人"这个术语为例，它并不是（仅仅是）一个现时化的词汇条目，而是一种现时性话语的关键术语。①

如果说现时性话语工具的参照价值很小——比如，无法告知真实的时间或时间关系，这样有可能使人类学中反对异时性的情况受到削弱。"针对所有实际目的"的异时性表达有可能会被忽略，而人类学"真正"实际的存在，是通过操纵时间概念，设置了我们和他们之间的关系。反之也是如此。即便有类似的情况，在指示功能与实际重要性之间仍然存在一组相反的关系。语言引导实际政治行动的能力，看起来会随着它的参照功能的下降而上升。

这对时态的使用来说是正确的吗？在回到"民族志现在时"这个问题之前，我们要先来看看 E. 本维尼斯特(E. Benveniste)的一篇开创性论文[1971(1956)：205-222]和 H. 维因里奇(H. Weinrich)的一个深入研究[1973(1964)]中的重要发现：我们在语义上(关于概念中的内容)和语法(关于结构方式的功能)上都不能充分理解时态动词的形式。语

①　这点不会使之前讨论的关于术语的异时性问题受到削弱，它使它们更准确。另一个需要深入阐述的点是：如果在引用的标注里使用原始，或是先于所谓的类似的否认[参见列维-施特劳斯文章里某些随机的例子，这些例子是广泛使用的代表。1966：222，243，267；1976：19(他的即时演讲)]，那么，我们得到或改变了什么？或许，这些改变意味着术语的标签特点，在一种术语词汇传统的分类的功能。但是放弃者(disclaimer)有可能是一种索引而不是参考。在这种情况下，它们指向了人类学话语中原始人的地位。是谁称呼"所谓"的原始人？人类学家。这样，变化就有可能从人类学的实践中脱离它的使用者，它也不会使异时性的打击变得更轻。因为，对原始的使用不只是一个定义的问题，而且是一种历史上建立起来的实践的表述。这个术语有可能成为有效的哲学分析的出发点(参见迪普雷，1975：16ff)，并且，事实上，也是一种普遍评论西方社会的出发点，这也是列维-施特劳斯的意图。然而，仍然有一个问题，就是，已经建立起来的人类学实践的政治条件在哪种程度上从认识论的角度合理化使用，即使它的伦理意图是毋庸置疑的。关于原始主义更广的历史，参见洛夫乔伊(Lovejoy)等人编辑的标准作品(1935)。

言学的分析必须集中在构成交流情景的各自的角色上，这些角色的具体化产物是文本而不是词或句子(参见维因里奇，1973：25 f)。时态形式是讲者(书写者)与其听者(读者)交流的方式。它们是参与者在复杂情景下互相交换的信号，"若将之(时态形式)归结为关于'时间'的一种简单的信息，则是一种错误"(维因里奇，1973：60)。

　　如果我们检视既定文本的时间形式，就会发现，其中有些是不经常出现的(如日期和副词的表达)，有些则以一定的比例，在书写文本的每一行出现。后者是动词的形式。确切地说，不同的语言使用哪种动词形式在某种程度上是不一样的，但在任何一种语言的文本里，时间动词形式——时态——都不是随机分布的。本维尼斯特只在其研究中描述法语动词的情况，维因里奇的研究则大部分讨论法语动词的相关问题。他们发现，在法语动词里，某些时态倾向于与其他的时态联合形成"群组"，并且这些群组看起来与谈话/书写这两个基本的分类一致：话语和历史(本维尼斯特)，或者是评论和故事(维因里奇)。某种时态在一个文本中的支配地位直接预示着讲者/作者的"话语的态度"(或修辞的目的)。在文本的交流情景之外，时态对"真实世界"里的"时间"只有间接的参照作用。因此，用现在时态书写民族志而不管民族志的描述是基于作者过去的经验和观察，将会使这种书写时态变得无关紧要，因为时态并不会将所叙述的内容定位在时间中。同样地，现在时态确实预示着作者的意图(至少在法语及其相关的语言里)是提供一种关于世界的"话语"或"评论"。民族志叙述用过去时态，乍一看是将文本放在"历史"或"故事"的分类里，就作者而言，却有可能暗示着一种人文主义而不是科学主义的目的。但是，这不是一种令人满意的解决方式。也许可以比较容易地表现有科学偏好的人类学者用过去时态书写民族志，但有些专注于人文历史导向的学者会采用现在时态书写民族志。

仍然存在模糊性，即使有人接受本维尼斯特和维因里奇所发现的话语态度（locutionary attitude）的基本的区别——正如作者们所指出的，时间动词形式还是"动词"形式。它们的时态重要性不应该与其他动词形式所携带的或联合的信息分开，比如，人。代词和人称标志的词的出现与动词形式的出现一样"顽固"，顽固这个术语是维因里奇从音乐那里借用过来描述其频率及重复性的。名称和代词也许有重要的时间功能。理想分类里，单数第一人称"我"（I）应该与标志话语/评论的分类时态一致，比如，现在时态。这样能体现话语态度及交流情景。在这种情况下，讲者可以直接并且有目的地向听者传达他相信是个案例的案例，或是，报道他认为是个事实的事实。与此相反，历史/故事将是

> 这种发声的形式排除了每一个自传体的语言形式。历史学家从不会说"你们""您"或"现在"，因为他从不会利用话语（或评论）里正式的组织，这些组织主要存在于人物的关系（你们，您）中。因此，我们应该只能在一种严格遵照历史叙述风格的文本里找到第三人称的形式。（本维尼斯特，1971：206 f）

果真如此，大量的人类学话语将使我们面对一个矛盾，处于现在时态

和第三人称怪异的联结形式里面："他们是（做，有，等等）"，这是民族志叙述一种顽固的表达形式。

至少有两种方法可以解释这种同时发生的情况。其一，就是深入了解动词名称和代词的重要性；其二，就是在民族志叙述中对现在时态话语的功能进行追溯，要超越它即时交流的情境，在某种关于知识本质的基本假设中揭示它的根源。

对于第一个论点，我们将再次延引本维尼斯特的观察，这些观察出现在他关于动词中人物和语言主体之间关系的文章里。从哲学上说，他的这些发现并不是新的，但相当有意思，因为它们不是从抽象的推论里得到，而是从语言学中对谈话（和书写）方式的分析里提取出来的。需要注意的是，我们的问题是，理解为何我们会在一种现在时态主导的类型中顽固地使用第三人称，而这种明显被标记为话语/评论的类型，由"我"——单数第一人称——体现。结果，这个问题可能不是一个传统，而是一个困惑。包括话语/评论这两种类型的基本交流情景是对话式的：一个"我"对应（报告给）的是一个"你"。但是，只有第一人称和第二人称是围绕着任务的主轴展开的。语法中的"第三人称"是与第一人称和第二人称相对的，并不参与对话。"'第三人称'不是指一个'人'，它是动词形式，功能是表达非人。"（本维尼斯特，1971：198）第三人称和第一人称、第二人称的关系是"人格关联"。第一人称和第二人称则是"主体性关联"（1971：201 f）：

> 区别"我"和"你"的首先是存在的事实，在"我"，是陈述的"内

部"，是"你"的外部；但是，在行为里的外部并不会抑制人的真实
对话……因此我可以定义"你"为"非主体"的人，与"我"所代表的
"主体"的人相对；这两个"人"结合在一起又与"非人"的形式（他）
相对。（1971：201）

民族志叙述的现在时态表明它们是对话的，那么，关于主体和民
族志话语里客体的关系，非人的"第三人称"在民族志叙述中的顽固使
用要告诉我们什么呢？如果顺着本维尼斯特的解释，我们必会得出如
下结论：第三人称的使用标志着人类学话语依照的是"人格的关联"（人
与非人相对）。民族志作者在民族志里并没有使用"你"这一称呼，除了
在田野的情景里，可能是当民族志作者在问问题或参与观察主体的生
活的时候。他没必要清楚地向一个"你"讲说民族志的"叙述"，因为，
和话语/评论一样，它已经处于一种充分的对话情景中。民族志是给读
者的。对话的他者（第二个人物，另一个人类学家，科学群体）是用现
在时态，"用第三人称标识的代词和动词形式标记出一个外在于对话的
他者"。他（或者她或者它）并不是说话的对象，但会作为参与对话的人
的相对物而被提及（或被暗示）。

在我看来，"从对话的场景里被剔除"是另外一种描述拒绝同生性
的方法，但是，如果坚持遵循本维尼斯特关于主体性的语言学理论，
我们就不会得出这样一个结论。正如他所宣称的，对话场景只是某些
基本的语言学对立面的实际结果，意在使参与者和交流的事件成为语
言的附带现象，使个人意识和社会实践被简化为一种语言学现象。我

同意本维尼斯特的观点，他反对将语言当作一种工具的论调（参见1971：223 f），但我对他炫耀式的理想主义不敢苟同，因为这会让我们得出一种相反的结论，即人类学话语中的自我和他者，对某种时态的偏好仅是一个普遍的语言事实。相反地，我们认为这些语言的事实是具体的情况，其中涉及自我宣称、强加、征服等各种用以展示自己的人类异化形式。因为本维尼斯特（以及索绪尔）相信语言的"不成熟性质"（1971：224），所以他不能将某种分散的实践与政治习惯联系在一起。他（以及维因里奇）对时态及人物运作机制详细巧妙的分析，经常被语言系统（或者语内表现行为的场景）的内部障碍反弹回来。

我们可以从语言学中了解很多关于时态错综复杂的工作机制，但是最后，我们必须突破语言学分析所设的限制，尤其是当我们认真地看待语言的影响时。民族志现在时态代表了一种表达方式，这种表达方式由一种认识论决定，不能源于语言学的规则，或者仅仅是由语言学的规则来解释。在下一节，我们将会发展另一个论点，这里将先介绍这个论点潜在的假设：现在时态在人类学话语中的使用不仅标志一种文学写作风格（"民族志"）——这种写作通过话语/评论的话语态度表现出来，而且还揭示了一种指向客体的具体的认知立场，用维因里奇的话来说，就是"对世界的评论"。它预先假定人类学对象的特征是"被观察"。"现在时态是识别话语的一种信号，而这种话语是观察者的语言。"这样一种语言为这个世界作为一种"可见的"的世界提供色彩。它描述并且再现另一种文化，借用语言学（符号学）的方法进行再生产。这一切和围绕可见的源比喻进行知识构造相符合。历史上，人类学曾与"自然历史"联系在一起，具有独立观察的精神，并热衷于使事物之间隐藏的关系变得明显。我们会从这个方向进一步探索下去，对民族志现在时态作为一种不恰当的时态形式表示异议则在此话题之外。我们接受语言学者的论断：时态本身并没有时间的参考功能。必须进行批判调查的是，在一个总体上很明显是现时性的话语里，却用非现时性的模式来表达这种特殊的情况。直接地说，我们必须尝试发现更深的联系，即一种政治宇宙学（在时间术语里界定"他者"关系）与一种知识论（将知识视为一种可观察世界的再生产）之间的关系。

四、在我的时间里：民族志与自传体的过去

人类学话语往往表现在（也可以说隐藏在）理论和方法论传统与生活经验之间的冲突中。人类学的写作也许是科学的；但从内在来说，它也是自传体的。并不局限于那些细微的观察，民族志报道有时常和逸闻趣事、个人旁白及其他设计堆在一起，这些设计能让一篇本来沉闷的散文更有意思。事实上，直到最近，人类学家才急于将自传与科学的写作区分开来。经验主义的责难能够为此做出解释，虽然可能是一种暗中操作。不知怎么地，这个学科仍然"记得"，当时人类学是通过爬上冒险家的肩膀，利用他们的旅行游记来获取它的科学及学术地位的。因此，旅行游记数百年来都被当作一种报道他者知识的合适的文学体裁。从许多方面说，这样一种令人怀疑其科学性的过去所形成的学科集体记忆，就像一种创伤一样，阻止我们认真地去反省这样一

种由生活经验和自传体所表达的民族志写作风格的知识论意义。这样的反思该如何进行呢?

我们再次从人类学基于民族志这个假设开始。所有的人类学写作必须基于报道,报道来自民族志工作者个人与其他文化或社会的成员之间某种直接的接触。人类学家如果不借用自己的经验,则要使用其他人的叙述。直接或间接地,人类学话语所形成的知识是基于作者的自传的。如果将此和人类学田野工作第一、分析第二的传统结合起来看,我们开始意识到,作为人类学知识内容或对象的"他者"必须是认识主体过去的一部分。所以我们发现,"时间"和现时性距离再次与我们话语的参照物的构成相联系。只是现在,现时性很清楚地是一种实践的一个方面,而不仅仅是意义系统的一个机制。实践包括了人类学知识生产的所有片段;时间不仅是一个设置,也是该过程发生的必要条件。一般地,从文学生产的其他类型来说,当然也是这样的。小说的作者使用他或她过去的经验作为"素材"来完成文学创作。但是,人类学家做出一个很奇怪的声明,他的过去的某些经验或事件形成了事实,而不是小说。是什么激起了人类学家将民族志叙述当作"数据"的感觉呢?

我们与作为知识对象的"他者"之间的时间关系绝不是一种简单的关系。最为基本的感觉(我认为,实证主义者相当能够接受)是,现时性距离有可能是接受任何一种作为事实的观察的最低条件。C. F. 冯·魏茨泽克(C. F. von Weizsäcker)在他的一份有关"时间的共同知觉"的笔记中勾勒出类似观点的框架。他的思考看起来有趣多了,因为这些想法来自一个大胆向"历史人类学"进军的自然科学家兼哲学家之手。冯·魏茨泽克写道：

> 过去储存在事实里。事实是过去面孔的可能性存在。我们可以在事实里发现可能性……可以说，现在是时间的一个单位。但在这里，现在这个概念并没有解释时间的单位，相反，时间的单位解释了现在这个概念。同样地，过去这个概念并没有解释事实……相反，过去事实上是现在的。(1977：315)

"事实"和"过去"并不互相转换，它们之间的关系也不是起初的那种从作者的现在指向客体的过去。正如我所理解的，冯·魏茨泽克坚持这种逆反：客体的现在可以在作者的过去里被发现。由此而言，事实本身作为科学思维的基石，是自传式的。① 这恰巧可以说明在人类学里，为什么客体性不能作为主体性的对立面被界定，尤其是在有人不想放弃事实这个概念的时候。

我们已经给出了时间和事实这两个概念的背景，而关于它们的想法则抽象且难以处理，与之相反，我们现在打算将现时性距离放在一

---

① 我相信，人类学祖先之一曾对此观点有所论述："我研究人，我想我是一个相当好的观察者。但还是一样，我不知道如何看我眼前的东西；我只能在反思中看清楚，它在我的记忆中，所以我的大脑可以工作。我并没有感受到，或者理解任何在我面前说的、做的或是发生的事情。所有这一切冲击我的，是外在的体现。但是之后，它所有的一切都回来了，我记得那个地方和那个时间，没有任何一件事能逃过我。然后，通过那一个人做的或是说的，我可以读他的思维，并且我几乎不会犯错。"[卢梭，1977(1781)：114]

个更直接的诠释学框架中进行讨论。"诠释学"将自我理解的人类学当作诠释性的（而不是天真的归纳或严格的推论）。① 不能仅仅将经验当作单纯的数据来"使用"。所有的个人经验都是在历史条件下生产出来的，具有历史的情境。在使用这种经验时，我们必须具有批判性意识，并且不断地注意到它的权威性的要求。诠释学立场假设，某种程度的距离是一种我们的经验的客体化。人类学家所经历的"他者"必然是其过去的一部分，这有可能不是一种困境，而是一种诠释方法的条件。② 这在某些方面是正确的。

田野工作要求个人出场，并且涉及一些学习的程序，因此具有一定的时间经济。人类学的田野工作规定——一个完整的四季周期——不一定就是确切的评估方法，但它意识到至少某一个时间段是一个必须的条件，而不仅仅是一个烦人的时间支出。通常要用比这段田野调查时间更多的时间分析和解释文本所记录的经历。总之，人类学研究

---

① 诠释学（很像现象学）保留了一种独特的欧洲大陆风味。当它穿越大西洋时，它看起来是以一种时髦的术语抵达彼岸，而非一种具有严格实践结果的思维方式。尽管如此，现在有信号显示，它开始对英语世界里的社会科学产生具有分量的影响。拉德尼特斯基（Radnitsky）的《科学学的大陆学派》(*Continental Schools of Metascience*，1968，后来的版本)，K. O. 阿佩尔（K. O. Apel）的《语言和人文的分析性哲学》(*Analytic Philosophy of Language and the Geisteswissenschaften*，1967)，还有帕尔默（Palmer）的《诠释学》(1969)，都用英语提供了清楚紧凑的介绍。两种最新的出版物，Z. 鲍曼（Z. Bauman）的一项历史研究（1978）和拉比诺（Rabinow）、苏利文（Sullivan）编辑的一种读物（1979），证实了社会科学，包括人类学，对诠释学的接受。

② 同时参见杜蒙对田野工作和时间的反思（1978：47f），但请注意，当他报告"作为情景的社会时间和社会空间"（同上书，第五章）时，他依赖视觉空间的呈现。杜蒙说明了我的观点，就是研究过程中的时间敏感和人类学书写的视觉距离之间的矛盾（参见第四章）。

需要距离、时间，通常还需要空间的距离。

　　就此，在所有的批判性言论之后，我们处理了相对主义和结构主义人类学中对"距离"的积极评价，警报应该解除了。经由诠释学，难道我们现在还不承认，之前我们所发现的东西是值得怀疑的吗？根本不是这样。首先，先前所提出来的距离本质上是现时的，可以这么说，它只是由空间距离加以补充的。在人类学的工作里，从一个生活场景移动到另一个场景，只会降低客体化我们经验的必要性。不过，可以想象的是，民族志工作者"常常""在移动"，这种移动有可能使他失去同时整合其民族志经验的能力。另一个简单的原因是，"他者"从来"不曾拥有时间"变成民族志工作者的过去。民族志工作者也需要"时间"变成其对话者过去的一部分。许多人类学家已经注意到，并且报告在第二次或接下去几次回访时，他们的"信息报道人"巨大的态度转变。通常，我们会用心理学的或伦理学的术语来解释这种现象，认为这是增加的信任、加深的友情或对彼此的习惯造成的。如果这是真的，那么，为了更有成效，民族志必须是对话式的，因此在某种程度上也应该是互惠式的，这样，我们会开始欣赏时间的知识论意义。

　　其次，理想的反思性需要解释距离，虽然这种反思性总是自我的反思。距离的确定是一种情况，但也是一种强调知识生产过程中主体重要性的方法。解释距离是一种行为而不是一个事实。它与认为距离应该是更普通的，因此更"真实"的知识来源这种观念不一样（参见列维-施特劳斯的观点，本书第二章）。介绍一种惯例也许是有用的，这种惯例能够区分民族志作者实践并揭示的主体性的"反身性"（reflexion），与作为客观性反射(像镜中像)的"反省"(reflection)之间的不同。作为一种客观的反省,它通过不言自明地消除主体性来将观察者隐藏起来。

我至少想到两个理由来倡导一种反身性(reflexive)立场而不是反省性立场(reflective)。第一,尝试消除或隐藏人类学话语中的主体,常常会导致知识论上的伪善。例如,想想那本《野性的思维》里无害的前瞻性论述。背景是列维-施特劳斯关于原始人的论述,他认为原始人和我们一样,依靠对自然现象的观察和解释:"美国印第安人通过各种不可察觉的线索的方式寻找一条路径的程序……和我们开车的程序没有两样。"(1966:222)

现在,在我看来,限定符号"不可感知"在这里有一个有趣的功能。经过更仔细的检查,结果是,它不可能用在一种指示的、参考的行为上,一个"不可感知"的线索在逻辑上是不成立的。但这样说也许太过严格。不可感知的也许是一种说话的方式,一个熟悉语言的读者也许会将"非感知的"更正为"几乎不能感知的"。但这样说似乎又太简单了。我认为,"不可感知的"在这里有其功能,可以作为揭示(或隐藏)事实的索引。这个事实即,不是一个人,而是两个主体抑制了陈述的语义空间。一个是印第安人"遵循一种程序",另一个是民族志工作者——对他,印第安人的线索是不可感知的。这样一种文学之手将第二个主体伪装起来,"为的是"凸显观察的客观性。

"不可感知的线索"只是其中一个例子,还有许多传统的人物和形象充斥于民族志及流行的与"他者"相遇的报道中。当我们说原始人是"不易激动的",这可以翻译为,"我从来没有近距离地看到他们兴奋、热情或者不安"。当我们说"他们生来就是这德性",那意味着"我们从来没有看到他们长大、练习、学习"。诸如此类。所有关于他者的陈述都与观察者的经验相匹配。但是,为什么要将自我隐藏在关于他者的陈述中,以让民族志看起来更客观呢?

还有一个偏好反身性过于反省的理由。反身要求我们"回头看",因此会让我们的经验在此回到我们身边。反身性基于我们的记忆,比如,实际上我们是可以回到我们过去所经历的地点的。我们有能力将过去的经验呈现(制造现在)给我们自己。更多的是,这种反身的能力能够让我们在他者那里存在,而这恰恰就使"他者"变成我们经验的内容。这有可能带给我们主体间的知识。"有时,为了充分地知道彼此的现在,我们必须分享彼此的过去。"如果我们的时间经验是非反身性的,非直接的,那么,在个体交流层面上,以及在社会和政治互动的集体层面上,除了对彼此肤浅的认识之外,我们什么都没有。对那些被当作它的研究对象的人来说,人类学或多或少是肤浅的(除了不相关这点之外),这指出了"集体反身性"的严重崩溃;它仍旧是一种否认同生性的症状。

不用说,这些关于反身性立场的想法不会被普遍接受。有些社会科学家想要测量实验主体的反应,或者是对某种可量化的行为分布和频率进行测量。"只要"数据和分析的模型相匹配,在原则上,他们可以在没有时间距离的情况下工作。无论如何,社会科学家,甚至是那些最有操作性头脑的人,都必须花时间设计他的"工具"(如问卷),来收集、编码并且统计问卷的回应,然后,还要经常"清理"数据。这些事情对他来说实际上是一种干扰,并不是一种认识论的需要。更精湛的技术和运算速度更快的电脑提供了一个前景，让人能够用更少的时间去构思哪里有适合研究的地方（就像决定电视机的收视率一样）。在此，大批的实验主体可以直接与分析模型关联起来——这是数据学家的梦想，却是我们的噩梦。

在这种背景下，还是应该检查数据存储的时间含义。这个观点吸引了许多人类学家，看来，那些累积起来的民族志让他们感到困扰。我们的数据库只是比社会上的那些有史以来就存储起来的档案看起来更精致吗？数据库这个术语真的是对存储之地无谓的一个比喻吗？并不全是。数据库之所以是数据库，并不仅仅是因为有价值的东西储存其中，更因为它们是让信息的流通变得可能的机制。①

目前为止，人类学对这些数据库所做的不过使其像一个玩具一样。周围是类似的粗糙的数据库，作为"人类关系领域的文档"，它们只能对一些可疑的样本进行低能式的数据操作。没有任何的预告让我们知道，操作主义是否会决定在不远的将来让这门学科成为其中一个重要的部分。假如机器的时间在某一点上取代（不仅仅是协助）人类的时间，并且，如果我们对时间在构成我们话语对象的角色上的观察是正确的

---

① 金钱和语言，商品和信息越来越不突出，至少，17 世纪以来，思想家们就观察到了这个过程。康德的评论家 J. G. 哈曼（J. G. Hamann）注意到（也参考了莱布尼兹）："金钱和语言是两种研究深刻和抽象的东西，正如它们的使用是普遍的一样。两者之间的关系比想象的还要紧密。其中一个的理论解释了另一个的理论，因此，看起来，它们扎根于共同的土地。"［1967（1761）：97］碰巧的是，早在索绪尔在价值的经济学理论模型里找到他的结构语言学［参见，比如，1975（1916）：114f，157］，大约一个世纪半之前，这些话就已经被写下来了。关于在人类学里使用电脑和数据存储，戴尔·海姆斯编辑的一卷书里对此有所讨论（1965）。

话，我们预计，人类学有可能会消失。暂时来看，民族志的客观性仍然与反身性息息相关，只要涉及人类主体，反身性的活动就需要时间。

我们说，反身性距离的存在是达到客观性的必要条件，但是，这并不意味着借着置于我们的过去，"他者"就变得像物体一样，或是变得抽象和普遍化。相反，一个民族志的过去可以成为我们现在存在最生动的部分。在田野里所遇见的人、事件、困惑以及发现，有可能继续在多年之内占据我们的思考和想象。或许，这不仅是因为我们致力于让民族志不断地将我们转向过去，而且是因为我们的过去作为一项"工程"内在于我们本身，因此，它也是我们的将来。事实上，如果不是为了建造一条从过去到将来我们所经历的持续通道，我们不会有一个现在去回头看我们的过去。过去的民族志是人类学话语的现在，因为它在成为它的将来的路上。

类似的论点是对人类学意识产生过程的普遍描述。但是，在任何一个具体的案例里，民族志过去的意识与其他类型的意识一样，都是被扭曲且被疏远的。例如，我们职业习惯上最令人恼火的一部分，我将之称为占有的过去。那种折磨的形式有可能是细微且无害的。那些遭受这种痛苦的人会表现出一种无法抑制的冲动，去回忆、提及、引用并且历数与"他们的当地人"在一起的经历。有时在交流中，他们只是让人感到厌烦；他们常常像那些以前的战士一样，无法将他们现在的生活与"他们的战争"分割开来。对于许多人类学家来说，田野工作明显就有这种效果，是一种高强度的、创伤的时间段。它仍然是一种智识的、情感的参考点，贯穿了他们的一生。不论什么时候，当经历成为一个个体心理历史的绝大部分时，反身性的立场就很难再被激发出来，即使是相关的人物或是他所报道的那些经历，也不能保证他的叙述和观点的本质和有效性。某种程度上，类似的对他者的心理消化和夺取（列维-施特劳斯称为"吃人肉"），可能是产生民族志知识的一种正常且不可避免的条件。但是，它几近变态（因为事实上，精神病理学和一种夸张的异域情调之间存在联系）。

我们很少对这种'自噬'进行批判性的分析，甚或极少注意到它们，而这出于一种制度化的担心，即担心被指责不科学的自传体偏离正道。智识的不诚实有可能会以完全的混乱形式进行报复，尤其是站在一种立场上，面对类似佩雷·特里勒（Père Trilles）或者是卡洛斯·卡斯塔尼达（Carlos Castaneda）令人困扰的案例时。研究美国印第安人宗教的专家几乎全部废除了卡斯塔尼达作为一个民族志工作者的可信度，我怀疑，他们意识到，卡斯塔尼达有可能模仿并且夸大了（带有明显的商业成功）占有的过去所具有的那种鲜少被争议的优势。这是人类学话语赋予所有实践者的惯例。[①] 有多少人类学家将"经验研究"的光环用于合理化田野工作的不同阶段，比如，花在克服文化冲击上的时间，与孤独和令人难受的热带疾病抗战的时间，处理当地被驱逐出社区者的诉求的时间，了解地方官僚腐败的时间——最终收集到少得可怜的、二手的材料之前的所有这一切？那些相当简单地发明或伪造民族志的人又如何呢？或许，这是他们唯一的方法，因为只有这样做，他们才

_____

① 特里勒关于西非俾格米人的骗人的民族志可参见匹斯卡提（Piskaty）的文章（1957）；关于卡斯塔尼达混乱的争论有一篇很有用的调查，参见莫里（Murray）的文章（1979）。

能够达到系里学位授予的预期标准，不辜负赞助机构的期望，并在规定的时间内提交田野研究。当考量在时间的压力下，在我们学科最宽泛的周期里，已经有多少的民族志被生产出来成为这个庞大体系的一部分时，我们会崩溃。

这些问题的关键并不是要对伦理的道德正直程度提出模棱两可的怀疑。比起个人道德上的失败，更危险的是一个群体的失败，没能考虑到科学传统的智识影响。这种传统通过审查人类学知识自传体的反身性，从批判的范围里剔除了知识产生过程的一个重要部分。

更清楚地说，对民族志工作者所犯的罪表示道德上的愤慨还不够，还需要考虑另一个方面，即我们所谓的"占有的过去"。演讲的人物——物主代词的使用，第一人称的单复数，报道中的信息提供者、群体或部落——都是人类学话语关系的信号，最终这些关系都属于政治经济学，而不是心理学或伦理学。毕竟，对田野工作、个人和参与教条式的坚持，发生在邪恶的殖民主义时期。参与式观察并没有被经典化到提倡参与，而是致力于加强观察。要求个人在场是为了收集和记录数据，优先于要求他们待在西方的机构里学习。在结构和意图上，我们学科的这些传统已经被类比为对被殖民国家所发现的自然资源的掠夺。谈到"地缘政治"和"空间"形象的主导，如西方"扩张"，其实掩盖了这样一个事实，即我们的剥削关系同样具有"现时性"因素。资源从它们"落后的"地点的过去被运输到一个工业化的资本主义经济的现在。时间概念的运动总是被用于各个层面殖民事业的合法化。现时性作为时间通道的一种表达，从野蛮到文明，从农业社会到工业社会，长久以来被用作一种意识形态，最终目的是为取得市场上的产品进行辩护。要占有非洲的铜，就要先除去它的地理背景，并放置在西方商业和工业生产的历史里，这样，非洲的铜就变成了一种商品。类似情况也发生在"原始艺术"上。①

知识商品化这个观点主要应该归功于马克思。对这个概念，他给出了一个清楚的阐述。但是，它所依赖的基本视角绝不是新近的。现代人类学的基本奠基人之一格奥尔格·福斯特（Georg Forster）思考过他搬去的阿姆斯特丹港口的喧嚣：

> 贪婪的渴望是数学、机械、物理学、天文学及地理学的根源。理性为投资于其形成的努力回报以利息。它将远方的大陆连接起来，将不同的国家聚集在一起，并将各个不同区域的产品积累起来——与此同时，它的财富概念也提升了。流通越来越快，并且愈加熟练。新的观点还来不及进行地方化的处理，就已经被当作原材料传输到邻近的国家了。在此，观点被交织进已经存在并且被应用的知识里，早晚那些理性的新产品又会返回阿姆斯特丹的海岸。[1968：（1791）：386]

如果殖民事业与人类学之间的类比（或同源性）站得住脚的话，我们不得不承认，民族志同样也有可能成为一种商品。从所谓的原始社

---

① 关于最后一点理论上的讨论，可参见我们的文章《从人类学的视角看民俗艺术》（"Folk Art from an Anthropological Perspective"，费边和松鲍蒂·费边，1980）。

会历史背景到现在的西方科学，它的商品化需要一段相似的数据（商品）处理的时间过程。用我们经济哲学的惯用语来说，人类学是一种具有特殊性的"工业"，其中人类学家既是生产商品的工人，同时也是进行商品的市场运作的企业家，尽管大多数时候是以学术界的薪水作为一个适中的利润。①

事实上，这是个令人不安的结论，没有人会预期从对某些人类学话语的文学传统的回顾中得到这样一个结论。如果这是正确的，它将意味着，准确地说，民族志工作者占有过去的自传体的来源，将他的实践与由西方控制及剥削的政治经济联系在一起。这个连接绝不仅仅是知识伦理共谋的其中之一，通过忏悔我们殖民主义的先人所做的事情，也无法轻易否认掉这个事实。这个连接是意识形态的，甚至是认识论的；不仅仅是它的用途，它还关系到人类学知识本质的概念。更为重要的是，它证实了，现时性操纵渗透在我们与他者所建立的关系里。

五、时间的政治性：披着分类学羊皮的时间狼

我们已经对人类学话语中的现时性进行了验证，它在民族志的现

---

① 戴尔·海姆斯曾在他的《重新发明人类学》(1974：48ff)的介绍部分考虑到这个问题，并且引用约翰·加尔贡(J. Galtung)的"科学的殖民主义"："有很多方式可以发生这种现象。有人主张从其他国家获取数据的渠道不受限制的权利。另外，有人出口关于其他国家的数据到自己的祖国进行处理以变成'制造品'，如书和文章……这在本质上和原材料以低价格输出再作为制造的商品以高价格输入是一样的。"(加尔贡，1967：296)同时参见怀登的介绍部分[1972，《科学的话语：知识作为一种商品》(*The Scientific Discourse：Knowledge as a Commodity*)]。

在以及自传体的过去中表现出来。现在，我们必须再次面对结构主义所宣称的"无时间性"。毕竟，在关于社会科学话语的语义学分析中，格里马斯应许过对现时性罪恶的拯救。它是一种"制造分类"的形式，是（列维-施特劳斯的）人类学。任何将人类学作为救世主或救星的借用都令我们怀疑。它只会使验证时间是如何用以界定我们话语的参照体的关系这项任务更为紧迫。

在试图理解分类学究竟是做什么的时候，我们也许应首先考虑如下的命题：不论是在结构主义的脉络下，抑或是在更为合适的多样性里（比如在民族科学和多种民俗研究的结构主义路径下）进行分类学的工作，分类描述总是包括重写我们的民族志笔记或文本。至少（更别说由诺姆·乔姆斯基倡导的分类的技术理解问题），重新书写作为一项工程，依靠两个假设：一个是关于事实的假设，另一个是关于判断的假设。关于事实的假设，坚持"存在一个被重新书写"的文本。这归根结底是一个实体论的宣称，认为分类工程扎根在文本和作者的真实世界里。即使一个民族志文本中最抽象的逻辑数学推论，也是一种书写，它仍然局限在由一个主体所进行的话语活动中。由主体产生（并且常认为，除了认知文本及文学传统的再生产，"生产"常常什么东西都不是），分类话语与其他形式的话语表达（discursive expression）保持联系。因此，分类描述对于其他形式的人类学话语而言，并不是一种革命性的选择。它只是一种分类，是分类学里的一类书写形式，一种之前我们所讨论的列维-施特劳斯的人类学与历史学"调和"的方法。

但是，第二，在重写这个想法里存在一种审慎的建议——将分类描述的意义屈服于简单的审查，这看起来或许太令人困惑，太隐晦，太奇怪或仅仅是太长了，好像分类描述只是为了补充最初文本的缺点。由此来看，"科学的"结构主义无疑类似意在超越和取代的解释哲学和历史哲学。两者因急于修复并提供一个更好的对最初文本的解读而被极力推广。不管这个目标是哲学家的"原型"，还是只是结构主义者的形式简化，这几乎没有什么区别，两个传统都受到同一种精神的影响。这种精神是在追求"真实的"意义的路上发展出来的，是对传统中的神圣文本的真实意义的探索。① 列维-施特劳斯很明显地感觉到了这点。因为他可以付出任何代价来摆脱一种历史诠释的工程。他采取众所周知的逃脱方式，声称人类学的话语不过是一个神话上的神话（1969b：6）。他感到从负担中解脱出来了，这个负担就是他不得不为自己重新书写神话进行辩解。他对神话的重新书写作为一种（判断的）行为，将神话的起源从其模糊的存在中解放出来。当然，他也留下了一个没有回答的问题，即为什么人类学需要"写下"它的民族志文本。如果诠释学的立场是从文本中"抽取"意义，基于神话的结构主义构建看起来则像是一种"强加"。标志基本的且派生的关系模型存在于原始的文本里。诠释学路径设想它的任务是一种工作，而结构主义将它看作戏剧，具有优雅

---

① 乔治·古斯多夫描述了现代语言学的出现，是在一个西方"传统"的新与旧的解释的挣扎中产生的（1973：第三部分）。同时参见伽达默尔对神学和哲学解释之间的联系的讨论（1965：162ff；基于早期狄尔泰的一项研究）。伽达默尔注意到现代概念"系统"，一定出现在调解新旧神学的努力中，出现在为科学从哲学中独立出来的准备中（1965：164n2）。换句话说，"系统"总是作为思想的一个人物与时间相联系。它在分类人类学的流行（还有其他的我们学科强调科学特点的方法）是异时性倾向的指示（在下列的章节里，我们会对这些联系有更多的讨论）。

和简约规则的游戏，在"相匹配"的文本和模型里进行表演。

但这只是故事的一部分。分类学的重新书写，从来不只是一种纯粹的、沉思的、美学的游戏，将混乱的数据化约为优雅的模型。它是一种持续的、严肃的游戏，在这个过程中，被孤立并且与它们的历史背景相分离的民族志片段，在一系列的动作与反动作中被利用起来，遵照某种基本的规则（比，那些二元对立的规则）进行组织，直到在某个点上，片段汇聚起来进入地方的背景里。当孤独的表演者——人类学家——展示完所有规则许可的动作时，游戏就结束了。或许，为了赋予分类描述趣味性的特色，有人还会激发（遵循列维-施特劳斯的典范）类似的游戏。但是，不应该忘记的是，这个适中的、公开的、暂时的"勤杂工"背后还隐藏一位玩者，他是"最终赢家"。

赢得分类游戏包括展示共时性的关系秩序，这个秩序潜藏在历史事件及个人经验表达的变动及混乱中。这个短暂的小分队的组成用以揭示潜在的逻辑需要。"现在"和"当时"被游戏中"永远"的规则所吸收。不能忘记的是，实现这些技术的结构主义话语，不仅是以分类学作为参照物的一种话语。它将自己界定为分类的"制造"。远非反思秩序的关系，而是它创造了它们。建立分类行为，第一个二分对立法（或者是贝特森的有名的术语，使之不同的不同）就是在原始文本与关于文本的分类描述之间出现的。紧接着还有两个步骤：一是宣称原始文本本身的分类性（通过反对它相对于真实关系的构成类型关系，文化与自然相对立）；二是假定分类，表达出人类学话语的科学主义性质，与表达解释历史途径的人文主义相对立。

所有这一切的结果，并不完全是结构主义安排的对立面停止在一个平衡点上，也不仅是个分类模式，由强加在事实上的权威模式游戏所构造。我们得到的是一个由关系秩序组成的等级形式，这个秩序是系列式的并且不可逆转；因此成为分类游戏的严重问题。如果认真地思考列维-施特劳斯(以及关于这个问题的认知人类学)的想法，我们会发现，其科学理论是想要在某一点上，按照"转型"的序列整合人类学本身。这样一个序列是从某些对立面得来的，如自然和文化、形式和内容、符号和真实，诸如此类。图3.1讲的就是这种分类惯用语视觉化的方法：

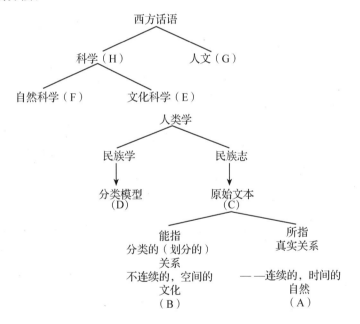

图 3.1　人类学在一种分类关系中的位置

无疑，上图并不是展示分类关系的唯一方式；另一个形式可以涵括不同种类的科学或人文学、不同的原始文本，甚至不同的方法来设定最低层次的对立面。但是，即使是在它的碎片化的形式里，它仍然说出了关键点，因为节点是被层级化地组织起来的，构成分类话语的关系是系列式的，并且可以用点(步骤、阶段)串联形成一条线，或是用有箭头标识的线展示出来：

$$\longrightarrow$$

X	X	X	X	X	X	X	X	X
A	B	C	D	E	F	G	H	I

或是，从一个对立面发展出的两条线：

```
        H/G
    E       F
    C       D
    A       B
```

因为安排是等级式的，在平行的/对立的线之间的运动总是或上升，或下降。这看起来不会影响对立面之间的关系。但是，只要对人类学里的分类方法的实体论假设进行考察，我们就会发现事情并不是这样。"对立面"AB, CD, EF(和这个问题相关的HG)是进化论发展的表现。它们是直线型的，事实上只是单一方向的关系：自然先于文化(至少在最低程度上讲，在有人以前，自然就已经存在)；民族志先于民族学(根据人类学实践的经典)；人文先于科学(在西方思想的历史里)。再者，只要情景被具体化，争论这些假设就没有任何意义。关键的是，其中一种分类概念，除了在链条里展示出来之外，用米歇尔·塞雷斯（Michel Serres）的话来说，这些链条要是"没有了时间就不能想象"①(1977：91)。对立和包括这些关系的逻辑产生了所谓的制造分类的游戏规则。如果这个游戏按照格里马斯和列维-施特劳斯所说的，是"语义客体的构成"，那么很清楚的是，这样的构成是在实践系列的有序的步骤里达到的。由此来看，分类人类学无法将自己从其所解构的历史中和主体性区别开来。

按照塞雷斯的观点（他反过来遵循数学的关于秩序的关系的观点），我们现在更能确切地对关系的本质进行分类，这种关系是分类话语尝试在其主体和话语的客体之间建立起来的。

通过关系连接而形成的一种人类学知识的分类不是反身性的。如前文图示所呈现的，构成结构的链条上的组成部分，没有一个能够先于或接替自身，它总是链条上的另一个组成部分的先来者或后继者。例如，有一种话语假定，某种特定认知领域的词典是由强加给事物的标签组成的，并且，分类分析的客体是标签之间有秩序的关系系统，它并不会返回自身去重新检验这样一个假设，即那些强加的标签事实上是任意的。类似地，对民族志（神话、亲属系统）片段的结构主义分析将进展到将它们简化为一个模型。至此，它或是停止发展，或是寻

---

① 以下的反思受到我所读的一篇米歇尔·塞雷斯的文章的启发——《游戏狼》（"Le Jeu du Loup"，1977：89-104）。我很感激 V. 哈拉里（V. Harari）带给我的这段，它引起了我的注意。他曾经发表了英语版的塞雷斯的文章，包括拉·封丹寓言的文本《狼和羔羊》（"The Wolf and the Lamb"，参见哈拉里，1979：260-276）。

求进一步的细化或更包容的模式，直到最后，它也停止了发展。但是，与此同时，它并不会质疑它所使用的方法。正如托马斯·库恩及其他人告诉我们的，科学不能批判性地进行，它无法兼顾随时开展的反思性问题。批判需要非凡的时间危机——非凡意味着外在于已经建立起来的秩序关系。

如链条式的排列所表示的，两个组成部分之间的关系不可能是对称的。如果 A 先于 B，B 不可能先于 A。也许有人会反对，认为这样忽略了在两个平行的链条之间，运动可升可降的可能性。例如，根据情况，民族志理论有可能先于且后于民族志。或者，在自然界的事件中，如生态和人口的变化，有可能先于且晚于文化的变化。尽管如此，规则要求，没有哪两个链条上的组成可以同时先于且晚于彼此。因此，我们排除掉分类话语可以同时上升和下降其秩序关系的说法。这并不意味着，在分类的人类学中，民族志就不应该与民族学相混合，或者自传体不能和科学的分析放在一起，或者结构主义的分析与历史不能并存。任何既定的分类话语的例子都有可能包含所有那些"对立"成分。但是，非对称性的规则确实严禁携带互惠的、对话的概念，互惠和对话的观念假设链条上的两个组成部分共存于时间之中。

最后，关系秩序的链条暗示，如果 A 先于 B，B 先于 C，那么，A 先于 C。换句话说，整个结构是传递性的。如果文化控制自然，人类学家控制文化，那么，科学通过人类学控制自然；或许，事情的结果是其反面。但是，两者从来都不会处在同一个时间里，或者，将其比作游戏的话，两者不会有相同的行动。

这样一种对秩序关系的解读混淆了逻辑系列与时间系列，反对这种观点是没有理由的，除非可以欺骗自己去接受站不住脚的论点，即分类学的话语是外在于人类活动的领域。显而易见的是，时空的话语权行动可以由纯粹的逻辑分类术语描述出来，绝不是为了证明它由逻辑关系组成。一个可以支撑该观点的理论对类似的混淆应该感到惭愧，因为它混淆了方法和内容、手段和结果。这在格里马斯看来，是历史话语的错误不被分类学重视的结果（1976：30）。被现代的结构主义者尊称为祖师爷的马克思，看见并且避免了这个错误。他批判黑格尔和费尔巴哈：为了能够从历史中提炼过程的逻辑，或者找到统治阶级不可避免地被被统治阶级推翻的法则，免不了要从分析学家（作为历史的代言人）那里认识到将逻辑转化为革命事业的必要性。采取一种"逻辑关系"的立场同时也是一种政治行动。

这将我们带回到狼进入故事的时刻。在伊索寓言里，狼来到河边喝水，并且控告羊弄脏了河水。但是，羊羔是站在河流下游的。在米歇尔·塞雷斯对"狼的游戏"的解读里，狼是科学家；在我们的案例里，狼是分类人类学家。和我们的图示极为相似，在故事里，他站在秩序关系链的上游地带，在时间斜线的顶端。然而，他是以控告羊羔的姿态出现的，即质疑"羊羔"——土著的或原始的文本，他将这个文本当作自己的"问题"——好像羊羔和他加入了一个允许双向行动的游戏中。他表现得好像一个给，一个接受，好像羊羔的时间（那里和那时）是有效的，这有效的时间在狼的时间里（这里和这时）是可见的。就像是分类话语所自认为的目标是建立关系一样，他希望关系是永远并且有效的，故事的结尾必须是以狼吸收历史的时间进入他的时间里——他吃掉了羊羔。这个寓言是"伪善的操作性定义"（塞雷斯，1977：94），因为狼出现在链条的中间。人类学家宣称自己为科学服务，仅仅是自然或理性规则的执行者。他以分类学作为掩护，隐藏他对他者时间的无穷尽的胃口。这个时间需要被消化并且转为他自己的时间："他已经站在狼的位子上——他最真实的立场上。西方人是科学的狼。"（塞雷斯，1977：104）

我们用寓言来说明一种关系的意识形态，一种界定它自己游戏规则的游戏。游戏中的关键策略是，将玩家放在一条时间的斜线上。羊羔的时间并不是通过狼的时间推测出来的，也不是被展示出来的。一个我们与他们之间关系的进化论视角是在离开的那一点产生的，而不是人类学的结果。一种分类学的方法将它自己毫不费力地插入这种视角里。这种分类学路径表面上看是非长久性的问题，结果变成了异时性一个臭名昭著的例子。

第四章　他者与眼光：时间与修辞的视角

简单地说，（人的想法）是每个人某种特质的"代表"或"外显"，或者是，一个外在于我们身体的其他的巧合事件，这就是我们通常所说的"客体"。

——托马斯·霍布斯[1]

从前的一切唯物主义(包括费尔巴哈的唯物主义)的主要缺点是：对对象、现实、感性，只是从客体的或者直观的形式去理解，而不是把它们当做感性的人的活动，当做实践去理解，不是从主体方面去理解。

——卡尔·马克思[2]

在人类学的概论课程上，学生着手进行他们的第一次田野调查。他们接受并遵照教导，需要学习语言。如果有可能，在研究之前，学生通过定位居住地、计算家户并且画出当地居民的谱系图，开始提出

---

[1]　托马斯·霍布斯，《利维坦》[1962(1651)：21]。
[2]　马克思：《关于费尔巴哈的提纲》，见《马克思恩格斯文集》第1卷，499页，北京，人民出版社，2009。——译者注

问题。① 这是合理的建议。如果一个人能在去田野之前，就过好语言关，这将节省很多时间。地图、人口普查、亲属关系图，这些能够帮助我们最快地了解一个小社区的形态和构成。如果所研究的社会保存有可以用来完成这些研究项目的记录，那就再好不过了。没有人会期望这类工作可以毫无拦阻地进行，总是会碰钉子并遇到困难，但是绝大多数人类学家都不会去想，类似的简单且合理的方法或技术对某一种宣称其有效性是毋庸置疑的知识理论来说，有可能是带有偏见的。

一、方法和视角

这些传统的方法，至少包含三个基本的假设，值得我们用批判性的视角去关注。

第一，它们将本地语言当作一种工具，当作一个提取信息的方法。某种程度上，一个人所寻找的，是被视为与语言和说话的活动相分离的存在。确切地说，在沃尔夫之前或之后，人类学家主张一个民族的

---

① 关于田野工作和方法研究大量的文献，我并不尝试在这里记录到现在为止，不过需要注意的是一个发展方向，从18世纪到19世纪（参见第一章）的目录流派到越来越多的"图像"介绍。马瑟·牟斯（Marcel Mauss）在他的《人种学手册》（*Manuel d'Ethnographie*）里写道："研究社会的第一点就是要知道谁在说话，为此，我们要建立观察社会的完整图画。"大量的视觉图像和表格材料在纳罗尔（Naroll）和科恩（Cohen）的田野方法部分出现（1970：第二部分），还有霍尼曼（Honigmann）的手册（1976：第6章）；同时还有克雷斯维尔（Cresswell）和哥德里尔（Godelier）最近的手册（1976）。更少有人会得出这样的论调："理解田野研究非常像一门语言的听觉学习。"（华科斯，1971：12）但是罗萨莉·华科斯（Rosalie Wax）并没有发展她的见解，她自己的陈述里面/外面为空间形象所主导。

语言能够提供线索，甚至有可能成为进入当地文化的钥匙。但是，一方面，把那些仅视当地语言为一种研究工具的人，与其他认为语言是文化的库藏的人的看法放在一起来看：双方都没能认真地考虑当地语言的"有用性"有可能基于如下事实，即它吸引研究者进入一个交流的实践，结果，在实践里很难继续保留"工具""媒介""库存"等比喻。所有这些比喻给人的形象都是提倡一种语言的操作性使用，而语言来自视觉空间的概念，这些视觉空间概念悠久的历史将在这一章里占据我们的视野。

第二，提倡使用地图、关系图和图表符号的观念，深深地扎根于一种经验的、科学的传统，最终停留在知识与信息的细胞原子论上。[①] 这样一种理论，反过来鼓励量化和图表的呈现，以致"视觉化"一种文化或一个社会的能力成为理解它的同义词。我将这种倾向性称为"视觉主义"，并且，视觉主义在我们的讨论里有其作用。比之于之前讨论的对共生性或时间性的否认，这只是描述论点的一种顺序。这个术语是为一种文化的、意识形态的偏见做注解，这种偏见将看见（vision）当作"最高贵的感觉"，并且将几何学的图形空间概念化当作"最准确"的交流知识的方法。无疑，社会科学从理性主义者（基于笛卡尔"res cogitans"和"res extensa"的定义）和经验主义者（参见霍布斯对几何的着迷）那里继承了这种偏见。但是，我们将在下列章节涉猎更深刻且更久远的材料，同时，存在自相矛盾的可能性是，视觉主义有可能是视觉经验去自然化的一种表现。

---

① 参见吉夫纳（Givner）的文章《洛克语言哲学的科学偏见》（"Scientific Preconceptions in Locke's Philosophy of Language"，1962）。

视觉主义[①]有可能采取不同的方向——朝向几何学或图形美学。后者具有盲目崇拜的倾向，不过，其中所教导的关于文化不是一幅图画而是一个文本的训诫，减轻了这种盲目崇拜的倾向。当然，从仅是计算和定位文化的特点，到在文本叙述中关注场景、符号和语义，人类学已经在进步了。然而，早晚都要处理知识的合成，将隐喻、模型和方案组织起来，就全然是视觉和空间要干的事情了。这在类似的术语，如特点、模式、形态、结构、模型、认知图中，是很明显的；它是在概念里被预设好的，类似系统、整合、组织、功能、关系、网络、交换、交易，以及其他无法从身体参照物中脱离出来的那些，如身体的部分、组合、机器和空间点。总之，最初认识一切客体的知识模式是视觉的、空间的，或者是可见的。因此，在人类学家的所有争论里，他们一点也不令人诧异地在这点上一边倒地达成一致意见，认为他们的知识是基于观察，并且被观察所证实的。

第三，即使是那种最简单的、看起来是常识的建议，也被当作这些要求效率或高效的进展的言论的出发点。换句话说，它们旨在为人类学的研究建立时间经济机制。它们不仅在传统上确定田野工作的时间总和，而且经常认为（并且经常说）田野工作者要通过提前学习语言来"节省时间"；同时，通过技术和设备的使用，他会"得到时间"。当学生被告知要充分利用时间，不要让太阳在尚未打印出来的田野笔记

---

① 关于"视觉的感觉和现代科学的起源"，可参见林德伯格（Lindberg）和斯蒂纳克（Steneck）的文章（1972）；同时参见林德伯格《视觉的理论：从艾布·肯迪到开普勒》（*Theories of Vision from Al-Kindi to Kepler*，1976）一书。

上下山时，忠告可能会造成道德扭曲。在这一切里，研究者的时间被认为会影响到知识的生产。建议学生记录当地的时间观念，或是将它清晰地制定出来，或是在仪式的组织和实际活动中提及，这种观察并不是无效的。作为知识的客体，当地人的时间会被先前所提及的时空工具或方法进行处理。

已经具有田野研究经验的人类学家，或者是那些能够想象一个陌生人怀着从该社会学习某些东西的想法进入一个社会会发生什么事情的人，都有可能被排除在下列陈述之外。为什么从方法上用那些简单和理性的建议去推动学生，会导致对民族志的一种拙劣的模仿呢？因为这些提议，不仅夸大（视觉上），而且忽略了经验的维度。提议并没有为那些让你整晚睡不着的击鼓的节奏，或是酒吧音乐的混乱制定条例，也没有为食物奇怪的口感和味道，或是气味和恶臭做一些规定。有没有人能告诉我们要如何处理长时间的等待？以及，如何处理由于混乱或糟糕的时间计算所引起的不熟练和失态？我们要将差异与不妥协所造成的尴尬放在何处？还有，我们要把那些无意的闲聊及欢宴所带来的快乐放于何处？通常，所有这一切作为我们科学活动的人性的一面被废弃不用。我们预期方法通过过滤掉经验的"嘈杂"来生产客观的知识，因为这种"嘈杂"被认为会影响信息的质量。但是，是什么使一种（报道的）看见，比一种（报道的）声音、气味或味道更客观？我们偏好一个和反对另一个，这关乎文化的选择，与普遍有效性无关。它从一种科学的传统中被提炼出来，自约翰·洛克制定现代社会科学的经验主义经典起，这种科学传统就被牢牢建立起来了。"思维的观念"，他提到，是"更倾向于被与看见相关的字词所解释"[1964(1689)：227]。在经验主义的所有信条之中，这个看起来似乎是最顽固的。

即使超然的观察被当作是积极的，但作为一种方法，它将观察者置于疾驰的声音、说不出的气味、混乱的情感和飞逝的时间流动的即时性之上。具有如此倾向的人类学家，至少应该给出某些想法，这些想法与其要求远距离观察的文化决断力相关。很明显，类似批判性的反思将影响人类学对时间的使用的论点，或推动一种视觉空间概念、模型和类型结构的话语，看起来总是反对认识者和被认识者之间的现时连续性和共同存在的纹理(grain)。

二、空间和记忆：传统修辞主题的话语

在《记忆的艺术》(*Art of Memory*)这本书里，弗朗西斯·耶茨(Frances Yates)对西方关注视觉空间根隐喻的知识的复杂性进行了深入的描述。她的发现看起来已经得到科学史学家的支持，他们一致认为，西方科学在时间上(如关于传统里的发展系列)和系统上(关于科学活动的本质)源于早期修辞的艺术。保罗·费耶阿本德(Paul Feyerabend)走得更远，声称"宣传"属于科学的本质。托马斯·库恩(T. S. Kuhn)在其科学范式的理论里也持有类似观点①，只是不那么蛮横地进行规定。

---

① 参见费耶阿本德(1975：157，参考了夸黑对伽利略的研究)；库恩[1970(1962)：47f]看起来是限制了"辩论"对前范式阶段的重要性。怀登分析了在人类学其他地方"二分法"的流行，题为《科学话语的宣传》(*The Scientific Discourse as Propaganda*，1972：ch. 14)。

远非将科学解体为纯粹的修辞——一种毫无希望的尝试，若考虑它的实际和技术的胜利，这个观点表明，明显的事实是，所有的科学，包括最抽象和数学化的学科，都是一种社会努力，必须依据规定，通过不同的交流渠道和方法才能够为社区的实践者以及更广阔的社会接触到，毕竟，它们只是这个社会的一部分。

因此，所有科学的观察必须居于修辞学之上。这是一种宽泛的说法，并且也不会对我们的理解有所助益，除非它能展示这里所提出的修辞学是我们西方传统的具体产物，同时也是回馈西方文化科学的主要渠道。耶茨发现了记忆艺术里的传统。它开始是一系列的，由希腊和罗马的修辞家们发展出来的法令、规则和技术，以使那些没有手稿可看的古代演说家们能够回忆起演讲的要点和论题。她详细地描述了拉丁传统里的几个材料。拉丁传统有个共同的元素是，用一种方法将演讲里的主要部分与一个真实或想象的建筑物里不同地方的物品联系起来。在发表演说时，演讲者的脑袋被认为能够穿行于建筑物的各个房间或房间不同的部分，停下来思考他先前（和习惯性地）赋予记忆的地方的状态（因此有希腊词"拓扑"）。

用尽可能简洁的术语来说，这些是对修辞概念的简要介绍，而修辞的结果，看起来超过它简单记忆的功能。"地方"的理论不只是协助记忆和回忆，因为它是在中世纪和文艺复兴期间，在越来越复杂的方式下发展起来的，用以"界定"记忆的本质，并且通过它传达任何一种知识的本质，旨在说服并赢得观众。

绝大部分修辞学的老师，同样规定了基于声音和听力的技术（如通过重复及语音助理的死记硬背进行学习）。尽管如此，似乎在早期人们就已经发展出共识，即更高和更专一的记忆艺术，是与天赋和训练联系在一起，以达到视觉化演讲、诗歌或任何一种注定用来修辞的文本的能力。在他们所报告的形式里，这些理论绝非仅是基础的初步哲学的认识论。正如耶茨所总结的，记忆艺术的经典原则建立在无数的哲学假设上，并且没有一个是简单的。

首先，被视觉化的客体（如雕像或其中一部分，家具和建筑物的要素）并不是被记忆点的简单形象。当它们能在某种程度上"令人惊讶"，且当形象和一种言说的点联结起来，成为演说家宣称的一种"独断"时，它们被认为做到了最好。"地方"被当作记忆艺术的产物，并不是演讲内容的实际形象。将一个富有技巧的演说家与凡人区别开来的，正是他无需图形化他脑子里的内容就能视觉化。使用说明性的图画和形象属于传递，并不是修辞的基础。这也可能是我们不得不寻找提高成功尝试几率的基础，以再现不同演讲的各个部分，然后是演讲的不同部分、介词的结构及运用"符号"的论点。

其次，记忆艺术的规则不只规定了视觉化。因此，当人们提到记忆"地方"之间的运动时，他们称之为"意识的空间化"。修辞者的艺术，由他能向自己呈现现场演讲的时间流动，作为观点和论点的一种空间地势组成。我认为，这个可以使我们追溯时间的空间化。我在之前章节里就此也给出了几个关于记忆的古代的艺术规则的例子。在博须埃的历史方法里，时代（"停下来且四围环顾的地方"）的观点无疑是被当作修辞的一种理论，用于表明他话语里夯实的基础，比如关于其理论的演说。启蒙哲学史也是如此，以自己是专题而不只是时间序列感到骄傲。这样就将我们带到现代人类学的门槛：文化特点和周期、模型和形态、国民特点和进化阶段，还有"经典的专题论文"，迫使我们将自己的论点与夸库特尔人、特罗布里恩人、努尔人或是恩丹布人联系起来。他们有许多的修辞，抛锚于人类学话语的现实或思维的空间。①

记忆的艺术不仅借用"地方"，如一种地势，还有一种记忆的建筑物。我们可以在一间房子里，偏向于大的、公共的建筑物里，找到演说家的修辞。在文艺复兴时期，这个建筑的概念，导致了一大批记忆/知识的"戏院"的真正建造（参见耶茨，1966：第六章和第七章）。大规模的工程使用的系统化知识，同样也是基于占星学的符号和图表。修辞的空间最终是宇宙逻辑，且这点可指向人类学里使用空间和时间的某种历史渊源。之前，我们将它称为"政治宇宙学"。因为图像、地方和空间将记忆的辅助物转为修辞，所以它们就变成了一种话语的内容。当现代人类学按照修辞所暗含的距离、区别和对立面开始构建它的他

---

① 或许应该区分修辞和专题逻辑在不同的方面预示人类学话语。（1）"通过时间"，经常具有惊人的连续，追溯到有记载的西方思想史的开端，哲学家和人类学家回到了共同的地方（通常是互相抄袭）——奴隶、野蛮、食人（参考书中关于修辞的最新形式），以及民族志知识某些顽固的方面（参见瓦杰达，1964）。（2）"在任何既定的时间里"，人类学家已经造访且再访熟悉的知识之地——母系制度，产翁制度，玛那，乱伦，图腾和禁忌，文化英雄，库拉，夸富宴，克鲁亲属制度，等等。（3）最后，总要尝试制作修辞——优于泰勒婚姻和谱系的经典研究，默多克的民族志样本是数据计算的一种工具，而且也是绘制修辞的舆图（参见泰勒，1889，默多克，1949：app. A）。赫尔和特拉格的清单可以被解读为一种文化要素的周期图，它有助于记忆的特点是很明显的（赫尔，1959：174f）。即使是海姆斯的"演讲"——一场演讲事件中，协助记忆元素的总结，或许也属于这里（海姆斯，1972：65ff）。

者时，它的意图是要在这一切之上，至少同样也构建出有序的空间和时间——一种宇宙——让西方社会居住，而不是"理解他者的文化"，这只是它表面的使命。

耶茨在《记忆的艺术》中，最建议去学习的功课就是证据。将西方科学的史前史与一种巧妙的培养倾向联系在一起，为的是视觉化意识的内容。同样重要的是，一种图形理论的知识有可能对社会实践产生的某些影响。它按照任意选择的提示强调视觉化，使记忆成为一种"艺术"，再从精确的描述现实的哲学问题中消除修辞的基础。它主要关注的是，说服观众时修辞的有效性和成功之处。这为西方思想中的唯名论传统做了准备，经验主义也在其中成长起来。

认识到这一点，有可能帮助我们避免将西方科学思想的发展主要归功于文化，或至少是我们的文化的想象。记忆图像的随意性与语音脚本并不一致。一旦达成一致意见，书写所使用的符号受限于符号的组合及口头语言声音的序列。视觉图像和记忆艺术的修辞提供了相当自由的组合和发明，确切地说，是因为它们的操作被认为是一种艺术，与读写的简单技巧极其不同。在她的叙述中，耶茨描述了成功的可称之为组合记忆方法的系统，以及莱布尼茨发明的计算方法。现代数学因此有了根基，至少其中某些是与视觉化和空间化相同的传统，并且最终成为宇宙论的思想，就此我们可以追溯启蒙时代的哲学历史以及社会科学的现代来源。①

---

① 更多了解参见《记忆的艺术》，对于科学说明的历史以及相关的 18 世纪的潮流，参见勒佩尼斯（1976：32ff）。

最后，将记忆/知识当作一种艺术的观点偏好独一无二的和古老的知识的自命不凡。随着记忆图像和修辞的增加，以及各种不同的诺斯替派的、医学的和占星的设计用于系统化大量的图像，大众演说家的艺术变成了神秘团体所拥有的秘密知识。也许，耶茨着迷于她的西方科学的神秘起源，这与思想史理论的阴谋太靠近了；但是，她的发现指出，社会和宗教的神秘主义有很深的渊源。两者都声称占有特殊的、独一无二的知识，这种知识被认为是对一种视觉空间符号设置的操作，从符号中消除日常的语言和交流。①

在人类学和类似学科明确阐述其独特的领域并设计其技术性语言和获得专业的认可之前，许多其他的发展必然要出现。这些发展有可能被理解成社会学的，被当作大型机构和社会系统内部功能专业化和角色差异的情况，我们可以对此进行概括。只是，这样的概括通常太抽象了，同时还很天真。它们执着于行为的目标导向和功能适应，倾向忽略社会形态和机构表达性的、戏谑的起源。类似那些现代科学和古代记忆艺术之间深层的历史联系，它们为我们改正和平衡科学史中的社会学利他主义和功能主义提供方法。我相信，在下列的章节里我将给出进一步的理由，说明人类学话语中某些很重要的方面必须被理

---

① 这个在毕达哥拉斯和(新的)柏拉图传统里有久远的祖先。杨布里科斯(约于公元330年去世)在他关于毕达哥拉斯的书中记载老师"称几何学为'历史'"。他同时注意到，他的后继者们避免在他们的出版物里有共同的和流行的表达；反而，"追随毕达哥拉斯的言论，对神圣的神秘保持沉默。他们选择演讲的人物，这些人物的意义对那些未受启发的人维持不可理解，并且通过使用达成一致的'符号'。他们保护他们的讨论和书写"(参见杨布里科斯，1963：97，111)。

解为一种有悠久历史传统的修辞学的延续，这种修辞学具有一种特别的宇宙学倾向。构思异域的形象，搬到陌生的空间，这些绝大部分是虚构的，这是在真正遇见异国人民和去外国旅行之前学者的一种思考。出于某种原因，真正的相遇对此认识增加很少。通过对人类学过去和现在的关注，我们在前面三章已经说明，在我们的学科里，一种视觉空间"逻辑"的理念和以往一样强大；功能主义的机体或组织、排他主义者的文化花园、定量学家的表格以及分类学家的图表，这一切，投射出知识的概念是围绕着客体或者客体的形象组织起来的，并在空间关系上彼此连接。

三、安排的逻辑：可见的知识

皮埃尔·德·拉·拉梅（Pierre de la Ramée），或称彼得吕斯·拉米斯（Petrus Ramus，1515—1572），是学者、逻辑学家和辩论家，曾在巴黎大学教书。作为一名不那么重要的哲学家，也许我们会忘记他的这个身份。同时，正如华特·杰克森·翁（W. J. Ong）在其之前的著作（1958）中所指出的，作为一个"教育"知识的理论家，皮埃尔也是一位重要的人物。他的作品被翻译成不同的语言、版本出版，并且与他的名字相关的教学运动，对西方思想史产生了无法估量的影响。事实上，他的理论很快就变成匿名的了（准确地说，是因为人们认为这些理论与教学方法一样），而这只会突出拉米主义（Ramism）的重要性。在许多方面，尤其是在德国、英国及英国在北美的殖民地清教徒教育者中，拉米主义的理念获得一定程度的接受，渐渐地消失在无可争议的，用库恩的术语来说，即正常科学的实践中。

拉米主义的起源是中世纪的"定量"逻辑和现代记忆艺术的形式，这在文艺复兴时期和人文主义思想家的作品中都有过阐述。这些阐述很多，也很复杂，想要对此做出总结也都很难。足以解释的是，对拉米斯而言，最紧迫的是关于知识——任何一种知识——成为它的可教性的问题。这个关注使他坚定地站在传统的修辞学的位置上，就此，他解决了大部分辩论性的争议。他成为一个重要的人物，将某些传统里最深的信念——关于视觉图像和空间顺序——传递给 17 世纪、18 世纪那些被我们称为现代科学即时先锋的思想家们。①

在翁的作品里，下列话语很好地总结了拉米主义的观点：

> 拉米主义者(Ramist)的修辞⋯⋯根本不是一种对话式的修辞，并且拉米主义的对话没有苏格拉底对话的所有感觉，甚至没有绝大部分学术争辩的感觉。拉米主义的话语艺术是独白的艺术。他们从传统的学风思想那里发展出了一套说教式的学堂观点，这一做法甚至超过了具有相同艺术的非拉米主义者所做的。渐渐地，他们甚至倾向失去纯粹图表里那种独白的感觉。这种取向是非常

---

① 要注意，在这章里，我集中追溯视觉主义的通史。因为文艺复兴的一种论述尝试将新近被发现的野蛮人当作"存在链"整合进这样的视觉空间图式里，参见霍德根[Hodgen，1964：ch. 10，尤其是等级的树和阶梯的图示(第 399、401 页)。两者来自雷蒙德·鲁尔(Raymond Lull)的作品，鲁尔是拉米斯的先驱之一]。

深刻的，与拉米主义关注客体世界(与视觉观念相联系)，而非人的世界(与声音和听觉的观念相联系)的取向相一致。在修辞学里，很明显，人必须说话，但是，在拉米主义者的修辞所培养的有特色的观点中，说话者是指向一个世界的。在那里，人像物体一样反应——那就是，没有任何回声。(翁，1958：287)

从另一个也许更重要的方面来说，拉米斯是一个过渡式的人物。他职业生涯的开始，与那时期紧随其后的印刷发明相一致。他的知识系统已经成熟，且在古登堡时代非常受欢迎。有人对拉米斯进行深刻的描述，将他列为思想家之一，他的完全视觉化、空间化并且组合知识的概念为关键问题的解决做了准备(注意到在排版最终被"发明"之前，所有的技术条件已经准备妥当一段时间了)。联系是深远的：

> 空间构造和模型在思想史的发展里越来越具有批判性。变化的态度通过下列方面表现自身：在印刷术里，在一种新哥白尼式关于空间会引向牛顿物理学的思考方式里，在扬·范·艾克(Jan van Eyck)使用图形框架作为隔板的手法，将画家视角的转变推向高峰里，并且在鲁道夫·阿格里克拉(Rudolph Agicola)和拉米斯的主题逻辑里。(1958：83，89)

活字印刷使大众生产具有了一定程度的可靠性，活字印刷反过来又偏爱大量的流通。拉米斯认为，这是他对"方法"的主要贡献：他用图表的形式，对教学事物（诗歌、哲学文本、传记以及其他）雄心勃勃的解释是建立在其内容的二分法之上。这些数据（其中有些由翁再次生产）证实了一种神秘的相似性，从早期的进化论谱系到当代的人种语义学范式，再到二分对立的结构主义安排。例如，如果有人去反思亲属图表（谱系网格的那种）的本质，就会发现，最终它们受限于画图表或印刷的纸张的大小。更多对印刷和图表简化思想内容之间联系的了解，会诱使人思考，人类学亲属理论［至少是那些从里弗（River）所绘亲属关系图表中作为数据抽取出来的］实际上可能是由那些依据图表所得到的任何一种知识的呈现能力决定的，而这些图表刚好与传统的打印纸张的大小相匹配。换句话说，它是储存、再生产和传播印刷出来的知识的模式（用文章、传记和读本），相比它可能在此呈现的，我们需要用不同的方法尽可能多地在细节上加以说明①，这样才能预先判断大部分民族志的"是什么"以及"如何做"。

也许，从拉米主义的研究，以及在西方思想史上被遗忘或压抑时期存在的类似的批判性分析中，我们学到的最重要的教训是，表现知识的方法、渠道和方式很重要，但是，次于内容。② 当他们允许自己介入讨论关于他们规范的文化简化是否表现"当地人头脑中"的想法的安排时，人类学家对此表现出不同程度的关注。没有太多人意识到这

---

① 参见古迪（Goody，1977）关于图标、目录、公式和其他的工具。

② 当然，这激起了"中介就是信息"的信号。对此，马歇尔·麦克卢汉（Marshall Macluhan）高明的见解看起来受到了影响。顺便说一下，翁承认对麦克卢汉有智识的亏欠，而麦克卢汉反过来在《古登堡星汉璀璨》（*The Gutenberg Galaxy*）里借用了翁的研究。

个问题毫无意义，并不是因为我们实际上不能够审视当地人的头脑（心理学家可能对此表示不同意），而是因为我们的图示，毫无疑问就是视觉空间传统的人工制品，在"我们的"社会里，它的主要作用是为知识的传统提供"方法"。

拉米主义与其迟来的再现（难道乔姆斯基的系谱不是通过皇家港口，起源于该传统吗?）将知识与可视化的知识逻辑、规则等同，与有序的空间知识的安排等同。在这一传统里，科学的客观性是通过那种冷静的自然科学的测量实践和视觉审查来保证的。一旦任何一种与其名称相称的知识的来源，被认为主要是物体在空间里的视觉感知，那么，对待他者——比如其他的社会、其他的文化、同一社会里的其他阶层——随着情境而变化，为什么就是可耻的? 可以肯定的是，涂尔干没有创造这个有名的原则，因为他想要把人，或者社会的道德和灵性方面当作客体；但是他假定，在那种情境下，通过观察、量化和系统的概化，社会和文化必须认为，同样的事实会出现在我们的田野视野里。在这一切的背后，是一种摩拉维亚称之为方法论的东西。启蒙时代的哲学家和他们的后继者——实证主义者——从多种古老的起源里继承了这种东西，而在这些起源中，有些仍然与修辞相关。①

后来，在 19 世纪和 20 世纪，这个立场变得更加学究，并且具有

---

① 因为方法论仍然与传播和知识的传递事业相联系。巧合的是，修辞作为教育学，是"窄门"（马歇尔·麦克卢汉），通过这道窄门，涂尔干——还有和他一起的社会学——获得了进入索邦的许可。他是第一个受雇教授教育的人。他的讲座是关于从法国到文艺复兴的高等教育的历史的，这些讲座之后被编成一本书出版（涂尔干，1938）。

更普遍的效用。在不断扩大的学术教学的修辞工程里，当对知识的追求成为它标准化、图示化和精细化不可或缺的一部分时，修辞学就发展起来，并且变得日益强大。

根据耶茨和翁的研究所揭示的联系，作为人类学家，目前我们的自我理解在历史上和理论上的出现其实是很肤浅的。更为迫切的是要抢救一种情况，因为在共享修辞学的图像和拓扑（topoi）资源里，以及借用教育学方法视觉化知识的学科中，人类学占据一个奇怪的位置。可以说，它在西方文化的边界巡逻。事实上，它总是一门国际科学，关注边界：那些彼此竞争的，那些这个文化与另一个文化之间的，最后是那些文化和自然之间的。除了"社会科学"剩下的领域，这些有限的关注阻止人类学停留在任何一个被接受的知识领域里面。在那里，我们的生活隐藏在生物学家、古生物学家、遗传学家、心理学家、哲学家、文学评论家、语言学家、历史学家以及，唉，社会学家里面。在其领域中，不可避免地，我们是被引导的，除了"人的研究"必须包括所有这些领域之外，我们找不到另外一个理由来解释这种情况。仅就该情况而言，就使基要主义——将大量的信息可视化为有序的安排、系统和图表的冲动——成为一个恒常的诱惑。存在为什么我们应该拒绝这种诱惑的理由。有些理由是政治性的，另一些是关于知识论的，两者将我们的讨论带回到这些章节的首要主题——时间与他者。

四、分而治之：他者作为客体

翁在研究拉米斯的书中，表达了他的主要目的："方法和对话的腐朽"。通过这本书，他探究了视觉主义的反人格主义取向。就此，他讨论了许多十六七世纪人们就已经在辩论的主题。那时，社会学和人类学的评论家们就开始谴责过度的科学方法在去人性化方面的影响。一个普遍的抱怨是，社会科学家视他们的研究主体为客体，成为各种结构的、行为主义的消极对象，且常用定量图示来解释，这对"理解"他们的研究主体作为人的动机、价值和信念造成损害。

拉米主义的研究揭示，存在某些深层次的历史理由，用于连接知识的视觉空间简化与科学解释的精神。无疑，现代科学因此联盟而进步，但是，依据翁的观点，这样的进步有其代价：

> 拉米主义擅长二分法，在"传播"和"收集"……在"系统"……和其他的图示概念里。这暗示着，拉米主义者的辩证法表现了一种朝向思考的动机，不只是关于宇宙的，而且是依据所看见而理解的空间模型产生的对自身的思考。在此情境下，知识的观念作为词语，认知和暗含宇宙观念的人格主义取向归于萎缩。对话本身比以往任何时候都有可能失去辩证法。当这个世界被认为是一种视觉所理解的——客体及表面——类似的事物的组合时，至此，那些只是在说话的人(并且知识和科学只存在于这些人身上)将会被蒙蔽。(1958：9)

作为一个选择，翁援引"口头的和声音的世界"，同时也是最终存在的世界(1958：110)。

我对这一解决方法表示怀疑。翁(还有那些回应他观点的社会科学评论家)正确地谴责视觉主义者的还原论。我们会认可他具有启发性的努力，让人思考知识概念的结果有可能是基于听觉而非视觉源隐喻。[1]但是，将听觉与个人等同起来，并且将两者与存在和人性相区别，这又很危险地与一种反科学主义走得太近。反科学主义依赖道德的骄傲和对对话的怀旧情绪，并不是基于知识论的观点。

首先，听觉的感知和口头的表达，既不预先设定也不保证一个更加个人化的想法或知识的使用。口头言辞更短暂，并且不那么容易以非个人的形式被固定下来进行传播，就像图像或印刷品那样，因此，不能再被当作一种真理来认识。新的技术能够用口头语言来记录，而且，通过电子符号而非字型和字体就能直接翻译成印刷品。这种新技术让老旧的部门难以维持(即使人们不会在乎是否赞同德里达的演讲与书写之间的逆反关系，正如他在《语法学》里所解释的)。[2] 我们在向一个点靠近，这个点就是口头言语的交换将与印刷信息和图像的流通区分开来。这主要是因为必须考虑前者的时间经济，并不是针对个人，而是交流的人际条件。对话可能是一个太弱的词汇，无法涵盖口头交流的本质。听觉和口头表达因此必须被援引为知识论的理由，因为它

---

[1]　尤其是在他的《词的存在》[*The Presence of Word*，1970(1967)]中，我对此关注较少。

[2]　参见德里达(1976)，尤其是第二部分第一章。在此，我并不准备面对德里达关于书写和暴力的论文。这些论文无疑是很重要的。因为看起来，他将书写与分类等同(参见 1976：109f)，这样我们的论点会重叠。关于他对"认识论现象主义"的挑战(反对列维-施特劳斯)，我认为，他的评论目标和我对视觉主义的看法是在同一个点上的。

们有可能提供一种交流的对话概念作为更好的起点。

　　只要尽可能地通过视觉空间的简化，知识也有可能在口头上被"去个人化"。为什么会毫无意识地重复标准化的公式，或者，就像在教学、宗教布道或政治演讲中所发生的一样，在某个问题上巧妙地操纵大量同义反复的术语？这些，难道就应该比印刷词语、图表和图像的兜售更少去人格化吗？如果有人想要通过使用"个人的"这个术语表达一些相比模糊地提到人的方法更具体的东西；如果有人想要表明这个术语具有更大范围的个人意识和个人控制，具有一种对作者和知识作为财产或工具的敏锐的感觉，那么，对我来说很明显，知识的视觉化与空间化预示着更多地而不是更少地重视作为个体的认识者。

　　简言之，在类似的辩论中援引个人主义会造成混乱。如果拒绝视觉和听觉之间很简单的一个对立，也许可以避免这种情况。要朝着该方向迈出一步，或许就要考虑时间的因素，尤其是那些卷入人际关系中的现时性关系，更不用说这些关系是一种跨文化的知识生产和交流的结果。

　　将讨论限制在人类学的范围内，我们可以将前几章的发现与现在的问题联系起来：不能只责备视觉主义，因为还存在一种我称之为政治宇宙学的东西。自我们的哲学传统开始以来，那种让人感觉最崇高、最全面并且最可靠的观点来自一篇关于信仰的文章。因为"现象主义"的缘故，这种强调看见的视角成为经验主义和实证主义知识理论的一部分。但是，在它可以承担我们所归结为人类学话语的政治扭曲的指控之前，必须在空间的图示里阐述视觉主义。经验主义的现象论确实预设自然，无论是哪种经历过的自然，都是原子论，并且知识源于无数的感觉印象，尤其是视觉印象。因为知识被认为是通过收集、比较和分类印象进行操作的，所以，在自然主义者大脑里的概念，作为其珍藏或阁楼里的宝藏，鼓励视觉偏好进一步朝向空间发展。假如教授类似知识的修辞意图，以及从可见的来源到可见的内容的转化已经完成，教授的知识因此会变成被安排的、有序的知识，容易通过图表或制表的形式成为可呈现的内容。

用一个极端的想法来说，在这个传统里，人类学的客体不能获得科学的数据，除非它进行一种双重的视觉固化，作为可知觉的图像和一种知识的说明。两种物体化的类型依赖于距离、空间和现时性。从基础上来说，现象学感觉到这意味着他者作为知识的客体，必须是独立的、不同的，并且更倾向远离认识者。异域的他者也许不是人类学调查前提的结果。我们没有"发现"野蛮人的野蛮行径，或是原始人的原始，我们假定，并且我们已经在某些细节上看到，人类学是如何保持距离的，大部分是通过否认同生性来操纵时间的共同存在。

视觉化和空间化不仅是一种知识理论的出发点，而且也成为人类学新学科的项目。有一段时间，对异域情调的展示首先是在旅行游记里、博物馆里、商品展览会上和展览馆里。这些早期的民族志实践建立了自我的表达，而且很坚定地认为，呈现视觉和空间的图像、地图、图表、谱系和制表知识，特别适合描述原始文化。众所周知，这些文化是视觉美感认识"共时性"的客体。翁引导我们去关注，在此背后，也许是一种过时的连接。他指出，考虑到教授青少年哲学的必要性，

主题逻辑的兴起和纲目及二分表法的使用是一个自然而然的结果
（1958：136f）。人们普遍认为，相比智力成熟的人，视觉空间教育更
适合幼儿及青少年。事实是否如此，尚需心理学家去核实。但是，我
们很容易看到，从个体发展到系统演化的视觉主义的争论将教育学原
理变成了政治纲领。正确地说，我们必须至少承认存在一种可能，即
塞给学生一堆醒目的图像、简要的纲目和过量的图表，为的是使他们
能够对教给他们的、这些他们从未拥有的方法的不同领域的知识，产
生某种程度的有序和连贯的印象。不能责备学生的单纯，而要责备老
师着意维护其高位的决定。在人类学里，视觉空间呈现他者的优势也
需要修正。视觉霸权作为一种知识模式，有可能直接与某一年龄群体、
阶级或一个高于另一个的社会的政治霸权相联系。就人类学而言（社会
学和心理学也是如此），统治者的主体与科学家的客体有一个相互交织
的历史。

　　如果这是真的，它将允许我们用一种新的视角看待教条式的经验
田野工作。我们已经注意到，作为一种系统化的追求，田野工作是作
为人类学专业化的特征而出现的。① 但是，现在，我们会问，人类学
专业化的背后是什么？在某些或其他的方式上，它反映了资产阶级社

---

① 有关田野工作以仪式开始的特点，请参考第二章；关于它作为一项要求的实践
是在相对比较晚的时候出现的讨论，请参考第三章。请注意，在两者的这些背景中，关
键点是在强调田野研究制度作为一项惯例，作为人类学兴起的某种巧合的东西。这暗示
着经验和理论空洞的实际结合。从意识形态上来说，其中，最重要的是它坚持一项紧张
的视觉主义的理想的科学观察。但是，这是意识形态化具有的一种复仇，因为，我们对
田野工作的坚持，同时也是生产疑难的情况，允许我们去分辨否认同生性是人类学异时
性的关键（参见第一章）。

会的一部分组织，以服务于社会的内在连续性（通过教学和书写）。要求专业的田野调查，也有助于维持该社会对其他社会的地位。在这个角色上，民族志主要被定义为观察和收集，比如，作为视觉和空间的活动。田野工作在派遣出田野工作者的社会与作为田野的社会之间建立起权力关系。观察的理性（Beobachtende Vernunft）似乎指向受害者，早在列维-施特劳斯之前，就有一个 19 世纪的伟大民族学家坦率地表达了这一见解："对于我们，原始社会是短暂的，比如，关于我们对他们的认识以及与他们的关系，事实上是因为他们为我们而存在。一瞬间，他们注定被我们所认识。"（巴斯蒂安，1881：63f）这是他在一篇请求认可民族学作为一门社会科学的政治论文里说的，并且提议创办民族志博物馆作为它的主要研究机构。

冒着重复自己观点的风险，我必须坚持，我一直使用视觉主义来特指西方思想中的一种意识形态的潮流。我并不想要争论，通过天真的物化，我们就应该把视觉、视觉经验和经验的视觉表达从人类学的思想和话语的议题里删去。作为一种意识形态偏好，尤其如果它是真的，那么，存在这样一种偏好和异时倾向的共谋，视觉主义的功能作为一种认知的方式，有可能使各种文化表达的研究带有偏见，包括那些相关的普遍的视觉经验和特殊的视觉美学研究。视觉主义的偏好为其他文化的视觉产物带来的批判，不会少于视觉主义对诸如语言、习俗、舞蹈和音乐、社会关系或生态条件的简化。

当然，这一切都应用于刚兴起的视觉人类学领域。根据我们在这章探讨的视觉主义和异时性的倾向，对它的评价所要求的就不仅仅是一个注释了。矛盾的是，我的感觉是，或许在这里我们有一个运动，这个运动被引导着，反对限制视觉主义对一种知识理论的影响。至少，某些视觉人类学家坚持时间的主体间经历的重要性，并且探讨视觉数据的解释学路径（参见鲁维，1980，还有该文列出的进一步的参考材料）。不用说，视觉民族志将自己借给方法论化，这样做在某些情况下过头了（参见空间关系学、运动学及相关领域在图形简化和形式分析里英雄式的尝试）。

五、"符号属于东方"：黑格尔美学下的符号人类学

当人们批判视觉主义和空间主义具有知识论和政治意义时，当然，应该在一个更大的"使用"环境下，评估所声称的"乱用"。必须要问的是，是什么信念和理由导致人类学接受视觉空间的简化作为知识的合法模式。当文化人类学在自然历史的哲学里出现，并且发展出它的相对主义和分类话语时，我们对视觉空间的简化早已有一段时间了。在目前的人类学中，使用"符号"观点作为一个统一的概念，这一种倾向如何与我们关于异时性话语的讨论相一致？不对此进行考量而想要得到结果，那是不可能的。因为符号人类学有更新近的起源及持续的关注度，所以它拒绝简单的结论。它也没有一个杰出的人物，能够让我们通过其全部的作品了解符号研究的路径。相比历史和批判性的文学，如进化论或结构主义，符号人类学确实还没有什么建树。

符号概念也算在那些异时性工具里，它的使用涉及或鼓励对人类

学话语主客体间同生性的否认。这不是一个判决，而是一个辩论点。无论如何，想要充分地展示这点相当困难，因为人类学家所借观点的来源实在太广泛了。在"象征主义"的诗歌和美国"符号互动论"的社会学之间，对符号人类学的批判不得不包括知识史广大的领域，更不用说，符号人类学内部出现的分析所导致的更深的复杂性。①

符号人类学拥有实用主义者的遗产，这导致它的最佳代表们对法国结构主义者所给的那种抽象的形式化持有一种批判的不信任（即使两者之间的联系绝对没有被切断，参见利奇，1976）。它最终让他们认识到，直接的经验和沟通性的交流，是民族志知识的主要来源。然而，将符号作为一个关键的概念，这个决定具有深远的影响。有理由相信，当代符号人类学是思维传统的一部分，因为它在一种视觉空间修辞的帮助下构建其客体。系统、秩序、模型、蓝图以及类似的术语经常出现在这些书写中，预示着一种视觉主义的认识论。它们具有一种人类

---

① 茨维坦·托多洛夫（T. Todorov，1977）将符号理论追溯到我们西方的传统中。布恩探索符号主义和法国结构主义的关系（1972）。R. 弗思（R. Firth）的研究是一位人类学家提供的一篇系统的关于符号的论文，可以说是最全面的尝试（1973）。维克多·特纳（比如1967）和玛丽·道格拉斯（1966），同时还有格尔茨的著作（比如，1973），这些人的研究在其他人中是有影响力的。特别是格尔茨，他承认苏珊·朗格的影响［比如，1951（1942）］。关于符号人类学还有一本读物（多尔金等人，1977），也许它对正常的科学地位的启发是一种症状。有几部作品记载了许多关于结构主义和符号方法之间的联系与对比的点，可参见斯柏博（Sperber，1975），巴所（Basso）和塞尔比（Selby，1976）。后者碰巧引发了一种相关的潮流，体现了伯克的影响。伯克的影响集中在隐喻的观念还有文化研究的修辞模型［参见费南德兹（Fernandez）的会议论文，1974，还有萨丕尔和克罗克合编的论文集，1977］中。梅尔策（Meltzer）等人提供了一篇很紧凑的"符号互动主义"回顾，一项与符号人类学紧密相关的运动。关于社会人类学对"符号"的讨论，可参见斯格鲁斯基（Skorupski）的文章，1976。

学话语的特点，对自我的界定处在符号语言学(法国—索绪尔主义)和符号学(美国—皮尔士)之间。在任何一方面，符号人类学家都倾向于将他者"视为"美学思考的一个对象。"在一个盲人的国家里，"格尔茨说，"一只眼的人不是国王，而是旁观者。"(1979：228)马歇尔·萨林斯(M. Sahlins)的例子表明，这有可能被带到一个点上，在此热情捍卫一种符号路径，甚至引导一个善意的唯物主义者坚持文化的美学"自治"。对原始文化符号研究的了解将引导人发现一个宇宙性的和超越历史的所有文化存在的模式：宗教、艺术，甚至意识形态，被宣称为"文化系统"，并且原则上没有什么东西应该阻止科学、政治和经济被吸收进这样一个泛文化主义里。

总之，符号实在是肩负重担。但是是谁的担子？是背负它的人类学话语的主体，还是客体？在问这些问题时，我们注意到"符号"在符号人类学中的模糊性。它是原始人的思维、表达，或是成为符号的方法吗？或者，是人类学符号在意义上投射在它的他者的符号意义和理解里，就像古代的记忆艺术家们用深奥的图像和标记填满自己的意识一样？符号是否是一种存在的形式，一个询问的对象？或者，它是由一种方法构成的吗？如果它是一种文化存在的模式，那么，它对我们就是一个问题；如果它是一种询问的模式，那么，它就是一个由我们产生的问题，那些我们"象征性地"研究的人成为我们的一个负担。可以肯定的是，这些问题包含了老掉牙的哲学迷思，它们逃避了终极解决的方法，在将来也有可能逃避掉它们。不过，它们同时也触碰到历史和政治，因此质疑它们是有意义的，比如，在我们称之为异时性话语的光照下。人类学话语倾向将"他者"放在一个与我们自己不同的时间里，符号和象征性的讨论凭借什么助长了这样一种倾向？

冒着引发符号人类学家与哲学历史学家怒火的危险，通过简短评论黑格尔《关于美学的讲座》（*Letures on Aesthetics*）第一、第二部分的某些段落，我将在下面说明，符号是如何有可能被当作一种现时化的工具的。① 这些哲学文本和当代文化符号研究者的某些观点具有惊人的相似性（也许是通过罗伊斯、皮尔士和其他美国实用主义学者的历史联系表达出来的）。而且，通常潜藏在人类学话语里的假设，在黑格尔那里已经被清楚地指出来了，因为黑格尔不被文化相对主义以及相对主义所持有的文化间的礼貌这一传统所阻碍。

黑格尔提出他的符号理论，是为了更好地区分三种主要的艺术形式：符号、经典和浪漫。用这样的方式进行划分，这是他的独到之处，不仅可以产生一种系统的形态学，而且也是一个发展性的序列。从逻辑需要而不只是历史事件来看，符号模式先于经典和浪漫的形式。因此，符号主义的历史意义和它的逻辑地位在系统关系中是互相转换的。

《美学》的第二部分，旨在分析符号主义的逻辑，它的标题"论类似的符号"是可预测的，以一个表达得再清楚不过的现时性目的作为论述的开端：

　　　　从我们使用这个词的意义上来说，在概念和历史上，符号标

――――――――――

① 我使用了三卷研究版本的黑格尔的《关于美学的讲座》（1970），下文简称《美学 I，II，III》。

志着艺术的起源；因此，它应该，好像它就是，只被当作前艺术，主要是属于东方。只有经过许多的转变、变形和调整之后，它才导致了一种经典艺术形式理念的真正实现。（I：393）

这就是符号的真正意义，与一种次要的、"外部的"使用相对立。根据这种使用，某些模式的表现，在可称之为"符号"的三种形式中的任何一种中都有可能发生。

在这几句话里，黑格尔总结了许多假设，这些假设被用于指导如何调查遥远的(时间上或空间上)文化的表达问题。更重要的是，他设立了一个绝无仅有的、超凡的表述，即符号既可以是分析的(逻辑的)，也可以是历史的：它标志着内容与形式、现实和表达之间的一种关系，这大概是所有文化的特征，也是一种具体的形式，或是某些文化特殊的表达模式的特点。他发现，这些至少在它们的真实状态里处于文明的早期阶段，外在于他自己的西方世界，是在"东方"。因此，过去是遥远的，遥远是过去的：异时性话语的人物就在这样的曲调里翩翩起舞。

黑格尔和后来的符号学家都没有将自己限制在时间距离的确定性上。他们必须阐述距离的逻辑，否则，将符号放置在过去，有可能会将它从认真的思考中一并除去。我们对"他者"的"现时性"解构总是这样，即它仍旧"完整地"待在我们的空间逻辑概念里(如秩序、差异、对立)。黑格尔在《美学》里，继续坚持他的观点。在概念上，它必须用其他类型的符号关系，来防备它所表达的符号模式的混乱；在历史上，它必须表现象征性，才能使当代观众的反应不同于那些我们预期更熟悉艺术形式者的反应。

因此，黑格尔首先要将符号与其他的标记区分开来，如语言标记。后者被随意地分配给它们所代表的声音或意义，然而，符号与它们所表达的之间的关系并不是无关紧要的。符号由其外在的形式表现出来，这让它看起来不是在它直接和独特的存在里面，却以一种表达"其意义的普遍特质"出现（参见 I：395）。而且，符号表达和象征化的内容并不会彼此约束对方。可以这样说，它们导致一种独立的存在：一个符号可以有很多内容，一个内容可以通过不同的符号来表达。因此，符号本质上是模棱两可的；它们让观众相当地"怀疑"（I：397）。如果，并且只有当模糊性被消除，怀疑也被减轻的时候，那么，从严格意义上来说，一种符号关系才没有了。符号所剩下的是"一种图像"，图像与其所描述的内容的关系就是一种比喻或明喻的关系。［参见 I：398；术语是 Vergleichung(对照)和 Gleichnis(寓言)］

黑格尔坚持认为，经由象征性产生的怀疑和不安全感并不局限于某些情况。相反，它们回应

艺术的广泛领域；它们应用在手头浩瀚的材料上：绝大部分东方的艺术内容。因此，当我们进入古代波斯的、印度的，或者埃及的人像世界时，我们感到不自然。我们觉得，我们是在"任务"当中游走。这些形式本身并不会吓到我们，它们的思考并不会立即让我们开心或让我们满意。但是，它们有一种对它们意义的

挑战，是超越它们外在的形象，比这些形象看起来更深刻的东西。（I：400）

相对主义让人想起用一种方式来呼吁人类的团结，黑格尔因此注意到，要有一种象征性的解读，因为我们不能简单地打发别人，就因为那些人幼稚的生产，他们有可能是在他们的童年时期却要求"更本质的内容"。只有在他们"神秘"的形式下面，才能"看穿"他们真正的意义(同上书)。

所有这一切听起来都很现代，实际上，这也是当代人类学家仪式性主张的观点，尤其是，非西方"摆出"一个问题[用黑格尔的话来说，"eine Aufgabe"(任务)]。当被狼和羔羊这个寓言提醒，达到一种伪善时，不论什么时候，当说到他者是有问题的时候，人们就会怀疑黑格尔的双重性。他看起来是被一种努力推动着，想要给我们一个符号理论，作为符号关系的一种特别类型。事实上，它们是由真实的历史碰撞造成的，是在面对非西方的文化表达形式的条件下产生的。模糊性和怀疑性是主要的材料；"它们"是任务或问题，并不是由它们所引发的符号图像。符号方法是符号的一种普遍理论的一部分，更直接地作为减轻焦虑的方法发挥作用。

人们可能会争议说，将黑格尔(或许还有符号人类学)放在实际步骤的序列中，就此它们能实现一种符号表达的理论。根本不是这样，因为，当一个人希望检验符号路径的意识形态和政治含义时，会给序列造成大量的不同。通常情况下(黑格尔会是第一个这样说的人)，一个观点的逻辑结构可能包含假设，或者发展的、进化的序列的规定。事实上，在黑格尔看来，这是相当清楚的，他的符号理论是作为一种历史理论的一部分而提出的。因为这样一个理论是关于时间的，通过将非西方置于时间的起源，"现时化"西方与非西方之间的关系。鉴于黑格尔的观点与当今符号学家（更不用说在黑格尔、康德和涂尔干之间的汇聚）的相似性，我们不得不怀疑符号本质上继续以时间距离的工具存在。

黑格尔和现代符号人类学是分开的，直到他们的符号理论的延伸部分被关注。黑格尔，他的对话思想总是朝向实际的，正如其在《美学》和其他作品里所倡导的，是为了阐述明确的、历史的实际精神，反对所有的艺术，因此是所有的文化的，应该被当作符号来接触的观点。他承认（在某些他那个时代流行的符号理论的评论里）①，这样的一种观点应该被构造，但他的兴趣是在另一个方向。他想要表明符号必须是一种艺术生产的历史模式。因此，它是类型学的一部分，与其他两种主要的形式——经典和浪漫——形成对比（参见 I：405）。

在《美学》的后半部分，黑格尔详细地说明了这种类型学，并对这三种不同类型的基础进行命名。在这三种形式里，普遍的标准是形式和内容、表达和意义之间的关系。符号，"艺术起源的阶段"，由其内在关系的模糊性所表征。意义和表达，可以这样说，只是被放置在一起；人类的精神仍在摸索物质和表达的一致性。以希腊雕塑为代表，经典艺术达到一致性，尽管是在一种"外表上"以非人格化的形式表现

---

① 黑格尔提到了弗里德里希·冯·施莱格尔（Friedrich von Schlegel）和弗里德里希·克里乌泽（Friedrich Creuzer）。克拉默追溯了克里乌泽对创造"神秘的东方"的影响（1977：20ff）。

出来(参见 II：13 ff)。类似的外在一致性是使用一种黑格尔术语，不被黑格尔在这种情况下援引，只是象征性的并列和模糊的对立面。只有浪漫艺术才能实现形式和内容的综合，成为精神的主体实现。由此，一种新的、"现代"的创造性产生了，在

> 万神殿里，所有的神都被废除，主体性的火焰摧毁了它们，不是可塑的多神论(如大量的象征人物)，而是艺术，现在知道了只有一位神，一个灵，一个绝对的自治权。艺术是以其自由的一致性作为其绝对的知识和意志而组成的，它不再被分成具体的特点和功能，这些特点和功能唯一的联系是某些黑暗必需品的力量。(II：130)

类似最终认同的计划，在黑格尔的《精神现象学》及其他关于历史和法律的哲学里都有阐述。但是，他的《美学》里没有任何像"人类学"的观点。一方面，他很快就克服了早期的犹豫，并且将他的艺术形式类型延伸到所有的文化中(参见 II：232)。他的艺术理论是一种文化理论：

> 这些看世界的方法构成了宗教、人和时间的实质性精神。它们渗透到艺术及一个既定的生活场所的所有领域。因为每个人类都在他的所有活动中——这些活动可能是政治的、宗教的、艺术的，或是科学的，成为他的时间里的小孩子。这个孩子有他自己的任务，要去完成那些在他的时间里需要完成的内容和形式。艺术也是这样，注定要找到适合一类人精神的艺术表达。(II：232)

但是，符号很明显就是他者。经典艺术作为过渡的阶段而出现，是这个三方类型里一种无力的"逻辑"投射。符号是问题。它是浪漫的实际对立面，而浪漫清楚地是对黑格尔自身 19 世纪意识和感性的一种描述。自治的个体，脱离"自然"形式和美学传统的限制，是理想的当代、现代人。为了战胜符号，通过梳理历史并分析概念，我们为现代人组合了一个"任务"：他的自我构成。

据说，表达的符号视觉模式主导了文化的早期阶段；它是模糊且空洞的，总有变成单纯图像和失控的幻觉的危险。这是黑格尔对一种文化实现形式和内容的"内在一致性"的反形象。通过对比和反面的逻辑，人们期望他能探索听觉语言模式作为浪漫艺术的适当表达。情况的确是这样的："如果我们想用一句话总结出浪漫中的内容和形式的关系……我们可能会说基调是这样的……音乐的和……抒情的。"（II：141）他在《美学》的第三部分，系统并非常详细地发展了这一见解（第三部分里关于浪漫音乐和诗歌的章节）。在那里，他提到，时间"在音乐中占主导地位"（III：163）。这一想法将他的艺术理论与贯穿其整个哲学系统的想法联系起来。据说，黑格尔关于人类精神的哲学是一种时间哲学。① 事实上，在他的观点中，最令人困惑的是那些时间与空间的对比，就像声音和光，历史和自然一样。在《百科全书》中，黑格尔

---

① 参见科伊夫（Kojève）的评论（1969：134f），尤其是对黑格尔历史时间的重要评价。黑格尔的历史时间被当作一种运动，始于将来，并通过过去来到现在。科伊夫注意到"或许是时间，在时间里，现在所看重的是宇宙的或物理的时间，而生物的时间被归为过去的首位"（1969：134n21）。

系统地阐述道:"听觉和时间,以及可见的和空间,各自有其基础。它们首先是,同等有效。"但是——并且在此情境下,他反对书写和说话,"可见的语言与发声的语言只是一个符号"。捕捉点是唯一的:"思维的真正表达是在演讲"(参见 1969:374,第 459 节)。我们可以,并且必须超越标记和符号。

六、他者作为象征:"符号人类学"的例子

当代符号人类学可能不会因为它历史化符号理论(也不会被认为是)而被责备。总体看来,它似乎已经接受了怀特海(Whitehead)的定论,认为符号主义作为一种文化上具体的风格(正如"在东方的符号主义",或者,"中世纪的象征建筑")"处于生活的边缘"[1959(1927):1]。它倾向一种被黑格尔拒绝的选择,即符号应该被当作一种文化范围内所有观念的模式。

不过,看起来,如果我们接受怀特海经典作品的引导,那么,一个超越历史的符号化理论,和许多我们称之为相对主义、分类学和普遍的视觉主义观点共享许多假设。知识的构成性行为——怀特海术语中的"自我生产"——将原本分开的符号关系放在一起组合成一个(1959:9)。感知和表达的时间共存,这并不被认为是有问题的。它是一种外在的物质事实(参见 1959:16,21),重要的是,"被感知的事物对彼此及对感知主体的空间关联的构想"(1959:22)。这回应了拉米主义的认识论,并且,正如人们所预期的,这对一种类型的、分类的立场具有很

强的亲和力。空间关系和感觉数据是两个"通用的抽象概念"，并且

> 关于表现的即时性的主要事实是：(i)相关的感觉数据依赖敏锐的有机体，还有它与所感知的有机体的空间关系；(ii)当代世界被展示为延展的、充满的有机体；(iii)表现的即时性是少数高等生物经历里的一个重要因素，对其他而言，它处于萌芽期或完全可以忽略不计。因此，通过表现的即时性揭露一个当代世界，一定会与真实事物团结性的发现有关，这是因为它们参与到一个空间延伸的公平系统里。(1959：23)

这些前提巧妙地发展着，直到得出一个结论："最终所有的观察，不管是科学的还是流行的，坚持观察者的身体器官与'被投射'的感知数据的位置之间存在空间关系的决定。"(1959：56)而且，从空间主义到我称之为符号方法的符号主义之间，只有一小步："我们与这些身体的关系，正是我们对它们的反应。我们感觉的投射，只不过是世界的表现，部分地与系统规划相一致，在空间和时间里与这些反应相一致。"(1959：58；我的强调)最后，通过关于社会的空间地理"统一"及语言作为最重要的"国家符号主义"角色的假设(参见1959：64，66 f)，怀特海的论点以一种政治本质的说明作结，在今天，听起来就像是在人类学和社会学的文本里会遇见的共同之处：

> 当我们研究一个社会因其自身的需要，如何使其成员一致地

发挥功用时，我们发现，一个重要的行动机构就是我们继承下来的、广大的符号主义系统。（1959：73）

社会的自我组织，取决于普遍分散的符号，唤起共同的分散的想法，与此同时，预示共同理解的行动。（1959：76）

怀特海并不是符号人类学唯一的哲学祖先，甚至可能不是最重要的那一位。相比我所引用的作为视觉主义的例子，他还有很多其他的思想和文章。[①] 这样说是公平的，《符号主义：其意义和影响》（*Symbolism：Its Meaning and Effect*）这本书包含了当代人类学符号方法的一些基本假设。它认为，符号是我们研究文化知识的模式，实际上，文化简化还有符号的分析或诠释，为人类学提供了描述和理解其他文化的合适的方法。符号人类学与结构主义，分享了它对粗糙的经验主义的轻视；对其所关注的类型和分类描述，它的热情"更少"。我说"更少"是因为，分类学的味道并没有全部消失。例如，维克多·特纳（V. Turner）的建议是，以主导性和工具性的符号为依据，制定一个符号系统。这清楚地预先假定了类型和等级秩序，作为一种描述方式，它可以轻易地被当作一种符号分类呈现出来。巧合的是，特纳为

---

① 为对怀特海还有当代符号人类学家表示公平，必须承认一种批判的目的所导向的是反对粗糙的经验主义和实证主义。正如其他人所注意到的[如阿佩尔，1970；哈贝马斯，1972：第五章和第六章]，在实证哲学、诠释学还有由一种马克思实践理论所启发的批判理论之间，有许多沟通的点。罗伊·瓦格纳（Roy Wagner）原来的富有见解的符号化的方法（比如，1975），代表了批判的自我批判的符号人类学。同时，还可参考维克多·特纳回顾当代符号研究的文章（1975）。

我们提供了一个吸引人的案例，一种从时间规划到空间规划的民族志翻译。从某一点上来说，他注意到，每一个他界定为"主导性"的符号，都被恩丹布人（Ndembu）描述为"mukulumpi"，年长，高级（1967：30，31）。基于资历的关系（尤其是当它们被具体化为派系或代际），与基于类别和分配的关系是完全不同的形式。当然，这是恩丹布人术语和它的民族志注释的并列——在共生性条件下进行的一点田野工作——允许这样的评论。

符号人类学家倡导诠释学的路径，偏好"深的"民族志叙述过于没有活力的图解和表格。他们极有可能比其他学派在训练他者这条路上走得更彻底，不仅是在他们自己的术语里面，而且是在他们自己的术语上。然而，符号人类学不仅继续提到符号，而且还提到符号系统；它努力打破文化结构以及一种文化小道具。总体而言，它将它的话语定位在从视觉所得到的根隐喻上面。因此，它对空间秩序而不是时间过程表现出更多的亲和力。

我并非要尝试依据其许多哲学和社会科学的源头，去面对符号人类学。我会讨论一个记录标志性转变的例子，然后进一步考察新近转向符号人类学的案例所出现的某些结果。

我的第一个例子是詹姆斯·布恩（James Boon）的《巴厘岛的人类学浪漫》(*The Anthropological Romance of Bali*，1977)，这是在符号指向里考虑周到且自觉的作品（从某种意义上来说）。布恩的作品是以优雅和有说服力的方式创作的。他的主要关注，在事实上可能与一个人在这些文章中所追求的相当贴近：巴厘岛的民族志必须放在"时间视角"

的环境下来理解（因此是第一部分的题目），这些观点连续累积下来，促使人们将巴厘岛作为一种文学修辞，比如，在西方人类学话语中，一个引人注目的和重要的回归点和参考点。从它被荷兰人发现并称作"天堂"那时开始，到米德和贝特森很高兴地发现那里的人极度上相，再到我们这个时代的岛上旅游包装，这里展现了一个视觉化的历史，其明晰和亮度为我们提供了一个有异域情调的民族，一个刻板印象的极端例子。巴厘岛生态的紧凑性、令人惊叹的浮雕，以及靠文化发展起来的视觉空间符号主义的丰富性，有助于进一步使该岛成为非常适合充满视觉修辞的民族志描述对象。布恩批判性地意识到，他自己的民族志研究进入了那个历史里面。他知道，他必须合作，或是反对，将巴厘岛变成一种异域情调的象征。

巴厘岛的形象源于视觉空间的简化作用，这太具体同时又太抽象了：太具体了，是因为它描绘了被过多的令人困惑的符号所包裹的巴厘人；太抽象了，是因为它错误地将一种僧侣体的连续性投射在他们混乱的历史上。尽管有充满敌意的政治冲突的报道，并且在其明显的宗教信仰和社会制度结合里无视历史进程的证据，西方人印象中静止的巴厘岛，依然维持永不动摇的坚韧。它产生了一系列甚至更为大胆的视觉简化，包括尝试解读灌溉渠道分支系统作为血缘关系和社会结构的图表（参见布恩，1977：40）。总之，关于巴厘岛的人类学话语已经被赋予过度的视觉主义，这些视觉主义具有现时性距离的累积效应。巴厘岛就像天堂一样，神圣且经典——它可以是任何东西，除了与西方观察者同一时代之外。

当布恩着手揭开这些幻象时，为了与他所批判的传统区分开，他采取了一种策略，但支持这种策略的视角并不是很好。这从他把玩概念的方法上不容易立即被看出来，因为这些概念源于文学批判主义对早期民族志偶像主义的反对。他应用概念性的工具，这些工具之前曾用于区别浪漫类型和史诗般的巴厘岛历史、古代和现代，并且，他成功地传递出一种高度灵活和动态的文化印象。他所描述的细节没有必要在此引起我们的关注。布恩对人类学话语中视觉化与空间化的工具所产生的效果的敏感，使他回到了一个点上，他几乎就要提出同生性议题，这已经足够了。

但是，总有一个但是，只要仍待在符号人类学理论和方法论的框架里面，布恩是不可能从一种基础的方法中提出问题的。是的，他轻而易举就谴责了视觉空间的简化。然而，从一种地方逻辑的意义上看，他自己的路径是专题的，允许他能够将他的叙述与一些吸引人的主题联系起来（那些浪漫和史诗还有一系列特征、风格和周期性的主题，都被用来界定这些类型）。因此，他构建了一栋诠释的建筑物，它的修辞情趣与"记忆的艺术"不只是一种表面的相似。① 结果是一种描述，这种描述在其粗糙的视觉主义前辈之上。视情况而定，如果成功，类似的描述将感动民族志者的观众赞同或拒绝，但是，它避免在同一个时间舞台上称呼认识者和被认识者。和其他符号人类学家一样，布

① 讽刺的是，通过回顾这里所列的评论，我必须对布恩表达我的感激。他极有热情地将弗朗西斯·耶茨的作品带给我，引起我的注意。同时我也知道他对历史和民族志表述符号学方面的兴趣，我很期待他研究的结果。

恩与他者保持距离；结果，他的评论相当于提出一种巴厘岛的形象以反对其他的形象。这是不可避免的，只要人类学仍然停留在符号的思考上面，虽然没有人会否认它的重要性，但是，毕竟与他者的相遇是在冲突、挑战和矛盾的辩证术语的领域里，而不是不同的文化拿着保护的盾牌去反对彼此。看来，目前为止，专注于符号，使我们偏向维持看者、观察者或者是文化"文本"的破解者的立场不变；他者仍然是一个客体，尽管是在一个比经验主义或实证主义所修正的更高的层次上。来自布恩文章的下列段落毫无疑问证实了这点：

> 民族志艺术的一个主要兴趣在于传递一种全社会的感觉，以某种生动、引人注目的方式来表现它。和任何基本的隐喻程序一样，民族志就像视觉幻觉艺术一样，如果意识到没有类似的如此简单的现实主义，在幻觉和幻觉所渗透的视觉或概念的工具之间，不可能是一一对应的关系。(1977：18)

已经进入一个更高的视觉空间简化层次，因此，现时性距离也是如此，符号人类学有可能实际上对同生性问题相当具有免疫力。作为一种意识形态，它有可能拓宽和加深西方和它的他者之间的鸿沟。至少，这是我从下列陈述中得出的结论，这段话来自写给符号人类学读者的学科介绍：

> 符号人类学研究的基础是关注人们如何阐述他们的实际。如果

我们要明白这点，并且将他们对他们行动(还有我们的)的理解联系起来，那我们就必须检验他们的文化，而不是"我们的理论"(以及，如果我们研究我们的理论，我们就必须像研究"他们的文化"那样研究它们)；研究他们的符号系统，而不是研究我们特别指定的关于它可能是什么或应该是什么的假设。(多尔金等，1977：34)

人们会称赞作者们的想法，在同一个段落中，他们呼吁一种文化研究是实践而不是形式。他们仍然坚持"他们的文化"和"我们的理论"相互分开，这点与对"实践"的呼吁是相抵触的。一种不包括研究者的实践，只会面对作为自身的一种形象、一种表现，就此，人类学又回到了对(符号的)形式的解读。

马歇尔·萨林斯在其著作《文化与实践理性》(*Culture and Practical Reason*，1976)中叙述了他转向符号人类学的故事，并对此进行了论证。这本书致力于展示符号文化与对生活需要或利润取向的实际反应之间的区别。在这里，它特别有趣，因为它不仅反对知识和行动的两种模式(在此它绝对不是独一无二的)，而且，它大致是以黑格尔的方式、以萨林斯称之为西方和剩下的之间的差异来调整这些模式的。

在他的论点中，萨林斯充分使用了"原始人"这个术语。不过，令人想不到的是，他对进化的距离并不是很感兴趣，或许甚至对浪漫的理想化更缺乏兴趣。他比这两种形式走得更远。前者投射出一种发展的或历史的距离，后者则反映了一种乌托邦式批判的距离。在此，从西方社会出发，萨林斯介绍了一种本体论的区别：正如符号理性和实践理性并不是两种可以化约的思想和行动的模式，成为原始与成为文明也是两种不可化约的存在模式。自觉或不自觉地，萨林斯和其他符号人类学家推动了基本的对立，这些对立几乎在我们学科的每个意识形态阵营中都留下了痕迹。当然，结构主义者的自然文化二元论，看起来是 19 世纪分裂的合法继承人。它创造了二分法，首先，将起支配作用的重要性归因于分类，并且将原始社会的交换与西方社会的劳动和生产进行比较；其次，将历史的（"热"）与反历史的（"冷"）对立起来，并宣称后者是人类学的正确领域。

但是，让我们细细审视萨林斯的推论。首先，关于这种二分法的起源和作用，我们不能指责他的天真：

> 一个明显的事情——资产阶级社会和所谓的原始社会差不多，物质方面并没有有效地与社会分离，就好像第一个可归因于剥削大自然而满足其需要的问题，第二个是人与人之间关系的问题。已经造成了文化构成中这样一个致命的区别……我们被迫永远与思维的结果在一起……

> 大部分的人类学可以被认为是一种持续地致力于合成其研究客体的原始分割，一种文化领域的分析对比。如果我们自己的社会所展示的模式是清晰的话，它创造出来的这种文化领域却缺乏应有的反思。（1976：205）

目前看起来都还好。但是人类学的历史并不包括为自身的辩护。花费在重新组合上的所谓的能量，并不能保证这些努力会成功。通过研究，萨林斯对此进行了说明。他的书中有四分之三是在表明，实践理性的多样性产生出只适合应用于西方社会的理论，尤其是历史唯物主义。我们被这样告知，并且必须这样理解，原始社会是由"文化（符号）理性"来指导的。如果这被认为是激进的结论，我们就不得不断言，感性和意义在原始社会里才能被发现，而西方文明是经济机制和实际调整的结果。①

萨林斯没有用这么激进的方式提出问题。② 书中剩下的部分致力于揭开"我们经济中的某些语义维度"（1976：165；我的强调）。他用其他的方式表明，比如，即使是当代的美国社会，也有"文化"在某些方面被符号理性所控制，而符号理性的逻辑是不屈从于实际的需求。由此，他回顾了他的论文所阐述的中心思想。

这种合成文化和实践理性，从一开始就注定要失败，因为萨林斯想要将它从它本应克服的分裂中提取出来。自始至终，他紧紧抓住原始社会的观点。其实很清楚，如果他要在文化反对实践理性的论证中采取第一步，没有原始社会，他就什么都不能做。正如他所做的，辩

---

① 关于一种类似观点的评论，在另一篇关于转向符号人类学的陈述里有解释，参见我对罗伊·拉帕波特（R. Rappaport）的《生态、意义和宗教》（*Ecology，Meaning and Religion*，1979）的评论（费边，1982）。

② 让·鲍德里亚在其作品中已经解决了这个问题（萨林斯引用了他的作品），尤其是他的《象征交换与死亡》（*L'Échange symbolique et la mort*，1976）。需要意识到的是，鲍德里亚也是依赖原始—文明这个二分法。这或许是最好的解药，来反对"有一只大锤子的哲学"的聪明反对者的一连串打击[参见 S. K. 莱文（S. K. Levine）对鲍德里亚的《生产之镜》（*Mirror of Production*）的评论（莱文，1976）]。

别西方社会中，符号表现作为原始社会的特点继续存在，是 19 世纪进化论比较方法中让人喜欢的一种策略：有人会试图说，萨林斯复兴了生存的学说。如果它与实际对立的话，它对我们理解符号没有什么帮助。

在其《事物的秩序》(*Order of Things*)一书中，米歇尔·福柯观察到，自李嘉图，肯定也是从马克思开始，经济理论进行了一次巨大的转变。劳动和价值之间的关系曾被当作一种描述或意义。价值被视为人类活动的一种符号(格言：一件事是用它的工作单位来代表的)。李嘉图和马克思将关系重新界定为一种起源和结果："价值不再是一种符号，它已经成为一种产品。"(福柯：1973：253)如果这种观察是正确的，它启发了当代人类学的二分法。根据主流的意见，文化在符号或语义学的方法上与人类的活动相关；它表现实际的活动，但不作为它们的产品被研究。萨林斯和其他符号人类学家支持该观点，并且主张符号文化具有自主、不能化约的特点，这就将自己从人类的实践中排除。然而，只有人类实践才能解释文化秩序的出现和存在。在这章的前言中，我用马克思的《关于费尔巴哈的提纲》说明，这些符号人类学家倡导的是这样一种人类学，它把文化作为一种"思考的对象"加以保留。

批判这样的符号主义，并不是要否认符号路径所有有用的地方。应该拒绝的是，人类学的研究中符号学和符号类型的意识形态的封闭性。封闭经常是通过主张符号关系和系统的功能自主实现，封闭也通过谴责所有的问题实现，这些问题考虑到它们的生产、它们被固定在真实时空下一个毫无表现的世界里，都与经济学（如萨林斯的"实践理性"）或神经生理学（如列维-施特劳斯的"人类思维"）有关。

坚持生产在呈现之外，或反对呈现，并不能说明两者之间在本体论上的差异。将文化作为一种产品而不是一个符号，这并不存在本体论的问题。由于不同的认识论的理由的缘故，必须维持这种差异，宣称文化的符号自主性，并在某些方面实行某种类型的符号研究。这确实有用，不过只在自己文化的范围之内有用（正如罗兰·巴特与让·鲍德里亚出色地表现出来的）。当分析家参与进生产他所分析的系统的实践里时，他可能会抽离生产的问题，这样才不会对他的材料造成太大的伤害。应用于其他文化的符号分析（尤其是在没有浸入这些文化的实践就进行研究时），只能被当作一种随意强加的形式——被称为构造一种神话的神话（正如列维-施特劳斯划定人类学家的任务一样）。随意的强加是有用的——见证了人类学中各种符号和符号学派的出现，但只有在这样的条件下，使用它的人才练习了一种认识论的独裁，这反映了研究的社会和被研究的社会之间真实的政治关系。

在这些言论中，我们对符号人类学的批判集中在皮埃尔·布尔迪厄（P. Bourdieu）的反对意见，即他称之为人类学中的客观主义（主要是针对法国的结构主义提出的）上。下列段落摘录自布尔迪厄的《实践理论大纲》(*Outline of a Theory of Practice*)，对我们讨论的大部分议题进行了总结：

> 客观主义构成了这个社会世界，作为一种景观呈现给一个观

察者。在行动上，他采用了"一种视野的观点"。站在行动的背后，为的是能够观察它，并且将它转化成客体。他与客体关系的原则是，他将客体视为一个总体，纯粹是为了认识。其中，所有的互动都简化成符号的交换。视野的观点是由这个社会结构中处于高位的人所提供的，在社会结构里，社会世界看起来像是一种呈现（在理想主义哲学的意义里，也在绘画和戏剧里被使用），实践只不过是"执行"，是舞台的一部分，是表演的一种程度，或是计划的实行。（1977：96）

第五章　总　结

应当对这些僵化了的制度唱一唱它们自己的曲调，迫使它们跳起舞来！

——卡尔·马克思[1]

所有知识在它们产生的那一刻，都是有争议的知识。

——加斯东·巴什拉[2]

将其公式化之后变成一个问题，这些讨论的主题是：人类学怎样定义或建构它的对象——他者？寻找问题的答案须由一个命题做引导：人类学的出现和建立都视自身为一种异时性话语；它是关于处在另外的时间之中的其他人类的一种科学。这是一种话语，它指涉的对象已经从语言和书写主体的现在之中被排除。如此"僵化了的制度"是一桩

---

[1]　"Man muss diese versteinerten Verhältnisse dadurch zum Tanzen zwingen, dass man ihnenihreeigeneMelodievorsingt！"（马克思：《〈黑格尔法哲学批判〉导言》，见《马克思恩格斯文集》第1卷，7页，北京，人民出版社，2009。——译者注）

[2]　"Touteconnaissanceprise au moment de sa constitutionestuneconnaissancepolèmique．"（巴什拉，1950：14）

丑闻，人类学的他者，最终是我们同时代人中的另外一群。无论其目的是否出于历史性的(个体论)抑或一般性的(律则论)，不通过研究将知识与特定的人群或社会相扣连，人类学是难以为继的，否则它就不是人类学，然而形而上学的思考掩饰了它作为经验科学的特征。仿佛人群之间与社会之间的关系那样，研究者和被研究者、人类学与它的研究对象之间关系的政治性也是不可避免的；知识的生产发生在处于社群之间、阶级之间和国际性关系的公共论坛之上，在我们这个学科产生和影响其成长与分化的历史条件下，同时资本主义及其殖民—帝国主义也扩展到每一个社会，这些社会也成为我们的调查对象。随着这些问题的出现，昂贵的、侵略性的和压迫性的社会，即我们集体不正确地称之为"西方"的存在，需要"空间"供其占领。更深刻、更有问题的是，他们需要"时间"来调节其单向性的历史方案：进步、发展、现代性(及其反面镜像：停滞、不发达、传统)。简言之，政治地理具有其在历史政治上的意识形态基础。

一、追溯与总结

政治空间和政治时间都不是自然资源，它们是以意识形态来解释权力的工具。大多数帝国主义理论家是准备好承认空间政治的。很长时间以来，帝国主义所宣扬的占领"空地"的权力是被认可的，为了人类共同的利益，未开发的、不发达的空间应该为他们所用：一个怪异的谎言久已存在，即为了人性之中的一个部分的福利，为了这一部分当中的一小部分社会，以及最后，为了这些部分社会当中的一部分，它的统治阶级。但是大体上，我们仍然同样处于谎言的虚构中：在人际间和群体间，事实上，国际时间是"公共时间"——这就是被那样的权力所占领、测量及分配的。

这里有证据——就我所知尚未有人类学史家涉及，诸如公共时间这样的政治理念，是在人类学家的帮助之下在第二次世界大战之后的年代里发展起来的。可能，这是为了填补相对主义的文化花园之间的空隙，其时在大国之间灾难性的冲突之后，就在大多数前殖民地取得政治独立的前夜，以激进的方式继续维持时间的多元化已经不再可能。新国际秩序的理论家和雄辩家们认识到，要保卫西方的地位，就需要提供一个客观的、跨文化的时间媒介，使之成为关于变化的理论，并在其后数十年间统治西方社会科学。①

菲尔莫·诺斯洛普(F. S. C. Northrop)是这段时期的一位重要人物。作为一个思想家，他在程序指令与综合逻辑、科学哲学、政治理论以及国际法等方面取得了令人惊异的成就，他的乐观主义影响波及西方科学发现的新门槛。仅仅几小段简短的引文难以评判他内容丰富的作

---

① 有关当时的时代精神的一份文献，是朱利安·赫胥黎(Julian Huxley)的《联合国教科文组织：它的目标与它的哲学》("Unesco: Its Purpose and its Philosophy", 1949)。他曾于1946年担任联合国教科文组织筹备委员会的执行秘书。尽管他坚称他的言论仅代表自己，显然他在决策中很有影响力，而且为委员会提供了一个现时性的立场。他认为，国际文化政策的客观性基础，必须立足于"科学方法"的"进化论途径"，如一种关于变迁的跨文化理论。无疑，他的头脑中装着人类学的想法："在现实王国与价值王国之间必须的桥梁……能够以社会科学来加固，办法是力图将科学的方法应用于价值方面。"(1949：315)

品，不过，找出一些诺斯洛普的想法有助于我们澄清有关时间的政治用法的讨论在人类学中扮演的角色。可以借助于他的标题性短文《政治学的新途径》（"A New Approach to Politics"）再现这样的场景：

> 今天世界的政治问题，无论国内还是国际，人们的心智状态与风俗是核心的，他们的工具是第二位和往后的——无论这些工具是经济的、军事的、技术的或者某种意义上的莱因霍尔德·尼布尔（Reinhold Niebuhr）牧师的末世论。因为习俗是人类学和社会学的，当代政治也必须是。（1960：15）

诺斯洛普非常希望从人类学出发掌握主动，来刺激人类学家明确讲述他们对国际关系的贡献。有一次，当他担任关于"跨文化理解"①研讨会的协调人时，他声明自己是被两个假定引导的。一个是人类学文化相对论的学说，他以它作为适宜的国际多元主义的哲学与事实基础；另一个是他对爱因斯坦的空间—时间的假定所做的认识论影响的诠释。在另一个方案中，诺斯洛普也用他在其他文章中描述的推断，并视其为"任何人都有的、关于同时间在空间上分散的事件的、公共性的有意义的知识"（1964：10）。当文化相对论假定提出问题（文化的多

---

① 诺斯洛普有资格承担那样的角色，因为他是《西方与东方的交汇》（The Meeting of East and West，1946）的作者，又是《意识形态差异与世界秩序》（Ideological Differences and World Order，1949）一书的主编，后者的撰稿人包括比德尼［《元人类学的概念》（The Concept of Meta-Anthropology）］和克拉克洪［《纳瓦霍印第安人的哲学》（The Philosophy of the Navaho Indians）］。

样性作为空间上分散的事件），这是爱因斯坦的相对性概念为诺斯洛普提供的解决方案。"公共"的时间提供了有意义的同时性，亦即一种自然的同时性，因为它是中性的，并独立于意识形态或个人的意识。①在这样的方案中（我相信，这与列维-施特劳斯所依赖的中性结构相同），同生性作为"有问题的"不一样的同时性，与意识的不同形式存在矛盾或冲突，因而从国际关系的议程中被移除了。被诺斯洛普视为最高成就的人类学，就继续扮演着视距离为文化差异的供应者的角色。距离，反过来成为进步所需的动力，这样才能在时间中克服。

这是一个人类学本有可能做得更多的自我批评框架，远超过为其负疚进行全球性的忏悔或在理论上和方法上实行特别的调整，以配合新殖民的形势。现在，让我概括一下我努力为我们面对的谎言描画的粗略轮廓。

第一章铺陈了论述的术语。现代人类学的出现与新的时间概念的出现是密不可分的，这是由于彻底世俗化的犹太—基督教的历史观念被唤醒。这一转变的发生，首先牵涉到一个历史性时间的时代，它从环地中海阶段延伸到整个世界。这一转变一旦完成，在空间中的移动也可能成为世俗化的。旅行成为科学的概念，意味着人类历史就时间/

---

① 诺斯洛普的观点间接地表述在对伯格森的评价中："因为伯格森假定能够找到一种就公众意义而言对神经学的认知和与之相关联的内省记忆，他重新陷入了他的纯哲学。那是用来解释主观印象的艺术和有关时间的内心活动的自省，他对公共时间感到困惑，称其为'期限'，但是这对公共空间和时间而言仍然没有什么意义。其中的共同事件和事物，或者一种公共的自我，都属于他所称的'事实的编造'或者'思维的误用'。"（1960：51）引自论文《精神病学认知与自省观念》（"The Neurological Epistemic Correlates of Introspected Ideas"）。

空间而言的"完成"。能够称为狭义的人类学的研究项目和机构的出现始于 18 世纪末。现代人类学的先驱者在 18 世纪已经被称为"时间的航行者"①，这是一个既能够接受又容易记住的特征，其魅力在于它以时间为前提，以在空间中的旅行为结果。如果认为启蒙主义的时间概念是经验性归纳的简单结果，那就天真了。作为"神话史的理由"，他们是意识形态的建构与投射：世俗化时间已经成为占据空间的一种工具，成为一种封号，向其拥有者授权，为了历史去"拯救"世界上广阔的领域。

　　不过，相较于最终的自然化，世俗化的犹太—基督教时间是温和的变革。最终的自然化经历了几代人，直到 19 世纪头三分之一才完成。时间的自然化涉及一定量的早期年代学的爆发，其条件是在没有超自然干预的情况下有足够的时间来说明地质学史和生物进化的过程。就质而言，它以共同范围的时间和共同轨道（或宇宙）的空间为基本条件，完成了一般化的过程。自然史——一个在时间和空间的共同范围未被接受之前尚无法想象的概念——建基于完全的时间空间化的概念，并提出了作为文化进化科学研究的人类学范式。这表明它关注的是进步和"历史"，但是，因受到地质学、比较解剖学和相关科学学科的启发，它的理论和方法是分类学的而非起源与过程的。最重要的是，在允许以表格化的分类空间来为时间排序的情况下，19 世纪人类学支撑了一个意识形态的工程。通过它，就西方与西方的他者之间及人类学与它的对象之间的关系而言，人们不但认为它们之间有差异，而且在

_____

　　① 这是洛伦·艾斯利（Loren Eiseley）的《达尔文的世纪》（*Darwin's Century*，1961）一书中有关德马耶（De Maillet）、布封以及其他人的其中一章的标题。

时间"以及"空间上都有距离。文艺复兴时期和启蒙时期的哲学家中的史前人类学家们，通常接受野蛮与文明是同时性的或者同时间共同存在的观点，因为他们确信，文化不过是他们所感知的差异的常规特征①；进化论人类学家则认为不同的"特征"是自然法则运作下不可回避的结果。当原始社会被分配到进化论设计方案中的某些时间段上之后，遗留下来的是抽象的、仅仅是自然法则的物理的同时性。

处于学科成长和分化之中时，进化论备受攻击，而且在被当作统治性的人类学范式而几乎被抛弃的时候，它所建立的现时性概念却始终没有改变。长期以来，它们都有共同的认识论基础，也是竞争性的学派和方法间共同的论述风格。因为物理性的、典型化的和诠释的时间概念影响了人类学的转向或趋于一致，每一个概念都成为一种趋向于某一端的工具，以保证人类学的他者仍旧处于另外一个时间之中。

这里有一个历史性的发展，它防止了人类学最后溃散为"现时的幻觉"，防止它成为一种自我制造过程中幻想他者的话语。那是个无可置辩的规则，即需要做直接与他者发生个人碰撞的田野研究。从此，民族志就是活跃的，而非一种简单的信息方法或类型。它就一直被视为

---

① 记住蒙田以他反讽式的评论结束了《食人族》（"Des Cannibales"，偶然地，基于与其中之一的交谈）一文："所有这些都不算糟，但是，想象一下，他们是不穿裤子的。"（"Tout cela ne va pas trop mal：maisquoy! ils ne portent point de hault de chauses. "）参见蒙田［1925（1595）：248］。两个世纪之后，格奥尔格·福斯特写道："我们从未想过我们与我们所谓的野蛮人是多么的相似，相当不适当地，生活在另外一个大陆上的每一个人都被那样称呼，而且说他们没有按照巴黎的流行式样来着装。"（"denn wir bedenken nie, wie ähnlich wir den Wilden sind und geben diesen Namen sehr uneigentlich allem, was in einem anderen Weltteile nicht parisisch gekleidet ist. "）参见福斯特［1968（1791）：398f］。

人类学知识自身的合法化——就任何学术派别而言，不论其提出的科学概念是否为理性的演绎抑或经验的归纳。田野工作与人类学实践的结合也带来了几种后果，就社会学而言，田野研究巩固了人类学作为一种科学的学术性学科的制度性地位，它以训练新成员并使其社会化为原则性机制。可是，就认识论而言，田野研究的原则使人类学成为一项充满困惑的事业，因为它产生于现实实践中的矛盾的现实，这又提示我们，更加不能忽视的是，民族志研究同样也被看作是由基于"科学的观察"的实证主义经典支配着的。一旦我们意识到，田野工作是与他者交流互动的一种方式，我们的实践必须基于同时性，基于共同主体间的时间，以及交互性的社会同时代特性，这是一个介乎研究与写作之间的矛盾，因为人类学的书写之中充斥着异时性话语下的策略和手段。[①] 那样的民族志所涉及的语言交流，当然不是一种及时的洞察[德日昂多（Degérando）坚持这一点，参见 1969：68 ff]。然而，语言的重要性一直被认为是方法论的。因为语言学的方法主要是分类学的，"语言学转向"实际上强化了人类学话语中的异时性倾向。

有一些方法可以回避这个矛盾。人们可以将理论话语与经验研究分开，或者积极替矛盾辩护，坚称田野工作是人类学的职业化所必需的，是一个入会仪式，是附着于人类学思维实质的一种社会机制。这两种策略都只提供了一种掩饰，无法解决矛盾。更糟的是，它们阻塞

① 关于"民族学的语言学方法"，参见海姆斯（1970）；关于"交流的民族学"，参见施米茨（Schmitz，1975）；关于认识论问题与"言说的民族学"，参见我的论文《统治与过程》（"Rule and Process"，1979a）。

了发展批评性洞见的可能性。这样的可能性是说，仪式性地反复面对着他者，亦即我们所称的田野工作，可能仅仅是西方与它的他者之间总体上的争斗中的特例。帝国主义者和许多（西方）帝国主义评论家长期坚持这样一个神话，他们以同样的方式说，某个单一的、决定性的征服者占据或者建立了殖民政权，这个神话还以另一些类似的概念，如突发性的非殖民化和成功实现独立作为它的补充。这两种策略，也都对给定的适当理论的重要性持反对立场，来掩盖重复的压迫性行动的证据①、和谈运动和镇压反叛，无论这是以军事手段、宗教和教育的引进、行政性的措施，或者以目前更为常见的方式，即打着外国援助旗号的复杂的金融和经济操作进行的。提高进步水平、先进性和发展等项目计划的意识形态功能，都隐藏了帝国主义扩展所依附的当代条件。我们不能排除这样的可能性，即在最后，由上千有追求有成就的人类学先驱者建立的田野研究中的重复性规则，是长期以来持续地维持西方及其他者的特定关系类型的一个部分。为了维持和更新这些关系，一直以来都需要将同时间的他者视为权力和/或者知识的对象；将这些关系合理化并使之在意识形态上正当化，一直是异时性距离化策略必须做的。田野研究的实践，即便就其最为例行公事和职业化的层面而言，都一直是政治对立关系的客观反映，并且类似地，这从来

---

① 尽管这是被 F. 法农（F. Fanon）及其他人认可了的，但是仍然有必要提醒我们自己一个事实，即殖民主义政权"其目的是重复性地战胜反抗"［参见万巴-迪亚-万巴（Wam-ba-dia-Wamba）讨论非洲哲学的一篇论文，1979：225］。关于持续性镇压的总括性问题，参见 S. 阿明（S. Amin，1976）。

都是一个激进的人类学批评的出发点。①

这些总结需要明确、简单、直接。同时，我们必须避免在总结时犯从结果上简单带出知识成果的错误。在第二章中，我分析了两个我称之为对同生性的抵赖的策略。相对主义存在于它多样化的功能主义和文化主义之中，毫无疑问是以其浪漫化的反应来对抗启蒙思想中的理性绝对主义的。但是就文化创造中的历史独特性而论，浪漫主义的理念过于脆弱，显得盲目地反常。其开端可能是一种违抗运动，一场抵抗法国知识帝国主义的人（及知识分子）对"我们的时间"的挪用的运动，但很快就变成了将时间密封包装为"他们的时间"，或者以分类学方法来应对文化。总之，这是一个忽略时间的借口。那一章的目的是描述如何实现对同生性的否认，因为它表达了现代人类学中控制性的趋向。由于以持续的努力来与这些控制性的趋势对抗并没有获得足够的关注，当然就留下了一个历史性的断裂。我怀疑这种情况很快会改变。随着人类学史料学的继续发展，有关这些学派和思想者在我们学科中"成功"的故事会获得赞誉，我们不能指望从中发现多少能够让我们鉴别其失败的东西。

通过展示异时论作为人类学话语的普遍性策略，我在第三章中努力以更有针对性的方式说明这个问题。在上述讨论中，我针对的是与

---

① 这已经被很多人类学评论注意到了，特别在法国，参见勒克莱尔（Leclerc，1971）对非洲研究的批评性说明，以及若兰（Jaulin，1970）关于拉丁美洲民族学的讨论。相似的脉络，参见迪维尼奥（Duvignaud，1973）和科潘（Copans，1974）。更近期的研究，可参见安塞勒（Amselle）主编的一本论文集（其中许多文章都在讨论若兰的论题）。

人类学进取性的异时论牢固确立同时建构起来的一个更有说服力的问题：我们能否接受这样的主张，即人类学关于它的对象的异时性概念，可能实际上是不相干的，因为那个对象竟然"仅仅"是符号的？如果他者是符号化的他者，回到论题，就话语而言，这个他者仍然是内在的；他者是在符号关系中被赋予意义的，并且不能与"真实"关系的牺牲品相混淆。就一点来说，当它用于分析错综复杂的现时化的事物时，我们发现符号的方法是有用的。然而，当我们开始从一般化的思考进入对两个特殊的话语实践——民族志的现在与自传性的过去——的反思时，我们发现了严重的局限性。在这两个例子中，符号化，即自足性的语言学解释的实证备受其逻辑上的"漏洞"的折磨。这些漏洞是批评性分析在考察交流性实践（或者文字上的约定）与科学活动的政治经济之间的关联性时发现的：时间，人类行动和互动之中真正的时间，渗透进了我们所建构的作为知识表征的符号系统之中。我们可能要考虑，听从塞雷斯的建议，建立一种符号性的关系，尤其假如它是一种关系的分类学，那它本身就是一种现时性的活动。当假装在一个分类的平面空间上运动时，分类学者实际上立足于现时性的斜面——向上的山坡，或者逆流而上，以他的科学愿望为对象出发。

文化的符号理论不可避免地要以解码的主体和编码的客体之间的时间的距离化为基础，这一主张显而易见难以"符号化地"展现出来；这样一个计划必定迷失于符号关系与符号关系之间无限次的回归。这里有一个要点，即就此符号理论必须从意识形态上来质疑，它们是基于什么样的知识理论假定的，或者什么样的知识理论能够从人类学带出的符号理论的历史中被推断出来。第四章就力图探究这样的深入联系，从而具体追溯当前突出的符号语言学和符号学长期在视觉和空间知识概念中的历史。尤其是，我将"象征人类学"置于由"记忆的艺术"和拉米斯教学法掌控的传统情景中。那一论题的要点在于，文化的符号理论是有关表征的理论，而非有关生产的；是有关交换或"一系列大流量"①的，而非有关创造的；是关于意义的，而非有关实践的。潜在地，而且可能不可避免地，他们倾向于去巩固一个异时性话语的基本前提，其中他们一致地将能指的"此地"和"此时"（形式、结构、意义）与"被认识者"连为一体，而将所指的"彼地"和"彼时"（内容、功能或事件、象征或图像）与"认识者"连为一体。就是因为这样决绝的视觉—空间表述，它在知识的转换中的权威性角色被我称为"视觉的修辞"。只要人类学对它的对象的呈现主要地如我们所见，只要民族志知识主要认知为观察和/或表征（就模型、象征体系之类而言），它可能就是执意要抵赖它的他者的同生性。

二、争论的问题

我想，对时间距离化彻底的解释会困扰许多读者。我的意图并不是

---

① 格尔茨(后附赖尔的参考文献)假设思想是由"一系列重要的象征符号构成"，这种观点"使得文化研究成为和其他任何学科一样的积极的科学"(1973：362)。我怀疑他宁愿不要被提醒诸如刚才所引的，因为他曾经在近期的著作中主张现象学立场。是否人们可以两者兼顾，即有意为之的一种代表性的文化理论和一种现象学的方法，就如伽达默尔的意见，这在我看来是值得讨论的。

示范一个否定人类学的总结。相反，我是要整理纲领性的计划，以去除可辨识的意识形态的手段和策略。一直以来，那些策略和手段在护卫着人类学免受激烈的认识论批评。我相信，异时论不仅是由偶然性的间断组成的，它还是一种表述性的政治宇宙观，即一种神话。就像其他的神话，异时论倾向于建立一种对我们的话语的总体性把握，因此必须以一种"总体的"回应来满足它。这并不是说批评性的工作就可以一蹴而就。

这样的计划必须作为一种争论来完成。不过，争论不仅是一个关乎形式或品味的问题——许多名著在学术礼仪上的品味就很糟。争论关乎论题的实质，如果它表达的意图处在作者的对立面，或者是作者自己所反对的观点，并以对抗性的方式来陈述，这种论述方法会为了"尊重"他的立场，不掩饰对他者不加理会的真实态度，也不拒绝其他出格的观点。同生性的理念当然必须引导人类学话语中同生性被抵赖的那些批评，这可能是一个乌托邦式的目标。我注意到某些大概被标记为"某某论"的趋势与途径的方法，就刚好接近对异时性的无视。例如，人类学家使用的术语"泛灵论"(他们发明这个词是为了便于将原始心智与现代理性相分隔)作为一种工具，用来说明某个对手已经不会出现在当代的辩论场上了。[①] 那一类从历史进程的上游出发的立论不是生产性的，它不过是再生产了异时性的话语而已。比较而言，争论的

---

① 克鲁伯和怀特以泛灵论作为他们在辩论中漫骂的对象(参见比德尼，1953；110)。列维-施特劳斯说萨特的实践惰性概念就是"相当简单的复兴了泛灵论的语言"(1966：249)，而且在同样的语境中，他批评萨特的《辩证理性批判》是一种神话，因此是一份"民族志文献"(是什么制造了萨特——一个"原始人"? 参见斯科尔特关于这一讨论的评论，1974a：648)。

不敬之处在于，或者应该是，对知识生产的同时性条件的承认。

上述种种，是指向未来的争论。通过征服过去，它在为想象未来理想的道路而拼搏。它被规制为一个计划，并且认识到许多需要去超越的观念，都曾经是自我服务式的、利益导向的和客观的、项目计划导向的。进化论建立的人类学话语是异时性的，却也是一种超越自然科学与人类科学之间僵化分裂状态的尝试。传播论被实证主义的学问所终结，它也希望通过严肃地看待其在地理空间中"偶然性"的散布来为人类的确凿历史辩护。相对论文化主义将文化封存在文化花园中，由它衍生的许多类型的有关人类整体性的讨论又与种族决定论分庭抗礼。① 无论有多么不同的样式，种族决定论仍然是一个以分类结构主义来实施的项目。

所有的这些努力和争斗都是现时性的，并与对人类学的批评同时涌现。为了将他们一同纳入对异时性的历史解说，使它们都成了过去而不再时尚，它以那样的过去进入了现实中的辩证法——假如它承认同生性的话。

另一个反对意见可以用后续的简捷方式来说明：实际上你是不是在以研究人类学对时间的使用来混合异时性，同时却对其他文化之中

---

① 我肯定这些文章值得注意的明显缺失是种族问题，在人类学兴起的过程中否认它的重要性是荒谬的（参见斯托金，1968）。经过反复思索，我认为我在讨论种族问题上的失败，应该跟我所受的训练没有把它视为一个问题的事实有关（而且这可能是介于学术和广义上的美国社会之间的裂痕的反映）。另一个缺陷的原因是，人是难以面面俱到的。我认为一个清晰的有关异时性的概念，是种族主义批评的前提和框架。从遗传学和心理学进行的对种族主义思想的批驳是有效的，但是它们远没有从意识形态和从宇宙观概念上进行的批驳走得更远。

的时间概念漠不关心？并没有什么简单的方法来与反对意见交锋。我不会接受这样的定论，即西方人类学如此腐败，以至于任何未来的活动，包括来自其内部的批评都只是在恶化这一形势。我也相信，同生性理论的实质，以及同生性的实践，都会成为事实上与他者的时间相冲突的结果。我并没有准备就此提出一个意见，说明多少关于时间的民族志已经完成。如果说我的讨论有何价值，是人们能够预见，人类学在研究了尽可能多的地域内尽可能多的时间之后，反而成为自己的障碍，与人类学他者的同时代性产生了冲突。这会让人类学懂得谨慎。对同生性的抵赖是一项政治行动，而非仅仅是一种话语现实。在我们自己的时间中，他者缺失了，而以在场的模式出现于我们的话语中——作为对象和受害者。这就是需要去超越的，更多有关时间的民族志并不会改变这种局面。

其他问题更让人烦恼。同生性理论，即在这些论点中暗示了（但绝非完整地发展了）一种对他者实施终极的现时性吸收的计划，就像那种需要将现实的历史说成一个"世界体系"的理论一样。这样的理论是否完全被垄断所控制，即被国家—资本主义所控制？[①] 当我们声称他者一直是某种政治受害者时，那么，我们是在主张西方曾经是胜利者，然后继续利用社会变迁、现代化等的理论来"解释"那样的情况。如此

---

① 毫无疑问，时间政治为人类学发展提供的动力，多少跟沃勒斯坦（Wallerstein，1974）所做的现象分析有关联。但是我看到主要问题在于作为概念的系统本身。它能够永远与同生性相调和吗，比如，一种辩证的关于时间的概念？卢曼（Luhmann）似乎往这方面想，可是我发现他的论点最后没有说服力，可参见他的重要文章《未来不会开始：现代社会的时间结构》（"The Future Cannot Begin: Temporal Structures in Modern Society"，1976）。

说来，历史的能动者们就是那些掌握了经济、军事和技术性的权力的人。简单来说，如果我们接受统治是一种现实，是否我们就不会与统治者们合作？或者，如果我们掌控了政治—认知的利益，即西方人类学一直在操作和控制的关于他者知识的利益，并且这是真实的（就如我们学科的评论家们所指出的），那么，科学实证主义的指向所培养的专横方法，就一直在阻止人类学真正"通过"并进入他者。我们可否这样来总结，即经过许多盛大却不成功的发展"关于人类的科学"的努力，西方人类学是否有助于从总体的疏远中拯救其他文化？

最后，是否有什么标准，通过它可以将两者进行区分——作为一种统治的条件而被抵赖的同生性，需要与作为解放行动的同生性相区别。

这些问题的答案是，如果有什么是属于当前时间的，是否必然要依赖于同生性。如果它指的是单一性的时间身份，同生性就某种挪用的理论（例如，一种救世的历史或者一种有关原因的神话历史，就这样的观念来说）而言，实际上会是大量的。因为在这些论文中，它被理解为，同生性意在承认同时代性是基于人们之间及社会之间真正的辩证对立的存在条件。它的作用是反对不实的辩证法概念——所有那些打了折扣的二元论抽象化概念，那些以对立来伪装的概念：左与右、过去与现在、原始与现代。传统与现代性并不是"对立的"（符号性的除外），它们也不是"冲突"的。所有的这些都是（糟糕的）隐喻性的说法。那些对立的、冲突的，实际上是被封锁在对抗性斗争之中的。它们并不是处于不同发展阶段的同样的社会，而是不同的社会在同样的时间互相面对。正如 J. 迪维尼奥（J. Duvignaud）及其他人提醒我们的，"野蛮人和无产阶级"都是处于平等的位置而与统治者相对（参见 1973：第 1 章）。即便马克思在 19 世纪没有对那样的平等给予足够的理论关注，也是可以谅解的，某些当代"马克思主义"人类学家却不能够谅解。

马克思主义人类学的问题在我的头脑中并没有得到解决。[①] 部分是因为我们（在西方）缺乏马克思主义民族学知识的生产层面的实践。由于这样的实践基础的缺乏或者发展得很糟，大多数以马克思主义人类学为名的发展总体上远不如马克思和恩格斯形式的理论实践多。这些活动有它们的价值：其中最优秀的有助于挫败早期的方法和分析。它们与剩余的不连贯攻击相始终，不过，由于它们的作者也与资产阶级实证主义人类学的某些基本假定采取相同的立场，所以他们都关注民族志资料的性质并使用"客观"的方法。

当我们以本书的视角来检视，另一个同马克思主义人类学有关的甚至更严肃的问题就浮现出来：人类学对象的建构。就什么意义而言，我们能够说马克思主义人类学就我们深深根植于异时性倾向之中的话语提出了相反的观点？人类历史的异时性分期在马克思主义分析中扮演了如此重要的角色，它是属于马克思主义思想的实质内容呢，或仅仅是对 19 世纪的某种继承的形式？在"西方与西方之其余"构成部分之外的社会中，人类学话语中的他者是如何建构的？虽然处于与资本主义世界敌对的状况之下，这些社会也已经建立了与殖民扩张以及近期

---

① 而且在人类学家的头脑中，问题仍然存在，他们一般认为所有著作都是马克思主义的，参见戈德利尔（Godelier）的序言（1973），M. 布洛赫主编的文集（1975，特别是其中弗思的文章），以及埃伯利思（Abeles，1976）书中的第一章。

以来在外国援助下发展的、与之相似的范畴。是否常规化的世界革命能够解释一种与资本主义市场不一样的他者?①

三、同生性：出发点

通过与黑格尔针锋相对的批评，思考这些问题的人提出了一个关于同生性的理论纲要。这里就我如何看待黑格尔洞见的几个发展步骤提一点评论。对此，我要指明的是出发点，不是解决的方法；诉诸哲学史之类的做法并不能拯救人类学的历史，这里没有对"黑格尔式"人类学的需求。必须要去发展的是一种过程的和唯物主义的理论要素，以恰当地抵抗分类学和代表性方法的霸权。我们认识到这样的霸权是人类学的异时性导向的主要根源。② 主张同生性，对抵赖同生性就不会"有好处"。批评仿佛出于否定之否定，它呼唤结构主义的劳动，目的是不能简单地建立一种针对西方资产阶级人类学的马克思主义的"另类"，要不然人们就不得不祈求被认可，那也不过是要求被承认为另一种范式或科学的文化花园。

上述所说的这些，就一种共生性理论而言，其出发点在哪里？第

---

① 迄今对苏联民族学的认识，仍然不太清楚。这是因为斯蒂芬和埃塞尔·邓恩(Ethel Dunn)虽然发表了那篇重要的《苏联民族学导论》("Introduction to Soviet Ethnography"，1974)，但是他们的解释引起了流亡的苏联人类学家很大的争议，如大卫·齐尔伯曼(参见 1976，包括邓恩的回应)。

② 有些讯息显示，人类学已经在发展这样的理论性要素，参见布尔迪厄(1977)关于实践的理论，弗里德里希(1980)关于语言学的物质混沌方面的问题和古迪关于交流中的物质条件的论述，诸如此类。

一步，我相信，必须恢复总体的观念。在这些文章中，几乎所有我们接触过的方法都肯定了一个概念——在一定程度上。这就解释了为什么关于文化的(总体化)概念能够为不同的理论流派所接受。在实践上，每一个人都同意，我们能够理解另一个社会，仅仅是在程度上我们把握到作为一个整体、一个有机体、一种结构形态、一个系统的社会。不过，这样的整体观，通常会从两方面错失它所明言的目标。

第一，坚持文化是一个系统(精神气质的、模式的、蓝图的，等等)，这个系统"通知"或者"规范"了行动，而整体上的社会科学失之于提供一种实践的理论；它托付给人类学的责任永远(如果不是完全强迫的)是动机、信仰、意义，以及从一个外在及俯瞰的视角来研究的社会功能。道德上的服从、对美学的遵循，或者系统性的整合，作为过程中辩证概念的糟糕替代品，也投射到其他社会身上。就如克鲁伯所展现的，塔尔科特·帕森斯以及由更近期的马歇尔·萨林斯所展现的，文化因而被本体论化，即假设有相分离的部分的存在。这些所谓有关社会的整体性的理论，反过来引出了以马文·哈里斯(M. Harris)的文化唯物主义为代表的那一类欺骗性的解决方案。

第二，设想一种有关实践的理论失败了，也阻止了这种可能性，即针对那些准备要予以驳斥的实证主义认识论立场，将人类学理解为一种行动，它是它的研究之中的一个部分。科学的客观主义和诠释学的文本主义常常互相排斥。[①] 人类学中的"我们"因而仍然作为一个排

---

① 就这一方面，是布尔迪厄对现象学诠释和结构主义解码的准同义的合理化应用(参见 1977：1)。另一个问题是，这对近来提出的现象学批评是否公平。

他性的"我们"，将他者斥于外，置于所有理论化层次之外，仅仅除了意识形态昏迷的状态。在这一状况下，每个人都空口说"人类的整体"。

在黑格尔的声明中，最令人愤慨的一直是那些对历史过程中的包罗万有性的论定——它的完整性——以及作为一种后果，不同的"瞬间"同时涌现并通过它们，从整体来认识自身。在《精神现象学》中，他说："理由（Vernunft）现在在世界上有一个总体的利益，因为它确实出现在世界上，或者，现在是有理由的。"［1973（1807）：144］

诚然，"有理由的"等同于"现在"那一类等式，可用来证明进化论者的政治现实。这是说事物的某种状态必须被接受，因为这是一个现在的真实。马克思批评黑格尔单就这一点进行阐说，同时他强调，同黑格尔一样，他视现在为历史分析的框架。在这里，现在被认知了，并非作为一个时间上的点，也不是作为同时间一起存在的基本行动，即生产和再生产——吃、喝、提供庇护、衣服，"以及几种其他东西"。在《德意志意识形态》中，马克思嘲笑德国历史学家和他们视"史前"为一种推测的领域，一种外在于现在的历史领域的嗜好。在研究社会组织原则时，不能够视其为神话时间的起源，也不能够将其简化为不同阶段的建构。社会分化的形式必须被视为某些"瞬间"，其中，"有史以来，甚至从人类存在开始，就已经同时存在着并且仍然决定了历史"（1953：355 f；我的强调；也参见 354 f）。这是"人类之间以他们的需求和生产方式为条件的唯物主义联系，而且是与人类同样古老的联系"（同上，356）。的确，就需求的概念而言，还有很多问题；而且马克思并没有回到时段、时期和阶段（即便在我们刚刚引用的文章中也没有），但其要点在于，黑格尔学说有关历史动力的总体性观点，其中包括认识时期的同时代性，这让马克思预备构想他关于经济是政治经济的理论。同样的认识成为他对蒲鲁东的批评的基础：

> 每一个社会中的生产关系都形成一个统一的整体。蒲鲁东先生把种种经济关系看做同等数量的社会阶段，这些阶段互相产生，像反题来自正题一样一个来自一个，并在自己的逻辑顺序中实现着无人身的人类理性。
>
> 这个方法的唯一的短处就是：蒲鲁东先生在考察其中任何一个阶段时，都不能不靠所有其他社会关系来说明……当蒲鲁东先生后来借助纯粹理性使其他阶段产生出来时，却又把它们当成初生的婴儿，忘记它们和第一个阶段是同样年老了。①

这正是《哲学的贫困》要传递的信息，那是路易·阿尔都塞(L. Althusser)对马克思的结构主义诠释的一个基本论点。在《阅读〈资本论〉》(*Reading Capital*)中，他总结道："实质性的问题是要颠倒反思与思考的顺序，要理解此二者，首先要理解总体性的特殊结构。以这样的形式，它的肢干与基本构成的关系是共同存在的，并且是历史特有的结构。"[1970(1966)：98]阿尔都塞的解读中的有效要点是要说明，不能仅仅将马克思视为另一个历史主义者。马克思对社会思想批评的贡

---

① 《马克思恩格斯文集》第 1 卷，603 页，北京，人民出版社，2009。——译者注

献在于他的激进现代主义，不管马克思特别是恩格斯，常常被引申到多少次的革命性谈话，其中包含了一种否认对异时性距离化的理论可能性。其他还有同生性，但是认为所有人类社会以及一个人类社会的所有重要方面都"同样年老"（一个明显浪漫的想法，顺便，如果我们还记得赫尔德和拉采尔，参见第一章）。这并不是说，在人类历史的整体性之中，发展并没有发生在那种我们称之为年代学的连续性当中。西奥多·阿多诺（T. Adorno）在一次对黑格尔的反思中总结说，异时性的历史主义与一种辩证法概念下的同生性之间的差别，可以用他的一个难以比拟的警句来说明："没有什么普遍性的历史来引导从野蛮到人性的发展，但是有一个能够引导从弹弓到超级炸弹的。"（1966：312）

黑格尔和他的一些关键性继承人①打开了一种全球性的视野，来追问我们从人类学中特别有优势的位置上提出的问题。如果异时论树立了予人深刻影响的广阔的、根深蒂固的政治宇宙观，如果它具有深刻的历史基础，而且如果它依赖于一些根本性的西方文化的认知信念，那会怎么样？假如由某种知识理论提供的终极审判真的会到来，那么重要的工作必须直接针对认识论的，特别针对的是一项未完成的工程，即唯物主义的知识概念，"感觉的—人类活动的（设想为）实践，主观

---

① E. 布洛赫对于"同时性"与"非同时性"思考的简化因为太过复杂而难以在这一脉络下处理。我要提出的是，即便如此，对于他而言，整体性仍是核心问题，而且他所期望的对视觉主义的批评，需使用这样的概念："整体性不仅是关键性的，而且应该高于所有的非沉思性问题。"[1962：（1932）：125]

地"。具体而言，同时性研究和异时性诠释之间的实践性矛盾成为人类学的关键，成为十字路口，因为这是出发点，批评必须从这里被移除，所批评的也必须落实到这里。我们需要克服冥想的态度（以马克思的观点）并且拆除时空距离化的支柱，因为它模塑了冥想的观点。它的基本假设似乎是，知识的基本法则构成了某种方式的民族志数据材料的建构过程（排序、分类）。这些数据（这里所理解的数据），根本是超出了数据的不同层次的信息。不管人们是否假定客观真实，即现象世界之下的能够付诸实践的客观真实，都不会产生太大的影响。重要的是，某些介于某事物与它的表现形式之间原始的、根源性的分离，一件初创品与它的再生产，提供了起点。这样的决定性的分离是终极性的原因，为此涂尔干（跟随康德，就某一点来说）认识到这是文化性建构过程中原始知觉的"必需品"。这个必需品被用来建立强制性的秩序，以及一个社会需要强制建立的任何秩序。它就是那个必需品。从涂尔干的神圣与世俗的理论，到克鲁伯的超有机概念和马林诺夫斯基的文化作为"第二自然"，到列维-施特劳斯的文化与自然的终极"对立"，人类学一直主张人类是与其必需的社群捆绑在一起的。

已经很清楚而且为大多数人类学家公认，他们关心的，是明确他们关于知识的理论。但是有个问题总是留在无可置疑的假定背后，而且也是洛克现象论与经验主义者、理性主义者共同的或类似的。无论是否某人表明相信民族志或民族学是以归纳为特征，或者是否某人将人类学看作演绎的、建构性的科学（或者是否某人为一个归纳性的民族志阶段和一个建构的理论性阶段确定一种顺序），原始性的假定对知识的根源性隐喻仍然保留着其在事物与形象之间、真实性与表现之间的一种差异和一个距离。不可避免地，这建立而且强化了旁观者与对象之间在认知压力模式上的差别和距离。

从分拆概念(抽象)到覆盖诠释性的方案(强加)，从相互连接(关联)到相互配合(同形)，一些个过度的视觉性—空间性所衍生的概念控制了有关知识的一系列在冥想的理论基础之上建立起来的话语。正如我们看到的，视觉—空间霸权有其代价：第一，在知识过程中将时间剔除；第二，提升认识者和被认识者关系之中意识形态的时间化。

空间化的施行和完成处于另一个层次，那是为了在某种系统之中或者从另一个系统来安排和提取数据。就这一情况而言，不同学派的人类学因此发生分裂或者对立的情况很少见，他们把这事交付给文化的超有机概念，交付给索绪尔模式，或者马克斯·韦伯的"他们自己的法则"。实际上，甚至乡土生物学和经济决定论也应该加上去；而且令人震惊的当然还有，这些学派中有的还接受了用历史的甚至过程视角来看待文化(与他们相反的，是看重系统性和共时性的分析)。有时，所有这些学派都对通过抵抗"突然冲入的时间"来保护他们获得的科学地位表现紧张，那就是，反对对同生性的需求。因为如果人类学真的如此处理与他者的关系进而建立一种"实践"，这一需求就是必要的。人类学的异时性话语因而是一种唯心论立场(马克思的术语)的产物，并且包含了几乎所有形式的"唯物论"，从19世纪资产阶级的进化论，到当今的文化唯物论。一个最初和最基本的关于知识的唯物论假设，可能看似矛盾，却清楚意识到它的个别性或者集体性的出发点。不过，不是空洞的意识，而是"对身体的意识"，无法摆脱地与语言捆绑在一起。语言的一个基本角色必须事先设定，不是因为意识是作为一个单独有机体内在的状态而被感知的，因而它需要借助语言（最广泛的用法，包括手势、姿态、态度之类）被"表达"或被"代表"，而是在没有与有机体相分离或者禁止它的内在领域对话（forum internum）的条件下，思考意识的唯一方法是坚持它自己感觉的性质，并且就其感觉性质（在原动力行为层面上）去感知的一种方式，是将意识视为一种行动而与有意义的声音的生产相连接。因此，作为有意义声音的生产，它包含了转换的劳动、内容的成形，它仍有可能在形式与内容上有区别，这两者之间的关系进而成为意识的构成性。仅只在第二种情况下，即衍生的感觉（因之有知觉的有机体是预先假定的，而非证明性的）的关系能够被称为代表性的（有意义的、象征性的），或者因其作为一种信息的工具或载体而成为信息性的。可能来得有些突然，但就这一理由，我自己是同意乔姆斯基的。他说：

> 认为人类以特征性的信息性表达方式使用语言的想法是错误的，无论是事实上的或仅是意图。人类语言可以被用于告知或者误导，用来阐明某人自己的想法或炫耀其聪明，或简单地就是为了好玩。假如我说的话对修正你的行为或想法没有作用，如果我说的与这样的意图完全一样，那我并没有更少使用语言。如果我们希望理解人类语言并且有支持它的心理能力，我们必须先问这是什么，而非它怎样或出于什么目的被使用。（1972：70）

人不"需要"语言；人，辩证地说，传递性地理解存在，是语言（更像他不需要食物、居所等，但是是他的食物和房子）。

意识，通过（制造）有意义的声音来认识，是自我知觉的。不过，自我是作为说话和听话的自我而被完整地建立的。知觉，如果我们因此指明知识最初的萌芽超出了对触觉印象的记录，是根本性地建立在由自我与他者所制造的并听见的有意义的声音的基础之上的，如果需要有一场辩论来讨论人高贵的认识（而且有理由来质疑）应该被听，而非被看见，这会成为赢家。不是单一的观念，而是社会交流才是一种唯物论人类学的出发点。它认为在我们的头脑中，人是不"需要"语言作为一种交流的工具的，或者甚至于社会作为一种生存的工具。人就是交流和社会。

被我们拯救的是在推理的形而上学云雾中消逝的假定，我重复一下，是一个辩证的、关于这些命题之中的动词存在的理解。语言不是基于人而定的（也不是"人类的思维"或者"文化"），语言生产了人，亦即人生产了语言。生产是唯物主义人类学中至关重要的概念。

马克思既发现了语言的物质性质，也发现了言语与意识之间的物质联系。在迄今已经讨论过的见解中，下面两段话需要我们加以评论：

> 思维本身的要素，思想的生命表现的要素，即语言，具有感性的性质。自然界的社会的现实和人的自然科学或关于人的自然科学，是同一个说法。（马克思，1953：245 f，引自《1844 年经济学哲学手稿》，见《马克思恩格斯文集》第 1 卷，194 页，北京，人民出版社，2009。——译者注）

只有现在，在我们已经考察了原初的历史的关系的四个因素、四个方面之后，我们才发现：人还具有"意识"。但是这种意识并非一开始就是"纯粹的"意识。"精神"从一开始就很倒霉，收到物质的"纠缠"，物质在这里表现为振动着的空气层、声音，简言之，即语言。语言和意识具有同样长久的历史，语言是一种实践的、既为别人存在因而也为我自身而存在的、现实的意识。（马克思，1953：356 f，引自《马克思与恩格斯》(Marx and Engels)，1959：251)

　　一个关于知识和语言的生产理论（且不管恩格斯和列宁）不能建立在"抽象"或"反映"，或者由任何其他假定的根本性认知活动所构成的、脱离了某种形象或者所感知对象的标志的基础之上。概念是感觉互动的产品，它们自己基于一种感觉属性，因为其中的信息与使用是无可逃避地与语言捆绑在一起的。人们不能过于坚持那一点，因为它是语言的感觉属性，它是作为具体的有机体的一种活动，并且具体化的意识作为一种物质媒介——声音，使语言成为一种显著暂时的现象。很清楚，语言不是物质的，假如它指的是占有空间中的物体性质的手段：体制、形状、颜色（甚或相对、散布、分离等）。它的物质性基于接合，基于频率、程度、节拍，所有这些都被识别为时间的维度。这些实质上属于暂时性的特征都能够被转化或者被改写为空间关系。这是毫无疑问的事实——由这个句子证实了的。剩下的还具有高度争议性的是意识的视觉化—空间化，尤其是历史地文化地不可预知的空间化。例如，一种特定的修辞性的"记忆的艺术"，可以成为人类意识的发展的那种量度。

　　我们判断居于第二、第三层的人类学话语，即对同生性的抵赖，能够追溯到一个基本的认识论问题。它最终要落实到对借助语言进行沟通的现时物质性的否定。因为说话的现时性(有别于物理运动、化学过程、天文事件的暂时性，以及有机体的生长和腐朽)表明了生产者与产品、说话人与听话人、自我与他者的现时性。是否非现时性的唯心主义知识理论是特定的文化、意识形态与政治地位的结果，或者是否它以另外一种方式呈现，这是可以讨论的问题。不过，他们之间存在某种需要认真检讨的联系，这就不需要再讨论了。

　　我曾经坚持说，拆解人类学帝国主义的计划必须以民族志的实证主义概念作为替代方案(费边，1971)。我提倡向语言和一种民族志客观性概念的转变，这种客观性是作为交流对话、交互主体性的客观性。可能我没能说得更清楚，我要求将语言和交流当作一种实践来理解，通过这种实践，认识者(Knower)不能宣称对被认识者(Known)拥有支配权(一个认识者同样不能支配另一个)。现在看来，人类学家和他的对话者仅仅"知道"是什么时候，他们在一种与另一种同样的此时相遇了(费边，1979a)。如果支配权——为一个等级地位提出的——被预先排除，他们的关系必须被置于同样的平面上：他们应该是正面相向的。研究文化差异的人类学之所以具有生产性，仅仅当差异为辩证的矛盾领域所用才为可能。要继续宣扬并相信，人类学除了或多或少是成功的努力，即从具体经验中抽象出知识之外并非其他，而且，就此而论，如果各章所述是合理的，它所服务的总体目标和人类利益就会面临困难。为了主张原始社会(或任何现在替换了他们成为人类学的对象的)是真实的，而且我们的概念化、理论也如此，他就只能让人类学头顶倒立。如果我们能够展现关乎其他社会的理论是我们的实践——生产和再生产我们社会有关他者的知识，我们可能(解释马克思和恩格斯)将人类学打回原形。我们学科历史上利益的更替，以及专家们提出来的关乎人类学和人类学的他者相互面对之历史的问题，都需要清理而不能再回避。它们是实践性的也是现实的，它们都是在同样的土地上，在同样的时间与他者碰面的方式。

附　记　重访他者

当我打算写这篇附记①时，我的考虑是当前人类学、文化研究和后殖民理论研究中某种将异己他者化的话语，有时得到支持赞许，有时又备受责难。大部分我要在这里提出来的想法，都是事后之虑。可以说，我正回到熟悉的地方。是的，我的重返仅仅是为了发现从人类学关于他者的概念出发的各种问题，它们比过去更困难、更复杂也更多样。我的反思集中在四个方面。首先，我会只盯紧文化或社会人类学中盎格鲁—美利坚的多样性；就人们期望的，我也不讨论我们的法国同行的作品。其次，尽管不可能忽略关于他者与他者化的哲学思考，但我仅考虑在我的专业范围内提出的相关问题。再次，由于理论上的反映，我可能只提出被民族志所启发的问题——试图生产和表述有关他者的知识。我会以我自己的人类学经验性工作为中心。最后，我会更关注回顾性梳理而非指出新的方向。

---

① 基于之前发表的一篇论文(费边，2006)，依据沃尔森学院的一个演讲的笔记进行修改，于 2005 年 3 月 1 日在牛津大学沃尔森学院交稿。

一、简略的开始：人类学中的"他者"

很多次，我在人类学中谈及"他者"，却没有将它说出来。这些时机已经消逝了。为了理解发生了什么，我们还是应该从头来看。就我记得的，"他者"——术语及其背后可能的概念——何时开始为盎格鲁—美利坚人类学所用是非常模糊不清的。它没有大张旗鼓地出现在舞台之上，有人会说它是偷偷摸摸地进入学科领域中的。作为对人类学对象的一种命名，"他者"（形容词或名词、大写或小写、单数或复数，有无引号）无须比日常经验的理解要求得更多。这个术语便于使用是因为它是如此广泛，它的非常含糊不清也让我们不停地讨论所研究的主题，同时避免因为近年的非殖民化的后果而变得乏味。野蛮人、原始人、部落民以及与之类似的，都被装扮成他者。

那是我的回忆。我记忆中的起始阶段可以延伸到 60 年代初，"他者"出现在约翰·贝蒂（John Beattie）的《他者文化》（*Other Cultures*，1964）的书名中，至 80 年代初期我们发现它出现在詹姆斯·布恩的《他者部落，他者作家》（*Other Tribes*，*Other Scribes*，1982）中。我对这个专有名词一般意义的观感，也是由埃德蒙·利奇（Edmund Leach）在这一时期的作品之中确认过的："我们始于强调'他者'是如何不同，此外制造他们的除了差别，还有偏僻和次等级。在感情上，我们又采取了相对立的途径辩解说，所有的人类都是一样的……然而这并没有改变什么，'他者'仍然顽强地成为他者。不过我们现在看到翻译是实质性

问题之一。"(1973：772)①

奇怪的是，假设克利福德·格尔茨的偏好是诠释学(而且以他者性的角度来考虑诠释学)，"他者"在《文化的诠释》(*Interpretation of Culture*，1973)的索引里并未出现，并且也没有在"让当代社会科学备受折磨的巨型概念——合法性、现代化、一体化、冲突、领导魅力、结构……"中提及。② 进入 70 年代，人类学对他者的谈论，没有比苏珊·桑塔格(Susan Sontag)就更加广阔的学科知识倾向表述得更清楚的了："当代思想保证了某种形式的黑格尔主义的应用：在他者中寻找自我。欧洲从异域寻找它自己……从无文字人民当中……'他者'是从'自我'的严厉净化中经验到的。"[桑塔格，1970(1966)：185]③

正如人们期望的，《写文化》(*Writing Culture*，克利福德和马库斯，1986)——普遍认为这是迈向后现代人类学道路的里程碑——就列出了关于他者和他性的条目。它首先将我们带向克利福德的导言，其中我们看到这样的叙述，人类学学科此时从简单地将它所面临的他性作为伪装或掩饰，走向视其为一种哲学问题："服务于人类学的民族志一旦开始看重清晰地定义他者，定义它为原始人或者部落，或者非西方，或者无文字，或者无历史……现在民族学在与它自己的关系中遭

① 引述自收入《写文化》中的塔拉尔·阿萨德(Talal Asad)的一篇文章(阿萨德，1986：142)。

② "他者"(Other)与"他性"(otherness)被编入索引，并在后来的一本论文集《可见之光》(*Available Light*，格尔兹，2000)中，东一处西一处地在(多少是苦涩的)备注中出现过几次。

③ 这是我最近的发现，E. 威尔姆森(E. Wilmsen)在一篇未发表的文章中引用了它，在此特别致谢。

遇到了他者，同时视自己为他者……很清楚地，它的每一种关乎某个'他者'的视域，无论其在何处，也都同样地被建构为某一种自我。"（1986：23）

随后书中有涉及乔治·马库斯（George Marcus）的章节。他在一处脚注中表明：

> 这是人类学传统主题问题——原始的或域外的他者，那些原始的反抗，或者，相反，它削弱了人类学具有整体潜力的、长久预期的与普遍性知识趋向之间的关联度。原始人或者域外他者的形象不再引人注目……全球的趋同化比过去任何时候都更加可信，尽管去发现和表述文化多样性的挑战依然强烈，对他性在空间—时间上的维持看似过时了。而且差异最强的形式现在要在我们自己的资本主义文化领域中来定义了……（1986：167-68n）

再一次，这则评论回应了更早期的观察和克利福德的讨论，而且还加上了另外一个曲折的问题，即不仅被他性所掩饰的术语，而且对自我的掩饰也都过时了。人类学最好还是将它迷恋的异域他性放下，如果田野作为一个全球性的玩家幸存了下来。①

---

① 我所称的"另外一个曲折的问题"是指在刚刚引用的叙述脉络中仅有的一个。作为一种因全球化而消失的人类经验，它并不是一种新奇的洞察，那个关于他性的讲座在某种方式上是陈述性的。它的表达明白直率，就术语而言也与马库斯（Marcus）的和贝蒂在《他者文化》导言（参见 1964：3-4）中的用法类似。

从近期人类学的历史中作为范本的解释的角度看，他者和他性可能仅仅作为产生然后又消失的概念呈现出来。它们曾经引发过——或者至少它们曾经陈述过——某种理论性的论争和导向性的改变吗？"对他者的谈论"是否改变了学科的研究实践？人类学对他者的谈论如何联系着流动的、膨胀中的对"他者"（other）、"他性"（otherness）、"他者化"（othering）的使用？我们也不要忘记，人文社会科学中的庇护性的概念"他者性"（alterity）。我既没有能力也没有勇气做一份批评性历史的概述，来回答这些可能问到的问题。① 我应该做的反而是某种案例研究，一份有关怎样及为何"这位"人类学家要来"谈论他者"的报告，接着有些评论意在澄清我的批评立场及表面上的相似性，针对的是另外一些作者的论著。

二、在时间与他者中的"通往他者之路"

我的目的是追溯人类学讨论他者的起始。其实这是困难的，结果也多少是没有说服力的。这令人非常尴尬。在通过自己的工作来追溯术语和概念时，我发现这不是件容易的事。最好的故事是说我可以从记忆及对大半已经快被遗忘的早期作品漫不经心的检查中将它重构出来。

---

① 作为人类学的术语和概念的"他者"，其历史应当写下来——一个能够永垂不朽的计划，特别是如果有深度地与相关工作关联［提出两个例子：哈尔托赫（Hartog），1980；托多罗夫（Todorov），1982］并纳入讨论。

有人已经看到，我所接受的美国人类学训练基于之前坚实顽固的神学和哲学基础，两者都是我在奥地利和德国学到的。考虑到这一点，我得说我从欧洲的阅读中所带走的是马克思主义的——如果马克思早期的作品也算数的话，以及大量的现象学和诠释学著作如果也能够被贴上马克思主义的标签的话。一个含糊的胡塞尔理论的观点，他者，是我知识行李的一部分，而且只期待着它能够赋予我以批判的态度对待占尽优势的"科学"，即实证主义和面向系统的现代主义范式——被马克斯·韦伯调和了的塔尔科特·帕森斯，在那个时期统治了我获得学位的芝加哥大学。

完成任务之后不久，即完成了关于魅力型宗教运动的学位论文后，我就远离了将另一种方法公式化的需要（或者说莽撞），写了一篇文章《语言、历史与人类学》（1971a，1991 再版）。通过回应近期我在刚果的经验性工作，我发展出的论题是，我们所谓的田野工作实践是以语言作为交流互动的媒介的，并且无论何种我们期望达到的客观性，都必须在交互的主体性中被发现。在这两个论题的支撑下，我将源于威廉·冯·洪堡的语言哲学和尤尔根·哈贝马斯当时对社会科学中实证主义的批评（1967），以及由戴尔·海姆斯（1964）发展起来的以语言为中心的新民族志方法做了一些公式化处理。现象学只提及一次，聊胜于无，现象学的参考文献也仅直接引用过雷顿尼兹基（Radnitzky，1968，1970）。他的书在当时是仅有的简便可用的英语书，其导言是《科学学的大陆学派》（"Continental Schools of Metascience"）。

我没有在那篇文章中使用过"其他"或任何相关术语（除了有一处引

用了洪堡），但是就认识论而言，我采取了开放的立场，后来以一种语义空间来满足其需要。这在当时是重要的，而且现在仍然重要。在我的想象中，这并非一般化的或者异域的他者，而是以他者作为一个对谈者：他者性是我们称之为"民族志"的那一种知识生产的先决条件。这是远离人类学作为自然史的科学化概念的第一步，但也只不过是第一步而已。它假定需要一种他者性的存在，或者暗含于任何交互主体性的理论之中（而且在我的批评中这可能已经成为现象学的元素，伊恩·贾维——一个波普主义者，正好也是发表那篇文章的期刊编辑——指责我要为人类学中的"现象学骚乱"负责）。①

如果说发现认识论中的他者是第一步的话，下一步就是要面对他者性，因为它是历史地呈现于人类学知识表述的话语实践之中的。我们这样说，人类学作为对比性的他性提供者的形象是如此根深蒂固，深入人心，这一他性是经由为贡献出一些异域民族志材料的邀请到达我跟前的。这些民族志材料并非那么快捷地能以精确的语言进行表达，就《社会研究》以"美国经验中的死亡"为主题的专辑而言尤其如此。我对指派给我的角色很不乐意，而且要做的是就一个概念提出批评。我的工作落后了一大截，不过编辑还是非常宽厚地接收了。这篇文章，《他者如何死去——反思人类学中的死亡》（1972，1991），不仅以"他

———————

① 参见贾维的《致人类学家的信》（"Epistle to the Anthropologists"，1975），以及我们更早期的因为我感受到的一种社会学解释的他者性（扮演陌生人角色的人类学）所引起的争论性意见交换，他提出的解决方案针对的是"参与观察中的伦理正直"（1969，费边，1971b）。

者"为题，而且重申了一种"认识论概念上的他者"的观念(1991：177-178)①，并且预期《时间与他者》，比如，陈述关于"力图识别当前的与死亡的反应，特别是显得非理性的，过度的仪式和画面感，作为'古老'的形式的残存……原始的和民俗中的死亡习俗因而可能被置于对过去的怀旧中——那仍是另一种降了级的与'他者'之间的互动，或者至少他者仍然生活在我们当中"(1991：179)。这篇文章的结语提出了一种见解，我在此大段引出，因为我相信它包含了一个我们仍然必须面对的挑战：

> 没有什么办法可以简单直接地到达"他者"。人类学家和其他针对死亡的现代反应的分析必须找到或者建构一种具改变意义的诠释，如果他们要将其发现与人分享。19世纪末，这可能是一种关乎人类的自然科学观念，以寻找关于进步的普适性法则，并以人类学的"数据"验证之，而人类学"客观性"的他者性，却没有严肃地被质疑过。今天，我们看似已经远离了建构一种社会解释的任务、一种对社会真实的诠释(无论是否原始或现代)，这种诠释将自己视为它力图理解的过程当中的一部分。列维-施特劳斯是对的：死亡人类学是一种形式的死亡，或者对死亡的征服——到头来这是一样的。(1991：190)

---

① 此处参考了唐纳德·坎贝尔的一篇文章(1969)。他是一位杰出的有现象学倾向的心理学家，也是我在西北大学时的同事，我青年时期的批评热忱备受他的鼓励。

现在是时候来对《时间与他者》做些评论了。这本书的目的不是发展一种关于他者的理论概念(或者就某种哲学概念提出一种人类学的纠缠)，也不是其他关乎方法论手段的提议——就像我用概念来查验它是否能为我所用。即便这是一本简短的书，讲述了一个复杂的故事，但是复述其论述要点并不困难。它以一个简单的观察开头：作为一个生产和表述知识的实践性学科，人类学是以一种矛盾为标记的。人类学有其民族志研究的经验性基础，追溯甚至是顽强的先驱者们(那种喜欢将他们的"田野"视为科学实验室的人)在交流互动中的实践。这样的互动需要时间上的共享，要求民族志工作者认可他们的研究对象所处的同时代共存的特性。然而，这就是矛盾的起因。当同样一批民族志工作者在教学和写作中呈现他们的知识时，他们是以一种话语的形式来实践的，即他们持续一致地将他们的研究对象的时间，移植到与他们对话的听众的时间之中。我将这样的策略称为"同生性抵赖"，并且将因之而产生的话语定义为"异时性"的。其矛盾在前言中简单表述为："他者的经验性在场，转向为他的理论性缺席，一个魔术性的圈套，需要与一系列的手段相配合，以致以其共同企图和功用将他者斥拒于人类学的时间之外。"(2002a：xli)[1]这本书的其余部分，专注于批评性的分析，辅以无论什么样的我在史学史、语言学、文学批评和哲学中发现的理论。我所做的特别之处可能是，它以对人类学的时间方式的批

---

[1] 转引自第二版。段落的第一部分几乎与爱德华·萨义德在《东方学》中的说法一样："在对方的讨论中，东方总是缺席的，然而人们感受到学者和他所说的存在；但是我们不能忘记东方学者的在场之所以可能，是因为东方实际上的缺席。"(1978：208)

评作为固定的点，有时我界定它为"政治宇宙观"。

对《时间与他者》，我没有什么惋惜的。确实是需要将痛苦扔进异时性话语的车轮中了，不过那些对人类的批评可能产生的"附带性危害"怎么办？对于诚恳看待自己学科的人类学家来说就不必介意，如果没有灭门的危险，那就是不公道的难听话而已。（最后，有人可能既是诚恳的，又是固执己见的。）但是"野蛮""原始""传统"的以及其他所有的他者，那些我拿来作为无根据的异时论的证据，又该怎么办？再激进的批评也不应该让我们忘记，就像卢梭和列维-施特劳斯的"野蛮人"，他们大多数存在于同一时间内并作为话语的一部分，作为盲目的对理由或者文明的信仰的话语，它是重要的，并且毫无头脑地庆祝现代性的胜利。"激进"是就其根源而言的，并非忽略他们。

根据这些评论，我相信，我表达的同意并不是同意了近期批评《时间与他者》的一位评论家马克·欧杰（Marc Augé，1994a，特别是 76f 和 1994b）。他害怕我所强调的"同生性抵赖"仍然保留在我所竭力打破的框架之内，而且我失之于鉴别的真正的问题，即现代性和同时代性。我有两个回应。首先，如果欧杰，写作于《时间与他者》之后，可以解读为简单以另一个步骤来反思人类学中的他者——如果他的批评是这样，但一个回应性的论题必定走得更远，这几乎不是问题。不过真正的问题是：他所持的论点是否让我的《时间与他者》的总体论点无效？这带来了另一个问题：他要采取的下一步骤（同时代性持论）有多大的有效性？因为他似乎认为第一步（谴责对同生性的抵赖）是无效的。当然，也有这样的可能，即我们所关注的事情，可能相互之间真正能够产生的影响非常小（与我后面要谈到的列维纳斯非常类似）。其次，我能够指出的是，《时间与他者》中所强调的同生性，确实让我因欧杰所提出的概念意义上的同时代性而被关注，其证据可以从我对大众文化的概念（总结见于费边，1998；参见以下各部分）的争辩中找到。

三、时间与他者"之后的他者"

即使我相信一本书能够改变一个学科，但要说它就是我这一本则是不诚实的。就此而言，谦虚来得很容易，因为我完全同意足球哲学的格言所说的，比赛在比赛之前已经结束。《时间与他者》并不如某些早期的读者所担心的那样会成为比赛的终结，如果我过去三十年间继续的民族志和理论书写都能算作一种象征的话，这既不是为了这个学科，也不是为了我自己。在此以某种自传的姿态来回顾，我希望继续讲述人类学中他者的故事，并以简略的检讨来传达一些近期更加纠结的情节。

（一）在场与代表

作为一种症候或者一个原因，就像克利福德和马库斯的《写文化》成为一个"表述的危机"的地标，冲击了人类学的同时，它也在其他的社会科学、人文科学和文化研究中风行。接着出现的辩论纠缠着更复杂的问题，其中大多与表述人类学知识的写作惯例背后的政治有关。人类学话语中有个问题并非那么具有真理性的价值，不过在多大程度上这个问题是一般性的，又是如何特别呢？即民族志既是权力关系的表达，也规定了权力关系的表达。提议的范围包含了从"实验性体裁"（修正手段）到声明代表性的终结（放弃终点）。为了回应爱德华·萨义德的一篇文章，他在文中指出只有帝国的西方和它的人类学他者之间的权力关系有所改变（就他所指，他者即它的对话者），才能够为我们的代表性危机找到出路（1989）。据此，我判断："可能辩论还是要继续下去……如果有人将问题牵扯到代表性表述而非视其为真实性与其形象之间的差别，而是将问题看作再表述与'在场'之间的一种紧张关系。"（1990c：755，1991 再版）人类学的任务是让那些据说是根本"不在场"的人们出场。我仍然无法进一步理解它的全部含义，也不知道如何解决我们置身其中的宏图所带来的困境：如果我们继续制造他者的出场，那在成为他们的表述者/代表者之后，我们是否需要从工作中退出？[①]

我们能够辨别人类学知识的生产方和代表方：此时，共同在场成为追问的前提，它制造了有限定的感知来思考，并视之为代表性表述的必要条件。据说写作给予他者一种声音来参与其中，并且承认了作品是合著的，即便所呈现的文本是由我们所研究的人们所写或是我们从田野记录中誊写的。较之从前，如果我们现在的工作还有什么可担忧的话，我们也已经抛弃了天真的科学主义。换句话说，好的民族志不会让我们自己变得多余。

---

① 参见 J.-P. 杜蒙就这一困惑提出的优雅的公式（1986：359），我在《在场与代表》（*Presence and Representation*）中引用过（费边，1990c）。

（二）记住他者

这些担忧并没有让我瘫痪。相反，进入研究状况之中，处于其他事物当中，而文化经由表演而得以呈现，其中过去经由记忆得以呈现，而且呈现又被记忆了。所有这些都基于以"大众文化"为题的当代非洲研究同时代性研究。这反过来又引发了更多关于他者性的思考。① 我的一个见解见诸关于"出场与代表"的一篇文章，那时即便几乎没有超越直觉，我观察到，对于民族志工作者而言，某种对于他者的体验"可能是随着时间而增长的，而且在任何程度上，都需要时间来成长"（1990c：796，1991：221，再版）。实际上，我在《时间与他者》中也提到过一个相似的观念。我认为，为了有意识地认知相互间在场与否，我们必须以某种方式分享相互之间的过去。这一情形可能是隐秘而不确定的，我逐渐认识到，我们所谓的"民族志"所扮演的某种能够为他者发声的记忆性角色是何等的重要。我在有关中非的探索报告中，开始将这个想法付诸实施，首先在一篇题为《记住他者》（1999，2001 再版）的论文中进行了讨论。实际上，这是就我提出的同生性作为对话性研究的前提的继续讨论，现在更以承认识别为其焦点。让这个概念变得富有成效的原因在于，它促使我思考如何让民族志调查为重新承认

---

① 参见费边关于大众史学（1990a）、关于表演与大众剧场（1990b）、关于大众历史绘画（1996），以及关于人类学与大众文化（1998）的研究。所有这些研究都基于过去的萨伊的沙巴地区，即现在刚果民主共和国。这些研究中呈现的文本材料有了一种新的在场方式，即将影像档案在网络中公开。参考我设想的这样的影像呈现方式和一种作为现场报道的民族志写作实验（费边，2002，2008）。

的工作，成为承认与记忆。

因而，将他者纳入思考的轨道以及对记忆的讨论的相关问题，如果是从未有过的一种大概念，它可以算是一件综合性的幸运之事。而且，它让我认识到记忆与记录是如何与民族志的每一个步骤相关联的，它涉及从田野研究到文献、到诠释以及如何呈现我们的发现。这里，我能做的远比就此提到的有趣部分更多。[①] 不过有些关乎记忆与他者性之匹配的理论性收获，应该说得简单明了。

迟早，对记忆的思考会让我们注意到身份认同，无论它是个人的还是集体的，无论它是心理的还是文化的。[②] 不仅如此，如果对他者的承认也意味着记住他们的话，我们应该视自我与他者的关系为一种人际间的及政治上的承认的努力。为了求得承认而奋斗就意味着求助于黑格尔，让我们重塑同生性与异时性之间的矛盾的话语，即我在《时间与他者》中所指出的，以此作为其中一个理由（还有很多其他的理由）来辩证地思考民族志。只有这样，正如我在别的地方曾经指出的："自我与他者都被导入一个相互承认的过程中，该过程基于一种改变了认识者的知识，于是他或她的身份认同也因此得以重新建构。"（费边，1999：68，2001：117再版）当然了，重点在于，在这样的关系中，双方都必须同时被承认为既是认识者又是被认识者。

––––––––––––––

① 更加全面的陈述，参见费边（2007，第11章）。

② 即使最粗略地考察近期有关记忆的文献也可以肯定这个问题。特别是在德国，身份认同与记忆之间的关联，已经围绕着"记忆的文化"展开过辩论。例如，参见 J. 阿斯曼（J. Assmann，1992）、A. 阿斯曼（A. Assman）与弗里泽（Friese，1998）。

我们且假定我所谓的有关一个他者的认识论概念，现在已经牢固地建立起来了，我们也期望他者作为一种意识形态的建构已经为其自身所认可，即人类学仍需继续为相互间的承认而努力。我们生产知识的实践也总在为权力关系设立规程。不过重要的是，我们并未就此失去对这种关系的历史特征的洞察力，也没有通过将他者陌生化或异域化的方式那样，用社会学的观点解释他者性，因为这引起了混乱。在这个问题困扰人类学家之前，现象学家和心理学家要为此负责。①

　　就概念化他者的历史特征这一点而言，先前对他性的哲学关注与将这个概念介绍到社会科学、文学批评和文化研究等，两者之间有一个关乎其差异的决定性因素，即对他者的历史化兼政治化（殖民地、东方）。那样的他者并非与自我相对立的。基于这一前提，所有对他性的讨论（最终）都与身份认同相关，并等同于对他性的重新哲学化。通过控制、利用甚至"风格化"（对东方的发明）的自我主张，或者我称之为""时间距离化"（对"原始人"的发明）的手段——将这些实践和概念化行为称为对身份认同的确认，这应该与癫狂的社会科学积极性的例子类似，诸如宣称种族隔离下的南非是一个多元社会，或者提议就集中营作为社会系统来分析。

　　我借社会学观点来解释他者的警告意有所指：作为民族志工作者，我们经验当中的他者是我们的对话者；在这样的经验中，他们若是陌生人的话就不合逻辑，不合乎心理学，更不是民族学的政治要求。当

---

　　① 参考德尔曼（Därmann）就这个问题所谈的关于弗洛伊德、胡塞尔、拉康的文章（德尔曼与雅姆，2002：227-320）。

然了，我并不是要驳斥齐美尔（Simmel）著名的文章（1908）中所例证的有关陌生人的社会学理论，但是我对近期的文化研究要将人类学"经验中的他者"（一种对"异域体验"的尴尬掩饰）变成一种科学的努力持保留态度。我之所以对其印象深刻，是因为它们有可能会成为了解我们这个学科近期发展历史的阅读材料。（德尔曼与雅姆，2002）

（三）"后记：他者性——内在、外在、之间，以及"简化

我最近想到拉丁文中 alius 与 alter 的诸多辨析。[1] 倒不是说这里有多少澄清，两个术语都可能有、或许有重叠的含义，因此他们之间的差别并不清晰。可是以拉丁文—德文词典来做整体上的比较时，我觉得它支持了我所主张的（参见我对视人类学为"有关异邦的科学"的讨论），即成为一个陌生人或者"异域的"（视觉上的差异）并不是他者性的必要属性。

可能这对我们思考下列问题有帮助：就我对"同生性抵赖"的批评可能产生的一种误解是我企图"压服"他性，即他者性。[2] 这一混淆的产生源于将我所称的异时性等同于他者性的创造。人类学话语的失败，也就是对他者性在认识论上的重要性的认可的失败。在此有一种论述的可能：认可某个他者等于 alius，因为他者等于 alter 是一个交流沟通

---

[1]　这次，一位哲学家注意到并写进一篇有关大会专题会议的德国报纸评论中。我忘了做笔记，所以无法在此恰当地对这一广为人知的区别所做的提示之出处表示致谢。

[2]　或者，更糟的是，我追求的"同期性"的计划，仿佛我所谓的"共享时间"所假定的利用同样的（概念，体验的）时间，参见巴斯（Birth，2008）。

与互动的条件，因而参与社会文化实践（或者无论什么样的社会学类别，从团体到社会，皆可用），或者共享一种生活世界，没有他者性，也没有文化，没有生活世界。即使在现象学思维中，我假定，仅仅当生活世界以复数形式存在时，这一概念才成立（比较人类学所"发现"的复数的文化），若生活世界为唯一，我们就不再需要这一概念。这里尚未解决的问题是对他者性的认可（即一个生活世界中的某个可能是构成性的部分）与什么样的他者性（即准许我们承认其他的生活世界；就人类学而言，即识别、描述、理解、表述其他的生活世界）之间的关系。简单来说，居中/内在的他者性，与无/外在的或中间的他者性，二者之间是什么关系呢？

在历史和政治干预的影响下，这可能是哲学反思走到了尽头的一个关键性问题。"多元性"是一种纯粹正式的属性，实际上，每一种对多元性认知的可能都是因为历史（就事件而言）、由于差别产生的过程（即作为"不同结构"的后果），以及获取资源和权力的途径之差异所产生的冲突。当然，还不仅如此。人类学的角色（以及使命）已经被表述为在这样的道路上的"无他者性"，这样一来，外在的他者性便首先能够以相互之间的他者性，并最终以简单的他者性来对待。

（四）关于列维纳斯的《时间与他者》

就我所知的一个问题的预期的答案是：不，我的著作并没有受到列维纳斯（Levinas）的《时间与他者》（我必须承认，他的其他作品也未被我关注）的影响。但是，其他人们可能追问的问题是：除了明摆着的书名之外，还有没有其他相似或交叉之处？^① 我最终读到《时间与他者》是在几年前，并发现事实上就是在知识背景（黑格尔、现象学）上有共同之处。除此之外，尽管一位非洲的哲学家（邦姆巴，2001）曾做过一个恭维性的比较，我认为差别更重要。我无法在此列出更多细节来说明，即以后续陈述作结："伊曼努尔·列维纳斯认为西方哲学一致否定他者的他者性，将某他者视为所有的他者。其结果是，西方哲学成为'一种本质的关于存在的哲学'，因而是关乎'内在固有性和关乎自主，或者无神论的'。"^②那么，列维纳斯对西方哲学的控诉与我所称的"同生性抵赖"之间又将如何比较？它们一个显著的差别在于目的与范畴。我的批评对象并非"西方哲学"，而是人类学话语，论题因而限制在两个关系中：它受限于将自身视为一种经验性科学的学科，以及它的议题不仅是理论性的"思考"，而且是由学科理论与特殊的学科实践所构成的话语。对我的《时间与他者》而言，这是非常重要的，它反复承载的，是经验性研究与就其发现所做的表述之间的矛盾。

　　另一方面，这里也有一些交汇之处。我认为他者性就人类学中的研究专题/对象而言是构成性的，也同样意味着"同生性抵赖"在列维纳斯这里也就是对他性的抵赖。没有他性，也就不存在同生性的问题。

---

　　① 对于那些想了解为何我的书与伊曼努尔·列维纳斯的文集同名的人，我会借用更早时期的一个说明（费边，1991：227-28n）。一个法文原版的新印本［列维纳斯，(1946)1979］在《时间与他者》写完之后出现了（那时我的暂用书名是《人类学与时间政治》）。列维纳斯的书的英译本于我的书出版之后四年方出版（1987），英译本的书名也用《时间与他者》。

　　② 在完成这一纲领性的陈述时，我正好收到沃尔森讲座的邀请。

就像列维纳斯一样，我也想要超越内在固有性和自主性的哲学，或者，因为我宁可将它置于身份认同上来看。作为一种身份认同的意识形态，这要求我的批评目的不那么哲学化。这样，当我批评人类学是在自己的年代学话语中建构它的他者时，就要借助否定那一个他者的同生性的概念和修辞手段。

我们的分歧在于列维纳斯从一个他者，即一个以"形而上学的"为条件而没有那种我们难以设想的、思索中的/行为中的自我①，转移到一个超验的他者——上帝。当我要求承认他者时，我所关注的并没有伴随是否超越"无神论"的问题。如果我对列维纳斯的终极关怀理解得正确的话，纵使所有的交集都存在，我们之间也并无共识。另一个问题是，我所持的作为一个人类学家的立场与列维纳斯所持的作为一个哲学家或神学家的立场能否和平共存。如果在人类学的帮助下有谁能够迅速成长为神学家，我是有疑问的。

四、结论：他者、众他者、他者化——漂浮的与膨胀的概念

一个概念的扩散可能让它的丰富性富有说服力。有时候我有一种感受，我想象，无论如何它必须像我父母那一代人在通货膨胀中失去了积蓄的经历，因为他们表达了它。言说他者而没有预备好要说些什么，仿佛一种价值变成了印制的钞票，可能这能解释术语概念的通货

---

① 作为人类学中的一种自我制造的探索，参见巴塔利亚（Battaglia）主编的一本论文集（1995）。

膨胀。我们提出来的探索"他者"的思考和论述会不会变得没有价值？可能现在是时候从游戏中抽身了。人在跳船那一刻是否要犹豫，仅仅因为这样做看似失去了尊严？

在我思索将与他者性的缠斗在知识经济的通货膨胀中继续下去的理由时，我努力回忆最初是什么将我带入这一话题的。它既不是关于自我与他者的哲学问题，甚至也不是很久以前苏珊·桑塔格所称的"应用黑格尔主义"的轻松说法（1970：185）。这是一种认知，即我们（西方，无论谁想被纳入那个"我们"之中的，或者因历史和政治的原因而属于那个"我们"的）似乎需要他者性作为努力维持我们的宣言或理解我们自己的一种营养。就通货膨胀的隐喻而言，什么是那种能让纸币以其面值在有关他者的话语中流通的黄金呢？目前为止，就人类学所关心的问题而言，一个简短的答案是：对他者的言说，需要有与他者言说的准备。我们会这样做，就像我们做民族志那样来做。

参考文献(一)[①]

Anagnost，Ann. 1997. *National Past-Times*：*Narrative，Representation，and Power in Modern China*. Durham，N. C. ：Duke University Press.

Appadurai，Arjun. 1996. *Modernity at Large*：*Cultural Dimensions of Globalization*. Minneapolis：University of Minnesota Press.

Asad，Talal，ed. 1973. *Anthropology and the Colonial Encounter*. Atlantic Highlands，N. J. ：Humanities Press.

Berdahl，Daphne. 1999. *Where the World Ended*：*Re-Unification and Identity in the German Borderland*. Berkeley：University of California Press.

Berreman，Gerald. 1972. " 'Bringing It All Back Home'：Malaise in Anthropology. " In Dell Hymes，ed. ，*Reinventing Anthropology*，83-98. New York：Pantheon Books.

Borneman，John. 1992. *Belonging in the Two Berlins*：*Kin，State，Nation*. Cambridge：Cambridge University Press.

Bourdieu，Pierre. 1977. *Outline of a Theory of Practice*. Cambridge：Cambridge

---

① 这部分是马蒂·本泽所作"序言"的参考文献。

University Press.

Bunzl, Matti. 1998. "Johannes Fabians 'Time and the Other': Synthesen einer kritischen Anthropologie." *Historische Anthropologie* 6(3): 466-478.

Clifford, James. 1983. "On Ethnographic Authority." *Represen ta tions* 1: 118-146.

——. 1986. "On Ethnographic Allegory." In James Clifford and George Marcus, eds., *Writing Culture*, 98-121. Berkeley: University of California Press.

——. 1988. *The Predicament of Culture: Twentieth-Century Ethnography, Literature, and Art*. Cambridge, Mass.: Harvard University Press.

Clifford, James and George Marcus, eds. 1986. *Writing Culture: The Poetics and Politics of Ethnography*. Berkeley: University of California Press.

Coronil, Fernando. 1997. *The Magical State: Nature, Money, and Modernity in Venezuela*. Chicago: University of Chicago Press.

Crapanzano, Vincent. 1980. *Tuhami: Portrait of a Moroccan*. Chicago: University of Chicago Press.

Diamond, Stanley. 1972. "Anthropology in Question." In Dell Hymes, ed., *Reinventing Anthropology*, 401-429. New York: Pantheon Books.

Dwyer, Kevin. 1979. "The Dialogic of Ethnology." *Dialectical Anthropology* 4(3): 205-224.

——. 1982. *Moroccan Dialogues: Anthropology in Question*. Baltimore, Md.: Johns. Hopkins University Press.

Evans-Pritchard, E. E. 1940. *The Nuer: A Description of the Modes of Livelihood and Political Institutions of a Nilotic People*. Oxford: Oxford University Press.

Fabian, Johannes. 1969. Charisma and Cultural Change. Dissertation. University of Chicago.

——. 1971a. *Jamaa: A Charismatic Movement in Katanga*. Evanston: Northwestern University Press.

——. 1971b. "Language, History and Anthropology. " *Philosophy of the Social Sciences* 1: 19-47. Citations are based on the reprint in Fabian, *Time and the Work of Anthropology: Critical Essays 1971-1991*, 3-29. Amsterdam: Harwood. Academic Publishings.

——. 1972. "How Others Die—Reflections on the Anthropology of Death. " *Social Research* 39: 543-567. Citations are based on the reprint in Fabian, *Time and the Work of Anthropology: Critical Essays 1971-1991*, 173-190. Amsterdam: Harwood Academic Publishings.

——. 1974. "Genres in an Emerging Tradition: An Anthropological Approach to Religious Communication. " In Alan Eister, ed. , *Changing Perspectives in the Scientific Study of Religion*, 249-272. New York: Wiley. Citations are based on the reprint in Fabian, *Time and the Work of Anthropology: Critical Essays 1971-1991*, 45-63. Amsterdam: Harwood Academic. Publishings.

——. 1975. "Taxonomy and Ideology: On the Boundaries of Concept Classification. " In Dale Kinkade et al. , eds. , *Linguistics and Anthropology: In Honor of C. F. Voegelin*, 183-197. Lisse: De Ridder. Citations are based on the reprint in Fabian, *Time and the Work of Anthropology: Critical Essays 1971-1991*, 31-43. Amsterdam: Harwood Academic Publishings.

——. 1976. "Letter to Jarvie." *American Anthropologist* 78(2): 344-345.

——. 1979. "Rule and Process: Thoughts on Ethnography as Communi-cation." *Philosophy of the Social Sciences* 9: 1-26. Citations are based on the reprint in Fabian, *Time and the Work of Anthropology: Critical Essays 1971-1991*, 87-109. Amsterdam: Harwood Academic Publishings.

——. 1983. *Time and the Other: How Anthropology Makes Its Object.* New York: Columbia University Press.

——. 1990a. "Presence and Representation: The Other in Anthropological Writing." *Critical Inquiry* 16: 753-772. Citations are based on the reprint in Fabian, *Time and the Work of Anthropology: Critical Essays 1971-1991*, 207-223. Amsterdam: Harwood Academic Publishings.

——. 1990b. *Power and Performance: Ethnographic Explorations Through Proverbial Wisdom and Theater in Shaba.* Madison: University of Wisconsin Press.

——. 1991. *Time and the Work of Anthropology: Critical Essays 1971-1991.* Amsterdam: Harwood Academic Publishings.

——. 1996. *Remembering the Present: Painting and Popular History in Zaire.* Berkeley: University of California Press.

——. 1998. *Moments of Freedom: Anthropology and Popular Culture.* Charlottesville: University Press of Virginia.

——. 2000. *Out of Our Minds: Reason and Madness in the Exploration of Central Africa.* Berkeley: University of California Press.

Geertz, Clifford. 1973. *The Interpretation of Cultures.* New York: Basic Books.

George, Kenneth. 1996. *Showing Signs of Violence: The Cultural Politics of a Twentieth-Century Headhunting Ritual*. Berkeley: University of California Press.

Gough, Kathleen. 1968. "Anthropology and Imperialism." *Monthly Review* 19(11): 12-27.

Gupta, Akhil. 1998. *Postcolonial Developments: Agriculture in the Making of Modern India*. Durham, N. C. : Duke University Press.

Gupta, Akhil and James Ferguson, eds. 1997. *Anthropological Locations: Boundaries of a Field Science*. Berkeley: University of California Press.

Gutmann, Matthew. 1996. *The Meanings of Macho: Being a Man in Mexico City*. Berkeley: University of California Press.

Hannerz, Ulf. 1992. *Cultural Complexity: Studies in the Social Organization of Meaning*. New York: Columbia University Press.

——. 1996. *Transnational Connections: Culture, People, Places*. New York: Routledge.

Hanson, Allan. 1984. *Review of Time and the Other*. *American Ethnologist* 11(3): 597.

Hastrup, Kirsten. 1990. "The Ethnographic Present: A Reinvention." *Cultural Anthropology* 5(1): 45-61.

Hymes, Dell. 1964. "Introduction: Towards Ethnographies of Communication." In John Gumperz and Dell Hymes, eds. , *The Ethnography of Communication*, 1-34. Menasha, Wis. : American Anthropological Association.

——, ed. 1972a. *Reinventing Anthropology*. New York: Pantheon Books.

——. 1972b. "The Use of Anthropology: Critical, Political, Personal. " In Dell Hymes, ed. , *Reinventing Anthropology*, 3-82. New York: Pantheon Books.

Ivy, Marilyn. 1995. *Discourses of the Vanishing: Modernity, Phantasm, Japan.* Chicago: University of Chicago Press.

Jarvie, Ian. 1975. "Epistle to the Anthropologists. " *American Anthropologist* 77: 253-265.

Kuhn, Thomas. 1962. *The Structure of Scientific Revolutions.* Chicago: University of Chicago Press.

Leclerc, Gérard. 1972. *Anthropologie et Colonialisme.* Paris: Fayard.

Malkki, Liisa. 1995. *Purity and Exile: Violence, Memory, and National Cosmology Among Hutu Refugees in Tanzania.* Chicago: University of Chicago Press.

Marcus, George. 1984. *Review of Time and the Other. American Anthropologist* 86(4): 1023-1025.

Marcus, George and Dick Cushman. 1982. "Ethnographies as Texts. " *Annual Review of Anthropology* 11: 25-69.

Marcus, George and Michael Fischer. 1986. *Anthropology as Cultural Critique: An Experimental Moment in the Human Sciences.* Chicago: University of Chicago Press.

Morris, Rosalind. 2000. *In the Place of Origins: Modernity and Its Mediums in Northern Thailand.* Durham, N. C. : Duke University Press.

Narayan, Kirin. 1993. "How Native Is a 'Native' Anthropologist? . " *American Anthropologist* 95 (3): 671-686.

Povinelli, Elizabeth. 1993. *Labor's Lot*: *The Power*, *History*, *and Culture of Aboriginal Action*. Chicago: University of Chicago Press.

Rabinow, Paul. 1977. *Reflections on Fieldwork in Morocco*. Berkeley: University of California Press.

Roche, Maurice. 1988. "Time and the Critique of Anthropology. " *Philosophy of the Social Sciences* 18: 119-124.

Rofel, Lisa. 1990. *Other Modernities*: *Gendered Yearnings in China After Socialism*. Berkeley: University of California Press.

Rosaldo, Renato. 1989. *Culture and Truth*: *The Remaking of Social Analysis*. Boston: Beacon Press.

Said, Edward. 1978. *Orientalism*. New York: Vintage Books.

Scholte, Bob. 1970. "Toward a Self-Refl ective Anthropology. " *Critical Anthropology* (Fall 1970): 3-33.

——. 1971. "Discontents in Anthropology. " *Social Research* 38: 777-807.

——. 1972. "Toward a Reflexive and Critical Anthropology. " In Dell Hymes, ed. , *Reinventing Anthropology*, 430-457. New York: Pantheon Books.

——. 1978. "Critical Anthropology Since It's Reinvention: On the Convergence. Between the Concept of Paradigm, the Rationality of Debate, and Critical Anthropology. " *Anthropology and Humanism Quarterly* 3 (2): 4-17.

Steedly, Mary Margaret. 1993. *Hanging Without a Rope*: *Narrative Experience in Colonial and Postcolonial Karoland*. Princeton: Princeton University Press.

Stewart, Kathleen. 1996. *A Space on the Side of the Road: Cultural. Poetics in an "Other" America*. Princeton: Princeton University Press.

Stocking, George. 1968. *Race, Culture, and Evolution: Essays in the History of Anthropology*. Chicago: University of Chicago Press.

Strathern, Marilyn. 1990. "Out of Context: The Persuasive Fictions of Anthropology." In Marc Manganaro, ed., *Modernist Anthropology: From Fieldwork to Text*, 80-112. Princeton: Princeton University Press.

Tedlock, Dennis. 1979. "The Anthropological Tradition and the Emergence of a Dialogical Anthropology." *Journal of Anthropological Research* 35(4): 387-400.

Tsing, Anna Lowenhaupt. 1993. *In the Realm of the Diamond Queen: Marginality in an Out-of-the-Way Place*. Princeton: Princeton University Press.

Weaver, Thomas, ed. 1973. *Too See Ourselves: Anthropology and Modern Social Issues*. Glenview, Ill.: Scott, Foresman and Company.

Weston, Kath. 1997. "The Virtual Anthropologist." In Akhil Gupta and James Ferguson, eds., *Anthropological Locations: Boundaries of a Field Science*, 163-184. Berkeley: University of California Press.

参考文献(二)

Abeles，Marc. 1976. *Anthropologie et marxisme*. Brussels：Editions Complexe.

Adams，Charles R. 1979. "Aurality and Consciousness：Basotho Production of Significance. " In Bruce T. Grindal and Dennis M. Warren，eds. ，*Essays in Humanistic Anthropology：A Festschrift in Honor of David Bidney*，pp. 303-325. Washington，D. C. ：University Press of America.

Adorno，Theodor W. 1966. *Negative Dialektik*. Frankfurt：Suhrkamp.

Althusser，Louis，and Étienne Balibar. 1970. *Reading Capital*. London：NLB.

Amin，Samir. 1976. *Unequal Development：An Essay on the Social Formations of Peripheral Capitalism*. Sussex：Harvester Press.

Amselle，Jean-Loup，ed. 1979. *Le Sauvage à la mode*. Paris：Editions le Sycomore.

Anderson，James N. 1973. "Ecological Anthropology and Anthropological Ecology. " In John J. Honigman，ed. ，*Handbook of Social and Cultural Anthropology*，pp. 179-239. Chicago：Rand McNally.

Apel，Karl-Otto. 1967. *Analytic Philosophy of Language and the Geisteswissenschaften*. Dordrecht：Reidel.

——. 1970. "Szientismus oder transzendentale Hermeneutik?" In Rüdigger Bub-
ner, Konrad Cramer, and Reiner Wiehl, eds. , *Hermeneutik und Dialek-
tik*, 2: 105-144. Tübingen: J. C. B. Mohr (Paul Siebeck).

Arens, W. 1979. *The Man-Eating Myth. Anthropology and Anthropopha-
gy*. New York: Oxford University Press.

Asad, Talal, ed. 1973. *Anthropology and the Colonial Encounter*. New York:
Humanities Press.

Bachelard, Gaston. 1950. *La Dialectique de la durée*. Paris: PUF.

Barthes, Roland. 1970. *Writing Degree Zero and Elements of Semiology*.
Boston: Beacon.

Basso, Keith H. , and Henry A. Selby, eds. 1976. *Meaning in Anthropology*.
Albuquerque: University of New Mexico Press.

Bastian, Adolf. 1881. *Die Vorgeschichte der Ethnologie. Deutschlands Denk fre-
unden gewidmet für eine Mussestunde*. Berlin: Dümmler.

Baudrillard, Jean. 1976. *L'Échange symbolique et la mort*. Paris: Gallimard.

Bauman, Zygmunt. 1978. *Hermeneutics and Social Science*. New York: Colum-
bia University Press.

Becker, Carl L. 1963 [1932]. *The Heavenly City of the Eighteenth-Century
Philosophers*. New Haven: Yale University Press.

Beckingham, C. F. and G. W. Huntingford, eds. 1961. *The Prester John of the
Indies*. 2 vols. Cambridge: Cambridge University Press.

Benedict, Ruth. 1934. *Patterns of Culture*. New York: Houghton Mifflin.

——. 1967 [1946]. *The Chrysanthemum and the Sword : Patterns of Japanese*

Culture. Cleveland: World.

Benveniste, Emile. 1971[1956]. *Problems in General Linguistics*. Coral Gables: University of Miami Press.

Bidney, David. 1953. *Theoretical Anthropology*. New York: Columbia University Press.

Bloch, Ernst. 1962[1932]. "Ungleichzeitigket und Pflicht zu ihrer Dialektik. " In *Erbschaft dieser Zeit*, pp. 104-126. Frankfurt: Suhrkamp.

———. 1963. *Tübinger Einleitung in die Philosophie*, vol. 1. Frankfurt: Suhrkamp.

Bloch, Maurice. 1977. "The Past and the Present in the Present. " *Man* (N. S.), 12: 278-292.

Bloch, Maurice, ed. 1975. *Marxist Analyses and Social Anthropology*. London: Malaby Press.

Bogoras, Waldemar. 1925. "Ideas of Space and Time in the Conception of Primitive Religion. " *American Anthropologist* 27: 205-266.

Bohm, David. 1965. *The Special Theory of Relativity*. New York: W. A. Benjamin.

Boon, James. 1972. *From Symbolism to Structuralism*. New York: Harper Torchbooks.

———. 1977. *The Anthropological Romance of Bali*, *1597-1972*. New York: Cambridge University Press.

Bossuet, Jacques Bénigne. 1845. *Discours sur l'histoire universelle*. Paris: Firmin Didot Frères.

———. 1976. *Discourse on Universal History*. O. Ranum, ed. , trans. Chicago:

University of Chicago Press.

Bourdieu, Pierre. 1963. "The Attitude of the Algerian Peasant Toward Time."
In J. Pitt-Rivers, ed., *Mediterranean Countrymen: Essays in the Social An-thropology of the Mediterranean.*, pp. 55-72. Paris: Mouton.

——. 1977. *Outline of a Theory of Practice.* Cambridge: Cambridge University
Press.

Broc, Numa. 1972. *La Géographie des philosophes: Géographes et voyageurs*
francais au XVIIIe siècle. Lille: Service de reproduction des thèses.

Burridge, Kenelm. 1973. *Encountering Aborigines.* New York: Pergamon Press.

Burrow, J. W. 1966. *Evolution and Society. A Study in Victorian Social Theory.*
Cambridge: Cambridge University Press.

Butzer, Karl W. 1964. *Environment and Archaeology: An Introduction to Pleis-*
tocene Geography. Chicago: Aldine.

Cahiers Internationaux de Sociologie. 1979. Issues on "Temps et société" and
"Temps et pensée."

Campbell, Donald T. 1970. "Natural Selection as an Epistemological Model." In
Raoul Naroll and Ronald Cohen, eds., *A Handbook of Method in Cultural*
Anthropology, pp. 51-85. Garden City, N. Y.: Natural History Press.

Chomsky, Noam. 1972. *Language and Mind.* Enlarged edition. New York: Harcourt
Brace Jovanovich.

Copans, Jean. 1974. *Critiques et politiques de l'anthropologie.* Paris: Maspéro.

Copans, Jean, and Jean Jamin. 1978. *Aux origines de l'anthropologie francaise.*
Paris: Editions le Sycomore.

Creswell, Robert, and Maurice Godelier. 1976. *Outils d'enquête et d'analyse anthropologiques*. Paris: Maspéro.

Darwin, Charles. 1861. *On the Origin of Species by Means of Natural Selection*. 3d ed. London: J. Murray.

Degérando, Joseph-Marie. 1969[1800]. *The Observation of Savage Peoples*. F. C. T. Moore, ed. and Berkeley: University of California Press.

Derrida, Jacques. 1976. *Of Grammatology*. Gayatri Chakravarty Spivak, trans. Baltimore, Md. : Johns Hopkins University Press.

Diamond, Stanley. 1974. *In Search of the Primitive: A Critique of Civilization*. New Brunswick, N. J. : Transaction.

Dolgin, Janet L. , David S. Kemnitzer, and David M. Schneider, eds. 1977. *Symbolic Anthropology: A Reader in the Study of Symbols and Meaning*. New York: Columbia University Press.

Doob, L. W. 1971. *Patterning of Time*. New Haven: Yale University Press.

Douglas, Mary. 1966. *Purity and Danger*. London: Routledge and Kegan Paul.

Duchet, Michèle. 1971. *Anthropologie et histoire au siècle des lumières*. Paris: Maspéro.

Dumont, Jean-Paul. 1978. *The Headman and I: Ambiguity and Ambivalence in the Fieldworking Experience*. Austin: University of Texas Press.

Dunn, Stephen P. , and Ethel Dunn, eds. 1974. *Introduction to Soviet Ethnography*. Berkeley: Highgate Social Science Research Station.

Dupré, Wilhelm. 1975. *Religion in Primitive Cultures. A Study in Ethnophilosophy*. The Hague: Mouton.

Durand, Gilbert. 1979. *Science de l'homme et tradition*. Paris: Berg International.

Durbin, Marshall. 1975. "Models of Simultaneity and Sequentiality in Human Cognition. " In M. Dale Kinkade, Kenneth L. Hale, and Oswald Werner, eds. , *Linguistics and Anthropology: In Honor of C. F. Voegelin*, pp. 113-135. Lisse: Peter de Ridder.

Durkheim, Émile. 1938. *L'Évolution pédagogique en France des origines à la Renaissance*. Paris: Felix Alcan.

Duvignaud, J. 1973. *Le Language perdu. Essai sur la différence anthropologique*. Paris: PUF.

Dwyer, Kevin. 1977. "On the Dialogic of Field Work. " *Dialectical Anthropology* 2: 143-151.

——. 1979. "The Dialogic of Ethnology. " *Dialectical Anthropology* 4: 205-224.

Eder, Klaus. 1973. "Komplexität, Evolution und Geschichte. " In Franz Maciejewski, ed. , *Theorie der Gesellschaft oder Sozialtechnologie. Theorie Diskussion*, supplement 1, pp. 9-42. Frankfurt: Suhrkamp.

Eiseley, Loren. 1961. *Darwin's Century: Evolution and the Men Who Discovered It*. New York: Doubleday Anchor.

Eliade, Mircea. 1949. *Mythe de l'éternel retour*. Paris: Gallimard.

Evans-Pritchard, E. E. 1962a. ."Fieldwork and the Empirical Tradition. " In *Social Anthropology and Other Essays*, pp. 64-85. New York: Free Press.

——. 1962b. "Anthropology and History. " In *Social Anthropology and Other Essays*, pp. 172-191. New York: Free Press.

Fabian, Johannes. 1971. "Language, History, and Anthropology. " *Philosophy of the Social Sciences* 1: 19-47.

——. 1975. "Taxonomy and Ideology: On the Boundaries of Concept-Classification. " In M. Dale Kinkade, Kenneth L. Hale, and Oswald Werner, eds. , *Linguistics and Anthropology: In Honor of C. F. Voegelin*, pp. 183-197. Lisse: Peter de Ridder.

——. 1979a. "Rule and Process: Thoughts on Ethnography as Communication. " *Philosophy of the Social Sciences* 9: 1-26.

——. 1979b. "The Anthropology of Religious Movements: From Explanation to Interpretation. " *Social Research* 46: 4-35.

——. 1982. "On Rappaport's *Ecology, Meaning, and Religion. " Current Anthropology* 23: 205-209.

Fabian, Johannes, and Ilona Szombati-Fabian. 1980. "Folk Art from an Anthropological Perspective. " In M. G. Quimby and Scott T. Swank, eds. , *Perspectives on American Folk Art*, pp. 247-292. New York: Norton.

Fernandez, James W. 1974. "The Mission of Metaphor in Expressive Culture. " *Current Anthropology* 15: 119-145.

Feyerabend, Paul. 1975. *Against Method: Outline of an Anarchistic Theory of Knowledge*. London: NLB.

Firth, Raymond, 1973. *Symbols: Public and Private*. London Allen and Unwin.

Forster, Georg. 1968[1791]. *Ansichten vom Niederrhein*. Collected Works. Vol. 2. Gerhard Steiner, ed. Berlin: Aufbau Verlag.

Foucault, Michel. 1973. *The Order of Things: An Archeology of the Human*

Science. New York: Vintage Books.

Fraser, J. T. , ed. 1966. *The Voices of Time: A Cooperative Survey of Man's Views of Time as Expressed by the Sciences and by the Humanities*. New York: George Braziller.

Fraser, J. T. , F. C. Haber, and G. H. Muller, eds. 1972. *The Study of Time*. Vol. 1. New York: Springer. (Vols. 2-4 published 1975-1979).

Freyer, Hans. 1959[1931]. "Typen und Stufen der Kultur. " In A. Vierkandt, ed. , *Handwörterbuch der Soziologie*, pp. 294-308. Stuttgart: Ferdinand Enke.

Friedrich, Paul. 1980. "Linguistic Relativity and the Order-to-Chaos Continuum. " In Jacques Maquet, ed. , *On Linguistic Anthropology: Essays in Honor of Harry Hoijer 1979*, pp. 89-139. Malibu: Undina Publications.

Gadamer, Hans-Georg. 1965. *Wahrheit und Methode*. Second edition. Tübingen: J. C. B. Mohr (Paul Siebeck).

Galtung, Johann. 1967. "After Camelot. " In Irving L. Horowitz, ed. , *The Rise and Fall of Project Camelot: Studies in the Relationship Between Social Science and Practical Politics*, pp. 281-312. Cambridge: MIT Press.

Geertz, Clifford. 1973. *The Interpretation of Cultures*. New York: Basic Books.

——. 1979. "From the Native's Point of View: On the Nature of Anthropological Understanding. " In Paul Rabinow and William N. Sullivan, eds. , *Interpretive Social Science: A Reader*, pp. 225-241. Berkeley: University of California Press.

Gellner, Ernest. 1964. *Thought and Change*. Chicago: University of Chicago Press.

Ginzel, F. K. 1906, 1911, 1914. *Handbuch der mathematischen und technischen Chronologie: Das Zeitrechnungswesen der Völker*. 3 vols. Leipzig: J. C. Hinrich.

Gioscia, Victor. 1971. "On Social Time. " In Henri Yaker, Humphry Osmond, and Frances Cheek, eds. , *The Future of Time*, pp. 73-141. Garden City, N. Y. : Doubleday.

Givner, David A. 1962. "Scientific Preconceptions in Locke's Philosophy of Language. " *Journal for the History of Ideas* 23: 340-354.

Gluckman, Max. 1963. *Order and Rebellion in Tribal Africa*. London: Cohen and West.

Godelier, Maurice. 1973. *Horizons, trajects marxistes en anthropologie*. Paris: Maspéro.

Goody, Jack. 1977. *The Domestication of the Savage Mind*. Cambridge: Cambridge University Press.

Graebner, Fritz. 1911. *Methode der Ethnologie*. Heidelberg: C. Winter.

Greenberg, J. H. 1968. *Anthropological Linguistics: An Introduction*. New York: Random House.

Greimas, Algirdas Julien. 1973. "Sur l'histoire événementielle et l'histoire fondamentale. " In Reinhart Koselleck and Wolf-Dieter Stempel, eds. , *Geschichte—Ereignis und Erzählung*, pp. 139-153. Munich: Wilhelm Fink.

———. 1976. *Sémiotique et sciences sociales*. Paris: Seuil.

Gurvitch, Georges. 1961. *La Multiplicité des temps sociaux*. Paris: Centre de Documentation Universitaire.

———. 1964. *The Spectrum of Social Time*. Dordrecht: Reidel.

Gusdorf, Georges. 1968. "Ethnologie et métaphysique." In Jean Poirier, ed., *Ethnologie générate*, pp. 1772-1815. Paris: Gallimard.

——. 1973. *L'Avènement des sciences humaines au siècle des lumières*. Paris: Payot.

Habermas, Jürgen. 1972. *Knowledge and Human Interests*. London: Heinemann.

Halfmann, Jost. 1979. "Wissenschaftliche Entwicklung and Evolutionstheorie." *Europäisches Archiv für Soziologie* 20: 245-298.

Hall, Edward T. 1959. *The Silent Language*. Greenwich, Conn. : Fawcett.

Hall, Edward T. , and William Foote Whyte. 1966. "Intercultural Communication: A Guide to Men of Action." In Alfred G. Smith, ed. , *Communication and Culture*, pp. 567-576. New York: Holt, Rinehart, and Winston.

Hamann, Johann Georg. 1967. *Schriften zur Sprache*, Wolfgang Rödel, ed. Frankfurt: Suhkamp.

Hanson, F. Allan. 1979. "Does God Have a Body? Truth, Reality and Cultural Relativism." *Man* (N. S.), 14: 515-529.

Harari, Josué V. , ed. 1979. *Textual Strategies. Perspectives in Post-Structuralist Criticism*. Ithaca, N. Y. : Cornell University Press.

Harris, Marvin. 1968. *The Rise of Anthropological Theory*. New York: Thomas Y. Crowell.

Hegel, G. F. W. 1969[1830], *Enzyklopädie der philosophischen Wissenschaften im Grundrisse*. Friedhelm Nicolin and Otto Pöggeler, eds. Berlin: Aka-demie Verlag.

———. 1970[1835]. *Vorlesungen über die Aesthetik*. 3 vols. Frankfurt: Suhrkamp.

———. 1973[1807]. *Phänomenologie des Geistes*. Gerhard Göhler, ed. Frankfurt: Ullstein.

Herodotus. 1972. *The Histories*. Aubrey de Sélincourt, trans. Baltimore: Penguin Books.

Herskovits, Melville J. 1972. *Cultural Relativism: Perspectives in Cultural Pluralism*. Frances Herskovits, ed. New York: Random House.

History and Theory. 1966. *History and the Concept of Time*. Beiheft 6. Middletown, Conn. : Wesleyan University Press.

Hobbes, Thomas. 1962[1651]. *Leviathan or the Matter, Forme and Power of a Commonwealth Ecclesiastical and Civil*. Michael Oakeshott, ed. New York: Collier.

Hodgen, Margaret E. 1964. *Early Anthropology in the Sixteenth and Seventeenth Centuries*. Philadelphia: University of Pennsylvania Press.

Honigmann, John J. 1976. *The Development of Anthropological Ideas*. Homewood, Ill. : Dorsey.

Huizer, Gerrit, and Bruce Mannheim, eds. 1979. *The Politics of Anthropology*. The Hague: Mouton.

Huxley, Julian. 1949. "Unesco: Its Purpose and its Philosophy. " In F. S. C. Northrop, ed. , *Ideological Differences and World Order*, pp. 305-322. New Haven: Yale University Press.

Hymes, Dell. 1970. "Linguistic Method in Ethnography: Its Development in the United States. " In Paul L. Garvin, ed. , *Method and Theory in Linguistics*, pp. 249-325. The Hague: Mouton.

——. 1972. "Models of the Interaction of Language and Social Life. " In John
J. Gumperz and Dell Hymes, eds. , *Directions in Sociolinguistics*, pp. 35-
71. New York: Holt, Rinehart and Winston.

Hymes, Dell, ed. 1965. *The Use of Computers in Anthropology*. The Hague:
Mouton.

——. 1974. *Reinventing Anthropology*. New York: Random House, Vintage
Books.

Iamblichos. 1963. *Pythagoras*. Michael von Albrecht, ed. , trans. Zürich: Arte-
mis.

Jameson, Fredric. 1972. *The Prison House of Language: A Critical Account
of Structuralism and Russian Formalism*. Princeton: Princeton University Press.

Jarvie, Ian C. 1964. *The Revolution in Anthropology*. New York: Humanities
Press.

——. 1975. "Epistle to the Anthropologists. " *American Anthropologist* 77:
253-266.

Jaulin, R. 1970. *La Paix blanche*. Paris: Seuil.

Jayne, K. G. 1970[1910]. *Vasco da Gama and His Successors 1460-1580*. New
York: Barnes and Noble.

Jenkins, Alan. 1979. *The Social Theory of Claude Lévi-Strauss*. London: Mac-
millan.

Jules-Rosette, Bennetta. 1978. "The Veil of Objectivity: Prophecy, Divination
and Social Inquiry. " *American Anthropologist* 80: 549-570.

Klempt, Adalbert. 1960. *Die Säkularisierung der universal-historischen Auffassung. Zum Wandel des Geschichtsdenkens im 16. und 17. Jahrhundert.* Göttingen: Musterschmidt.

Kluckhohn, Clyde. 1962. *Culture and Behavior.* Richard Kluckhohn, ed. New York: Free Press.

Kojève, Alexandre. 1969. *Introduction to the Reading of Hegel.* New York: Basic Books.

Koselleck, Reinhart. 1973. "Geschichte, Geschichten und formale Zeitstruckturen." In Reinhart Koselleck and Wolf-Dieter Stempel, eds., *Geschichte—Ereignis und Erzählung*, pp. 211-222. Munich: Wilhelm Fink.

Koselleck, Reinhart, and Wolf-Dieter Stempel, eds. 1973. *Geschichte—Ereignis und Erzählung.* Munich: Wilhelm Fink.

Kramer, Fritz. 1977. *Verkehrte Welten. Zur imaginären Ethnographie des 19. Jahrhunderts.* Frankfurt: Syndikat.

——. 1978. "Über Zeit, Genealogie und solidarische Beziehung." In Fritz Kramer and Christian Sigrist, eds., *Gesellschaften ohne Staat. Vol 2: Genealogie und Solidarität*, pp. 9-27. Frankfurt: Syndikat.

Kroeber, Alfred. 1915. "The Eighteen Professions." *American Anthropologist* 17: 283-289.

Kubler, George. 1962. *The Shape of Time. Remarks on the History of Things.* New Haven: Yale University Press.

Kuhn, Thomas S. 1970. *The Structure of Scientific Revolutions.* Second enlarged edition. Chicago: University of Chicago Press.

Kuper, Adam. 1973. *Anthropologists and Anthropology. The British School, 1922-1972*. London: Allen Lane.

Lacroix, Pierre-Francis, ed. 1972. *L'Expression du temps dans quelques langues de l'ouest africain*. Paris: Selaf.

La Fontaine. 1962. *Fables choisies mises en vers*. Paris: Gamier Frères.

Langer, Susanne K. 1951. *Philosophy in a New Key. A Study in the Symbolism of Reason, Rite, and the Arts*. New York: Mentor Books.

Lapointe, Francois H., and Claire C. Lapointe. 1977. *Claude Lévi-Strauss and His Critics*. New York: Garland.

Leach, E. R. 1954. *Political Systems of Highland Burma: A Study of Kachin Social Structure*. London: Cohen and West.

———. 1970. *Claude Lévi-Strauss*. New York: Viking.

———. 1976. *Culture and Communication*. Cambridge: Cambridge University Press.

Leclerc, Gerard. 1971. *Anthropologie et colonialisme: Essai sur l'histoire de l'africanisme*. Paris: Fayard.

———. 1979. *L'Observation de l'homme: Une histoire des enquêtes sociales*. Paris: Seuil.

Lemaire, Ton. 1976. *Over de waarde van kulturen*. Baarn: Ambo.

Lepenies, Wolf. 1976. *Das Ende der Naturgeschichte*. Munich: C. Hanser.

Lepenies, Wolf, and H. H. Ritter, eds. 1970. *Orte des Wilden Denkens. Zur Anthropologie von Claude Lévi-Strauss*. Frankfurt: Suhrkamp.

Lévi-Strauss, Claude. 1963. *Tristes Tropiques: An Anthropological Study of Primitive Societies in Brazil*. New York: Atheneum.

——. 1966. *The Savage Mind*. Chicago: University of Chicago Press.

——. 1967. *Structural Anthropology*. New York: Doubleday Anchor.

——. 1968. *L'Origine des manières de table. Mythologiques III*. Paris: Plon.

——. 1969［1949］. *The Elementary Structures of Kinship*. Boston: Beacon Press.

——. 1970. *The Raw and the Cooked. Introduction to a Science of Mythology I*. New York: Harper Torchbooks.

——. 1976. *Structural Anthropology II*. New York: Basic Books.

Levine, S. K. 1976. "Review of J. Baudrillard, *The Mirror of Production.*" *Dialectical Anthropology* 1: 395-397.

Libby, W. F. 1949. *Radiocarbon Dating*. Chicago: University of Chicago Press.

Lichtenberg, Georg Christoph. 1975. *Werke in einem Band*. Hans Friederici, ed. Berlin: Aufbau Verlag.

Lindberg, David C. 1976. *Theories of Vision from Al-Kindi to Kepler*. Chicago: University of Chicago Press.

Lindberg, David C., and Nicholas H. Steneck. 1972. "The Sense of Vision and the Origins of Modern Science" In Allen G. Debus, ed., *Science, Medicine and Society in the Renaissance: Essays to Honor Walter Pagel*, 1: 29-45. New York: Science History Publications.

Locke, John. 1964［1689］. *An Essay Concerning Human Understanding*. A. D. Woozley, ed. New York: Meridian.

Lovejoy, Arthur O., Gilbert Chinard, George Boas, and Ronald S. Crane, eds. 1935. *A Documentary History of Primitivism and Related Ideas*. Baltimore,

Md.：Johns Hopkins University Press.

Lucas，J. R. 1973. *A Treatise on Time and Space*. London：Methuen.

Luhmann，Niklas. 1976. "The Future Cannot Begin：Temporal Structures in Modern Society. " *Social Research* 43：130-152.

Lyell，Charles. 1830. *Principles of Geology*. London：J. Murray.

Maffesoli，Michel，ed. 1980. *La Galaxie de l'imaginaire*. Paris：Berg International.

Mairet，Gérard. 1974. *Le Discours et l'historique. Essai sur la représentation historienne du temps*. Paris：Mame.

Malinowski，Bronislaw. 1945. *The Dynamics of Culture Change：An Inquiry into Race Relations in Africa*. Phyllis M. Kaberry，ed. New Haven：Yale University Press.

——. 1967. *A Diary in the Strict Sense of the Term*. New York：Harcourt， Brace，and World.

Maltz，D. N. 1968. "Primitive Time-Reckoning as a Symbolic System. " *Cornell Journal of Social Relations* 3：85-111.

Man and Time. 1957. *Papers from the Eranos Yearbooks 3. Bollingen Series 30*. New York：Pantheon Books.

Marc-Lipiansky，Mireille. 1973. *Le Structuralisme de Lévi-Strauss*. Paris：Payot.

Marx，Karl. 1953. *Die Frühschriften*. Siegfried Landshut，ed. Stuttgart：A. Kröner.

——. 1964. *The Economic and Philosophic Manuscripts of 1844*. Dirk Struik， ed. New York：International.

Marx，Karl，and Friedrich Engels. 1959. *Marx and Engels：Basic Writings on*

Politics and Philosophy. Lewis S. Feuer, ed. Garden City, N. Y. : Doubleday.

Mauss, Marcel. 1974. *Manuel d'ethnographie*. Paris: Payot.

Maxwell, Robert J. 1971. "Anthropological Perspectives on Time. " In Henri Yaker, Humphry Osmond, and Frances Cheek, eds. , *The Future of Time*, pp. 36-72. Garden City, N. Y. : Doubleday.

McLuhan, Marshall. 1962. *The Gutenberg Galaxy*. Toronto: University of Toronto Press.

Mead, Margaret. 1962. "National Character. " In Sol Tax, ed. , *Anthropology Today: Selections*, pp. 396-421, Chicago: University of Chicago Press.

Mead, Margaret, and Rhoda Métraux, eds. 1953. *The Study of Culture at a Distance*. Chicago: University of Chicago Press.

Meltzer, Bernard N. , John W. Petras, and Larry T. Reynolds. 1975. *Symbolic Interactionism*. London: Routledge &. Kegan Paul.

Montaigne. 1925[1595]. *Essays de Montaigne*. M. J. V. Leclerc, ed. Paris: Garnier Frères.

Moravia, Sergio. 1967. "Philosophic et géographie à la fin du XVIIIᵉ siècle. " *Studies on Voltaire and the Eighteenth Century*. 57: 937-1011.

——. 1973. *Beobachtende Vernunft. Philosophie und Anthropologie in der Aufklärung*. Munich: C. Hanser.

——. 1976. "Les Idéologues et l'âge des lumières. " *Studies on Voltaire and the Eighteenth Century* 151-155: 1465-1486.

Morgan, L. H. 1877. *Ancient Society*. New York: World.

Müller, Klaus E. 1972. *Geschichte der antiken Ethnographie und ethnologischen*

Theoriebildung. Part 1: *Von den Anfängen bis auf die byzantischen Historiographen.* Wiesbaden: Franz Steiner.

Murdock, G. P. 1949. *Social Structure.* New York: MacMillan.

Murray, Stephen O. 1979. "The Scientific Reception of Castaneda." *Contemporary Sociology* 8: 189-196.

Naroll, Raoul, and Ronald Cohen, eds. 1970. *A Handbook of Method in Cultural Anthropology.* Garden City, N. Y. : Natural History Press.

Nilsson, Martin P. 1920. *Primitive Time-Reckoning: A Study in the Origin and First Development of the Art of Counting Time Among Primitive and Early Culture Peoples.* Oxford: Oxford University Press.

Nisbet, Robert A. 1969. *Social Change and History. Aspects of the Western Theory of Development.* Oxford: Oxford University Press.

Northrop, F. S. C. 1946. *The Meeting of East and West.* New York: Macmillan.

——. 1960. *Philosophical Anthropology and Practical Politics.* New York: Macmillan.

Northrop, F. S. C, ed. 1949. *Ideological Differences and World Order: Studies in the Philosophy and Science of the World's Cultures.* New Haven: Yale University Press.

Northrop, F. S. C. , and Helen Livingston, eds. 1964. *Cross-Cultural Understanding: Epistemology in Anthropology.* New York: Harper and Row.

Nowell-Smith, P. H. 1971. "Cultural Relativism." *Philosophy of the Social Sciences* 1: 1-17.

Oakley, Kenneth P. 1964. *Framework for Dating Fossil Man.* Chicago: Aldine.

Ong, Walter J. 1958. *Ramus: Method and the Decay of Dialogue.* Cambridge: Harvard University Press.

——. 1970[1967]. *The Presence of the Word.* New York: Simon and Schuster.

Owusu, Maxwell. 1978. "Ethnography of Africa: The Usefulness of the Useless." *American Anthropologist* 80: 310-334.

Palmer, Richard E. 1969. *Hermeneutics.* Evanston: Northwestern University Press.

Parsons, Talcott. 1963. *The Social System.* New York: Free Press.

——. 1977. *The Evolution of Societies.* Jackson Toby, ed. Englewood Cliffs, N. J. : Prentice-Hall.

Peel, J. D. Y. 1971. *Herbert Spencer: The Evolution of a Sociologist.* New York: Basic Books.

Pinxten, Rik, ed. 1976. *Universalism Versus Relativism in Language and Thought.* The Hague: Mouton.

Piskaty, Kurt. 1957. "1st das Pygmäenwerk von Henri Trilles eine zuverlässige Quelle?" *Anthropos* 52: 33-48.

Poirier, Jean, ed. 1968. *Ethnologie générale: Encyclopédie de la Pléiade.* Paris: Gallimard.

Popper, Karl. 1966. *The Open Society and Its Enemies.* 2 vols. Princeton: Princeton University Press.

Rabinow, Paul. 1978. *Reflections on Fieldwork in Morocco.* Berkeley: University of California Press.

Rabinow, Paul, and William M. Sullivan, eds. 1979. *Interpretive Social Sci-*

ence: *A Reader*. Berkeley: University of California Press.

Radnitzky, Gerard. 1968. *Contemporary Schools of Metascience*. Vol. 2: *Continental Schools of Metascience*. Göteborg: Akademiefövlaget.

Ranum, Orest. 1976. "Editor's Introduction." In J. B. Bossuet, *Discourse on Universal History*, pp. xiii-xliv. Chicago: University of Chicago Press.

Rappaport, Roy A. 1979. *Ecology, Meaning, and Religion*. Richmond, Calif. : North Atlantic Books.

Ratzel, Friedrich. 1904. "Geschichte, Völkerkunde und historische Perspektive. " In Hans Helmholt, ed. , *Kleine Schriften*, 2: 488-525. Munich: R. Oldenbourg.

Reid, Herbert G. 1972. "The Politics of Time: Conflicting Philosophical Perspectives and Trends. " *The Human Context* 4: 456-483.

Ricoeur, Paul, ed. 1975. *Les Cultures et le temps*. Paris: Payot.

Rogers, Francis M. 1961. *The Travels of the Infante Dom Pedro of Portugal*. Cambridge: Harvard University Press.

Rommetveit, Ragnar. 1974. *On Message Structure. A Framework for the Study of Language and Communication*. London: Wiley.

Rosen, Lawrence. 1971. "Language, History, and the Logic of Inquiry in Lévi-Strauss and Sartre. " *History and Theory* 10: 269-294.

Rossi, Ino. 1974. *The Unconscious in Culture: The Structuralism of Claude Lévi-Strauss*. New York: Dutton.

Rousseau, Jean-Jacques. 1977 [1781]. *Confessions*. New York: Penguin Classics.

Ruby, Jay. 1980. "Exposing Yourself: Reflexivity, Anthropology and Film. "

Semiotica 30: 153-179.

Rudolph, W. 1968. *Der kulturelle Relativismus*. Berlin: Duncker und Hum-blot.

Sahlins, Marshall. 1976. *Culture and Practical Reason*. Chicago: University of Chicago Press.

Sahlins, Marshall, and Elmer Service. 1960. *Evolution and Culture*. Ann Arbor: University of Michigan Press.

Said, Edward W. 1979. *Orientalism*. New York: Random House, Vintage Books.

Salamone, Frank A. 1979. "Epistemological Implications of Fieldwork and Their Consequences. " *American Anthropologist* 81: 46-60.

Sapir, Edward. 1916. *Time Perspective in Aboriginal American Culture*: A *Study in Method*. *Memoir* 90, Geological Survey of Canada, Anthropological Series, no. 13. Ottawa.

Sapir, J. David, and J. Christopher Crocker, eds. 1977. *The Social Use of Metaphor*. Philadelphia: University of Pennsylvania Press.

de Saussure, Ferdinand. 1975. *Cours de linguistique générale*. Tullio de Mauro, ed. Paris: Payot.

Schmitz, Heinrich Walter. 1975. *Ethnographie der Kommunikation. Kommunikationsbergriff und Ansätze zur Erforschung von Kommunikationsphänomenen in der Völkerkunde*. Hamburg: Helmut Buske.

Scholte, Bob. 1966. "Epistemic Paradigms: Some Problems in Cross-Cultural Research on Social Anthropological History and Theory. " *American Anthropologist* 68: 1192-1201.

——. 1971. "Discontents in Anthropology. " *Social Research* 38: 777-807.

——. 1974a. "The Structural Anthropology of Claude Lévi-Strauss. " In J. J. Honigmann, ed. , *Handbook of Social and Cultural Anthropology*, pp. 637-716. New York: Rand McNally.

——. 1974b. "Toward a Reflexive and Critical Anthropology. " In Dell Hymes, ed. , *Reinventing Anthropology*, pp. 430-457. New York: Random House, Vintage Books.

Schumacher, D. L. 1967. "Time and Physical Language. " In T. Gold and D. L. Schumacher, eds. , *The Nature of Time*, pp. 196-213. Ithaca, N. Y. : Cornell University Press.

Schutz, Alfred. 1967. *The Phenomenology of the Social World*. Evanston, Ill. : Northwestern University Press.

——. 1977. "Making Music Together: A Study of Social Relationships. " In Janet L. Dolgin, David S. Kemnitzer, and David M. Schneider, eds. , *Symbolic Anthropology*, pp. 106-119. New York: Columbia University Press.

Serres, Michel. 1977. *Hermes IV: La distribution*. Paris: Minuit.

——. 1979. "The Algebra of Literature: The Wolf's Game. " In Josué V. Harari, ed. , *Textual Strategies*, pp. 260-276. Ithaca: N. Y. Cornell University Press.

Simonis, Yvan. 1968. *Claude Lévi-Strauss ou 'la passion de l'inceste'*: Introduction au structuralisme. Paris: Aubier-Montaigne.

Skorupski, John. 1976. *Symbol and Theory*. Cambridge: Cambridge University Press.

Sperber, Dan. 1975. *Rethinking Symbolism*. Cambridge: Cambridge University Press.

Stagl, Justin. 1979. "Vom Dialog zum Fragebogen. Miszellen zur Geschichte der Umfrage. " *Kölner Zeitschrift für Psychologie und Sozialpsychologie* 31: 611-638.

———. 1980. "Der wohl unterwiesene Passagier. Reisekunst und Gesellschaftsbeschreibung vom 16. bis zum 18. Jahrhundert. " In B. I. Krasnobaev, Gert Nobel, and Herbert Zimmermann, eds. , *Reisen und Reisebeschreibungen im 18. und 19. Jahrhundert als Quellen der Kulturbeziehungsforschung* , pp. 353-384. Berlin: U. Camen.

Steward, Julian H. 1955. *Theory of Culture Change*. Urbana: University of Illinois Press.

Stocking, George. 1968. *Race, Culture, and Evolution*. New York: Free Press.

Suzuki, Peter T. 1980. "A Retrospective Analysis of Wartime 'National Character' Study. " *Dialectical Anthropology* 5: 33-46.

Szombati-Fabian, Ilona. 1969. "The Concept of Time in Zulu Myth and Ritual: An Application of A. Schutz's Phenomenology. " M. A. thesis, Department of Anthropology, University of Chicago.

Tagliacozzo , Giorgio, ed. 1976. *Vico and Contemporary Thought* , *1 and 2. Social Research* (Autumn and Winter), vol. 43.

Tedlock, Dennis. 1979. "The Analogical Tradition and the Emergence of a Dialogical Anthropology. " *Journal of Anthropological Research* 35: 387-400.

Tennekes, J. 1971. *Anthropology, Relativism and Method : An Inquiry into the Methodological Principles of a Science of Culture*. Assen: Van Gorkum.

Time and Its Mysteries. Series 1-3. 1936, 1940, 1949. New York: New York

University Press.

Todorov, Tzvetan. 1977. *Théories du symbole*. Paris: Seuil.

Toulmin, S. E. , and June Goodfield. 1961. *The Fabric of the Heavens. The Development of Astronomy and Dynamics*. New York: Harper.

Turnbull, Colin M. 1962. *The Forest People: A Study of the Pygmies of the Congo*. New York: Natural History Library-Anchor.

Turner, Victor. 1967. *The Forest of Symbols*. Ithaca, N. Y. : Cornell University Press.

——. 1975. "Symbolic Studies. " In B. J. Siegel et al. , eds. , *Biennial Review of Anthropology*, Palo Alto: Annual Reviews.

Turton, David and Clive Ruggles. 1978. "Agreeing to Disagree: The Measurement of Duration in a Southwestern Ethiopian Community. " *Current Anthropology* 19: 585-600.

Tylor, E. B. 1889. "On a Method of Investigating the Development of Institutions: Applied to Laws of Marriage and Descent. " *Journal of the Royal Anthropological Institute* 18: 245-269.

——. 1958[1871]. *Religion in Primitive Culture (Primitive Culture*, vol. 2). New York: Harper Torchbooks.

Vagdi, László. 1964. "Traditionelle Konzeption und Realität in der Ethnologie. " In *Festschrift für Ad. E. Jensen*, pp. 759-790. Munich: Klaus Renner.

Vansina, Jan. 1970. "Cultures Through Time. " In Raoul Naroll and Ronald Cohen, eds. , *A Handbook of Method in Cultural Anthropology*, pp. 165-179. Garden City, N. Y. : Natural History Press.

Verhaegen, Benoît. 1974. *Introduction à l'histoire immédiate*. Gembloux: J. Duculot.

Voget, Fred W. 1975. *A History of Ethnology*. New York: Holt, Rinehart, and Winston.

Volney, C. F. 1830. *Les Ruines, ou méditation sur les révolutions des empires, suivies de la loi naturelle*. Brussels: Librairie Philosophique.

Wagn, Klaus. 1976. *What Time Does*. Munich: Caann Verlag.

Wagner, Roy. 1975. *The Invention of Culture*. Englewood Cliffs, N. J. : Prentice-Hall.

Wallerstein, Immanuel. 1974. *The Modern World-System: Capitalist Agriculture and the Origins of the European World-Economy in the Sixteenth Century*. New York: Academic Press.

Wamba-dia-Wamba. 1979. "La Philosophic en Afrique, ou les défis de l'Africain philosophe. " *Revue Canadienne des Études Africaines* 13: 225-244.

Wax, Rosalie H. 1971. *Doing Fieldwork: Warnings and Advice*. Chicago: University of Chicago Press.

Weber, Max. 1964. *Wirtschaft und Gesellschaft. Studienausgabe*. Cologne: Kiepenheuer und Witsch.

Weinrich, Harald. 1973. *Le Temps*. Paris: Seuil.

Weizsäcker, Carl Friedrich von. 1977. *Der Garten des Menschlichen. Beiträge zur geschichtlichen Anthropologie*. Munich: C. Hanser.

White, Hayden. 1973. *Metahistory: The Historical Imagination in Nineteenth-Century Europe*. Baltimore, Md. : Johns Hopkins University Press.

White, Leslie. 1959. *The Evolution of Culture*. New York: McGraw-Hill.

Whitehead, Alfred North. 1959[1927]. *Symbolism: Its Meaning and Effect*. New York: Putnam.

Whitrow, G. 1963. *The Natural Philosophy of Time*. New York: Harper and Row.

Wilden, Anthony. 1972. *System and Structure: Essays in Communication and Exchange*. London: Tavistock.

Yaker, Henri. Humphry Osmond, and Frances Cheek, eds. 1971. *The Future of Time*. Garden City, N. Y. : Doubleday.

Yates, Frances A. 1966. *The Art of Memory*. Chicago: University of Chicago Press.

Zelkind, Irving, and Joseph Sprug, eds. 1974. *Time Research: 1172 Studies*. Metuchen, N. J. : Scarecrow Press.

Zil'berman, David. 1976. "Ethnography in Soviet Russia. " *Dialectical Anthropology* 1: 135-153.

译者后记

　　2017 年 5 月中旬，当我们即将完成《时间与他者》的翻译时，退休后居住在德国的费边教授来信告知，他和太太正准备前往维也纳庆祝他们八十岁的生日。他在给译者的电邮中说，原本计划要为中文版写一个前言，但鉴于时间及精力，最终只能专门为本书的中国读者写下几句话：

　　　　《时间与他者》是在 20 世纪 60 年代末至 70 年代末这十年间构思与完成的。写这本书的目的，是想将人类学学科实践中的哲学和历史意识，切入到通常称之为"后殖民"的新时代脉络当中。在我的记忆中，当时我主要关注和担忧的是人类学会不会错过一个彻底的自我批评的机缘。这样的批评，主要针对伦理上人类学受到的殖民与殖民主义及其遗产的影响，所以应该有些规范和限制。如果人类学无法为殖民压迫进行全方位的辩护，那就要承认这个事实并为之忏悔；要合作，就要补偿。如果人类学能够继续作为一个知识生产的学科存在，它首要的也是主要的问题在于认识论，而非伦理。本书的目的并不是谴责人类学，只是希望揭露它怎样被一种根本性的矛盾所操控；其中既包含了经验性实践与学术话语之间的矛盾，也包含了另一种矛盾，即我们与我们所研究的人们之间，双方在交流互动中获取知识的方式及其与我们以写作来呈现知识的具体方式之间的矛盾。本书的中心议题在于，这样的调整应当在田野工作中完成，而且这也是与他者共享时间的需要。可是，当我们在表述自己的发现时，却又因为否认与他们之间的同生性而引发两者之间的矛盾……

《时间与他者》第一版于1983年出版。在20世纪80年代初的中国，民族学、人类学也正处于"文化大革命"后恢复和重新起步的时期。同一年，中国社会科学出版社出版了杨堃的《民族学概论》。第二年，中国民族学学会成立，其前身是1980年成立的中国民族学研究会。1985年，云南人民出版社出版了梁钊韬、陈启新、杨鹤书编著的《中国民族学概论》。随后，《中国大百科全书·民族》又于1986年出版。至1989年，童恩正的《文化人类学》也出版了。在此后的二十多年间，大量西方人类学文献相继被翻译、介绍到中国来。虽然短短几十年间中国民族学和人类学的研究、教育发展迅速，但是比照人类学在西方一百多年的发展，我们对世界人类学学术史的了解和研究还远远不够。就像费边在《时间与他者》中提示的，我们不但需要对中国民族学、人类学的学术发展史做阶段性的回顾与评估，也需要将民族学和人类学在中国的发展纳入世界性的学术思想史脉络中进行整体性的反思，让人类学研究的成果帮助我们更好地理解和解释中国的社会文化面貌，展望未来。因此，译介这本书恰逢其时。

《时间与他者》出版之后即不断再版，成为国际学术界特别是人类学领域的经典著作，一直是各大学人类学系的基础教材。鉴于这本著作一直未有中译本，我们根据最新的哥伦比亚大学出版社 2014 年版将其译出，其中包括由伊利诺伊大学人类学系教授马蒂·本泽撰写的序言及作者新作的附记《重访他者》。

我们之所以翻译和出版这本书，除了想补缺人类学名著译介中的重要一环外，一个重要的原因是它有助于我们对传统人类学的认识论基础进行反思，以拓展我们对人类学学术史了解的广度和深度，取到举一反三、"借他山之石以攻玉"的效果。近年来，虽然以英语、法语为主的重要人类学文献已经大量翻译出版，但仍不能说我们已经了解了人类学、民族学学科发展的全貌或概貌。而且在消化吸收、借鉴西方理论的过程中，我们对该学科的学术史、知识史的认识和反思整体上仍然不足。就以人类学认识论中的"时间"问题为例，20 世纪 80 年代以来，我国学界对民族志表述中的时间认知的问题仍然鲜有讨论，对西方人类学界七八十年代以来所经历的变化与国际政治格局变迁的关系也缺乏批判性的理解。一直以来，我们对人类学理论著作的翻译和介绍，重点还是集中在某些理论流派上，如进化论、新进化论、结构功能论、结构主义、后结构主义、象征人类学、诠释人类学或后现代人类学思潮等，但一直缺乏对这些流派之间的思想谱系及其社会历史背景的深入探究。

我们尝试将本书介绍给中文读者，希望它能帮助我们更加深入地理解西方人类学的发展历程，尤其是人类学家所代表的西方"自我"在对异域民族志"他者"的建构过程中扮演的角色及其深刻的社会政治背景。在这本书中，费边从认识论出发，深入梳理了隐藏在人类学学术导向背后的社会政治动力。当然，费边的方法之所以值得借鉴，还因为这本书也有助于我们对 20 世纪 80 年代以来中国人类学的恢复、发展进行必要的回顾与反思，理解我们所面对的、与西方认识论主体性不一样的社会历史脉络。假如我们也需要探索一条中国人类学的发展之路，费边的理论和方法必然有助于我们从人类学在西方哲学和认识论语境中的变化、从"扬弃"的角度，检视人类学在中国的发展道路与方向。这对于我们保持清醒的头脑来建设人类学，为理解和解释复杂历史脉络下中国的社会文化多样性而努力，具有非常重要的意义。对于人口众多、疆域广阔、历史悠久并处于急速变化中的中国社会来说，我们要建设更有学术效力和学术生命力的人类学，就不应局限于翻译和套用与自身语境相脱离的各式理论与抽象的概念。

其次，具体而言，费边在《时间与他者》中所揭示的隐藏在人类学中的针对文化差别的异时论假定，对于研究中国社会的内在差异与共同性的复杂历史过程同样具有重要的参考价值。费边指出，人类学自身的发展过程本身就隐含着先天的构成性问题：西方人类学家总是将社会文化的差别与"自我"建构过程中的时间性差异混合在一起，从而彰显了一种与"他者"无时间的天然状态不一样的、相对照而有时间的"自我"。对这一"他者"，我们可以有不一样的解读。例如，它可以是东方学意义上的西方及其"他者"，也可以是内部东方主义意义上、被主流群体所定义的边缘性的"他者"。假如我们习惯性地套用或借用人类学理论，不加辨别或有意忽略这些理论产生的背景，自然就难以突破人类学的理论限制，也难以在民族志田野工作实践中创立新方向。

除此之外，中国历史悠久，各种史料汗牛充栋，不同地域、不同人群之间的关系非常复杂。在这种情况下，将不同时代、不同区域的主流与边缘社群之间的关系，以"异时论"的认识论方法界定为或明或暗的"文明先进"与"野蛮落后"的二元对立，显然也就陷入了费边所批评的"同生性抵赖"的困境。也就是说，历史上，不同的人群共同经历着同样的社会政治历程，尽管其表现在社会文化上的差别，可能会被不同时代中不同的表现形式所掩盖。举例来说，在讨论中国不同地域之间的文化与社会多样性及其历史变迁的相关问题时，我们需要认真对待宏观的国家政治脉络与微观的地域社群关系及相互影响，需要考虑到塑造社会文化的差异性的条件与历史"同生性"，需要将生态、地理、政治、经济等不同构成因素综合纳入到我们的认识论框架中，这样才能够摆脱单向、线性的"自我"对"他者"建构的二元论局限。这就是《时间与他者》所强调的对人类学的认识论批判，也是本书对在中国的社会历史脉络下建设和发展人类学的重要启示。

人类学关注不同人群之间社会文化特征的差别与人类共同性的问题。在研究和讨论历史性的中国社会"大一统"政治文化框架下呈现的不同地域的社会差异及文化多样性时，人类学者或历史学者同样会面临困扰着西方人类学家的问题：对于偏远异域不一样的文化，观察者常常凭借"将时间转换为距离"的认知方式，视异域人群为教化未敷的古人，亦即与现代文明有距离的原始人或蛮夷。费边借助"同生性抵赖"的概念告诉我们，其实这样的观念和描述手段掩盖了历史经验的共同性。只不过，在这里"时间"对不同的人群和文化具有不同的意义。进一步说，根据费边的意见，在民族志书写与阅读的互动中，民族志工作者将空间上的距离转化为时间上的差距，将人类学家所处的社会与其研究对象的社会，理解为二元论的"现代"与"原始""原生态"或者"古代"，转化为地理与时间的关系，并在透过建构"他者"来建立自我想象的过程中，隐晦地对处于同时代或者相似的历史经验中形成的差异予以否认，即"同生性抵赖"。可想而知，对异文化他者的"同生性抵赖"，是基于建构者自身的社会历史脉络的。西方人类学发展的社会语境，其实根植于西方宇宙观建立过程中的现代性特征和后现代批评。不过，悠久的中国历史传统与现代中国的民族国家建构，也使我们面临着类似的问题，并深入塑造了我们对"民族"与"疆域"的两个理解维度。

那么，"同生性抵赖"是如何影响到民族学、人类学所建构的人群"自我"与对"他者"的想象的？在历史上，"同生性抵赖"可能基于不同层面的社会关系的脉络。当我们从文本建构的角度来看待文献史料的复杂性时，文本过程中隐藏的"时间"主体性为我们提供了一个特别的视角，帮助我们重新理解层层堆积的历史性的"他者建构"与"作为他者的自我建构"的过程及影响。假如我们视中华文化为一个历史地理的过程，那么，中心与边缘、文化主流与文化边缘关系的发展变化，使得建构"自我—他者"的话语在不同时代、不同条件下持续地更替着。如果借鉴费边在《时间与他者》中对西方人类学的批评，我们会更加明白这不仅仅是人类学的问题，这也是在不同的社会历史条件下，对另一个与"我们"不一样的地方和社会的观察角度的问题。这样看来，我们明白人类学在中国的发展具有某种优势，我们不需要重蹈西方人类学的覆辙来抵赖不同群体的同生性。何况我们拥有如此丰富的历史文献作为证据；更何况，中国人类学的发展其实并非基于西方殖民主义扩展与帝国主义霸权的社会历史条件。那么，我们建设和发展人类学，就需要将"时间"重新植入我们自己的理解和解释的框架中，认真审视我们要发展什么样的人类学。也就是说，将历史与人类学结合、将史料解读和分析与民族志田野实践相结合，既有助于我们避免陷入费边指出的异时论困境，也益于我们更快找到突破异时论的出路。

　　总体来说，《时间与他者》一书在方法论给我们的启示在于，需要认真梳理人类学与时间、与历史学的关系。借鉴费边对认识论中的"同生性抵赖"的研究视角，我们需要检视近代以来知识传统的改变与"自我—他者"建构的社会历史条件之间的关系。长期以来，对异文化的"同生性抵赖"不但影响了民族学、人类学和有关人群与疆域的历史学的知识生产，也影响了社会大众"自我"认知的建立，这是人类学中国化讨论中难以回避的问题。费边发现，自启蒙时代以来，西方知识界在面对非西方的社会进行自我建构的过程中，将主、客体之间的"同生性"抽离、剔除，以"西方"与"西方之余"的二分法，将自我与他者分置于不一致的时空范畴之中。同时，人类学除了作为世界性的西方殖民权力框架中的一部分来建构其知识体系之外，也作为一种认知的方法广为传播，其中所隐藏的"同生性抵赖"也一直产生着潜移默化的影响。

同样地，对西方人类学著作的翻译、引介及民族志田野实践、社会应用与教育培训等，莫不与此关联。其影响所及，内在于人类学中的异时论话语也随之切入中国社会的知识脉络中，由双重的主、客体关系所框定的多重时间的交叉与重叠，更在不一样的社会历史情景中相互纠缠。因此，人类学在中国的发展不应仅仅是西方经验的投射，它会在不一样的土壤中焕发出新的生命力；它不仅仅是创造对象的主体，也是研究者与被研究者共同寻找历史与现实的对话的尝试。

没有北京师范大学出版社编辑宋旭景老师的热诚支持，翻译出版这本书是根本不可能的。因"卓越学科领域计划：中国社会的历史人类学研究"在香港中文大学举办 2015 年年度会议的机缘，我们结识了宋旭景老师。在她的鼎力支持下，我们最终译出了这本书。在翻译的过程中，我们特别感谢美国弗吉尼亚大学人类学系詹姆斯·艾戈（James Igoe）教授的引荐，感谢费边教授对我们的翻译计划的大力支持。尽管从事人类学研究、教学多年，但是对于把一本用语凝练又颇有哲学深度的人类学名著译为中文，我们还是缺乏经验。因能力所及，翻译中碰到的困难和问题也不少，希望读者和方家能不吝赐正，待条件允许时再做修订。本书的前言、第一章、第二章、第五章及附记由马健雄翻译完成，第三章、第四章由林珠云翻译完成。当然，译文中的任何错误，皆是译者的责任。

马健雄

2017 年 7 月于香港科技大学

图书在版编目(CIP)数据

时间与他者：人类学如何制作其对象/(德)约翰尼斯·
费边著；马健雄，林珠云译．—北京：北京师范大学出版社，
2018.7(2020.6 重印)
(新史学译丛)
ISBN 978-7-303-23216-1

Ⅰ.①时… Ⅱ.①约… ②马… ③林… Ⅲ.①人类学—
研究 Ⅳ.①Q98

中国版本图书馆 CIP 数据核字(2017)第 324746 号

北京市版权局著作权合同登记号：图字 01-2016-4733

营 销 中 心 电 话 010-58805385
北 京 师 范 大 学 出 版 社
主题出版与重大项目策划部 http://xueda.bnup.com

SHIJIAN YU TAZHE
出版发行：北京师范大学出版社 www.bnup.com
　　　　　北京市西城区新街口外大街 12-3 号
　　　　　邮政编码：100088
印　　刷：北京盛通印刷股份有限公司
经　　销：全国新华书店
开　　本：890 mm×1240 mm 1/32
印　　张：9.25
字　　数：191 千字
版　　次：2018 年 7 月第 1 版
印　　次：2020 年 6 月第 2 次印刷
定　　价：59.80 元

策划编辑：宋旭景　　　　　　责任编辑：梁宏宇
美术编辑：李向昕　　　　　　装帧设计：王齐云
责任校对：李云虎　　　　　　责任印制：陈　涛

版权所有　　侵权必究
反盗版、侵权举报电话：010-58800697
北京读者服务部电话：010-58808104
外埠邮购电话：010-58808083
本书如有印装质量问题，请与印制管理部联系调换。
印制管理部电话：010-58808284

Time and the Other: How Anthropology Makes Its Object by Johannes Fabian

Copyright © 1983 By Columbia University Press

Chinese Simplified translation copyright © 2018 By Beijing Normal University Press (Group) Co., LTD

Published by arrangement with Columbia University Press

Through Bardon-Chinese Media Agency

博达著作权代理有限公司

ALL RIGHTS RESERVED

本书中文简体翻译版授权由北京师范大学出版社独家出版并限在中国大陆地区销售。未经出版者书面许可，不得以任何方式复制或发行本书的任何部分。